한중성어와 중국문화 엿보기

기화룡 · 정양수 공저

신아사

머리말

중국어를 잘 배웠다고 하면 청설독사(听듣기 · 说말하기 · 读읽기 · 写듣기)를 고루 잘 해야 하고 그러기 위해서는 단어를 고루 많이 아는 것이 중요하다. 중국어 단어는 크게 2음절 위주의 일반어(一般语)와 성어나 관용어 등 고정어(固定语)로 나뉜다. 고정어란 언제 어디서나 같은 모양의 고정된 형태로 쓰인다고 하여 그리 불린다. 중국어의 '청설독사'를 잘 하려면 단어의 일반어와 고정어를 두루 많이 알고 잘 활용하는 것이 중요하다. 중국어 사전 「现代汉语频率词典」에 의하면, 일반어는 32,000여 개, 성어는 18,000여 개를 알아야 중국어 말살이를 원활히 할 수 있다고 한다.

우리 말 사전에도 수만 개의 한자어(汉字语)와 수천 개의 성어가 수록 되어 있다. 이러한 단어들은 우리가 중국으로부터 차용(借用)한 것인데 어법이나 어의면(语义面)에서 중국의 단어와 많이 다르다는 것을 알 수 있다. 예를 들면, '平和'를 '和平'로 '人事不省'을 '不省人事'로 한다든지 '자신의 능력을 믿음으로써 가지는 자랑'의 뜻을 나타내는 '긍지(矜持)'를 '스스로 억제하고 조심하다'라는 의미로 쓰는 예가 그러하다. 이러한 예가 셀 수 없을 정도로 많은데 한 · 중 비교학습하면 사반공배(事半功倍)의 효과를 볼 수 있다.

고정어 중에서도 성어는 "언제 어디서나 같은 모양의 고정된 형태로 쓰인다"는 '절대불이합(绝对不离合)'하고 어순이 바뀌어 사용되지 않는 특징이 있다. 그런데 우리 말 사전 속의 성어와 비교해 보면 형태와 어의가 많이 달라 사용상 오해를 불러올 소지가 있다. 예를 들면, '众寡不敌'을 '寡不敌众'으로 한다든지 '독서하기 좋은 계절'을 형용하는 '天高马肥'를 '전쟁하기 좋은 계절'을 형용하는 말로 쓰는 예가 그러하다.

한·중 성어를 형태와 의미를 중심으로 비교하면 그 형태와 의미가 동일한 것이 주를 이루지만, 어떤 것은 형태는 동일한데 뜻이 약간 다른 것이 있는가 하면 의미는 동일한데 형태가 다소 다른 것이 있다. 이 책은 한·중 양국에서 많이 쓰이는 성어를 위주로 형태와 의미를 기준으로 일목요연하게 비교 정리하여 많은 수의 성어를 쉽게 이해하고 습득하여 중국어 말살이에 응용할 수 있도록 했다. 언어는 문화와 떨어져 존재할 수 없으므로 성어의 문화적 의미를 현대중국어와 관련 삽화를 통해 이해할 수 있도록 기획했다. 이 책을 통해서 성어와 친해지고 중국어 말살이에 조금이나마 도움이 되었으면 한다.

미아에서
2008년 봄

차 례

참고 : "★"의 갯수는 빈도수와 비례

Part 1

韓中同形同義成語

(한·중 형태와 뜻이 같은 성어)

	韩	中
가가호호(	家家户户 -	家家户户)
경거망동(	轻举妄动 -	轻举妄动)
고장난명(	孤掌难鸣 -	孤掌难鸣)
고진감래(	苦尽甘来 -	苦尽甘来)
교언영색(	巧言令色 -	巧言令色)
구사일생(	九死一生 -	九死一生)
구우일모(	九牛一毛 -	九牛一毛)
금상첨화(	锦上添花 -	锦上添花)
기사회생(	起死回生 -	起死回生)
난형난제(	难兄难弟 -	难兄难弟)

·
·
·

1. 韓中同形同義成語 (한 · 중 형태와 뜻이 같은 성어)

★★★
가가호호
(韓) 家家戶戶
(中) 家家户户
jiā jiā hù hù

집집마다 ; 가가호호

福到了!

咱们村家家户户都有余粮。
우리 마을 집집마다 남아도는 양식이 있다.
家家户户张灯结彩喜迎新春。
집집마다 등을 걸고 오색선으로 장식을 하여 봄을 기쁘게 맞이하고 있다.
家家户户都打扫得很干净。 집집마다 깨끗하게 청소했다.
家家户户都要在屋门上 贴上大大小小的 "福"字, 表示福到了, 你贴了吗?
집집마다 모두 현관문 위에 크고 작은 "복"글자를 붙여서 복이 왔음을 나타냅니다. 당신도 붙였습니까?

★★★
가전비방
(韓) 家傳秘方
(中) 家传秘方
jiā chuán mì fāng

비밀리에 그 집안에만 대대로 전하여 내려오는 약의 처방

这是家传秘方不外传的。
이것은 집안대대로 내려오는 비방이라 밖으로 전해지면 안 된다.
这个家传秘方是治疗胃病的。
이 집안대대로 내려오는 비방은 위의 병을 치료하는 것이다.

* 胃病 wèibìng : 위장병

★★
각주구검
(韓) 刻舟求劍
(中) 刻舟求剑
kè zhōu qiú jiàn

융통성이 없어 사태의 변화를 모르다

我们在学习上不要一味的刻舟求剑。
공부하는데 있어서 줄곧 융통성이 없이 해서는 안 된다.
刻舟求剑的故事我们要永记于心。
우리는 각주구검의 고사를 마음속에 기억하여야 한다.

고사 楚国有个人过江时把剑掉在水里, 他在船帮上剑落的地方刻上记号, 等船停下, 从刻记号的地方下水找剑, 结果自然找不到。比喻拘泥成例, 不知道跟着情势的变化而改变看法或办法。

★★
간담상조
(韓) 肝膽相照
(中) 肝胆相照
gān dǎn xiāng zhào

서로 진심을 터놓고 사귐

肝胆相照，荣辱与共。
서로 진심으로 사귀어 영욕을 함께하다.

他对祖国忠心耿耿肝胆相照。
그는 조국에 대한 충성심이 대단하여 진심을 터놓고 대한다.

他们彼此肝胆相照。
그들은 피차 마음을 터놓고 지낸다.

* 耿耿 gěnggěng : 강직하다

★
간불용발
(韓) 間不容髮
(中) 间不容发
jian bù róng fà

사태가 매우 위급함 ; 치밀하여 빈틈이 없음

山洪爆发间不容发得马上组织抢救灾民。
산에 홍수가 발생하여 사태가 매우 위급하니 빨리 사람을 모아 이재민을 구해야 한다.

这事间不容发马上去处理。
이일은 사태가 매우 급하니 당장 처리해야 한다.

* 抢救 qiǎngjiù : 급히 구하다

★★
개두환면
(韓) 改頭換面
(中) 改头换面
gǎi tóu huàn miàn

어떤 일에서 근본은 고치지 아니하고 사람만 바꾸어 그 일을 그대로 시킴 ; 간판만 바꾸다

改头换面换汤不换药还是老一套。
내용은 바꾸지 아니하고 형식만 바꿔 낡은 방식 그대로이다.

那群抗议群众控诉政府对他们的要求，只是改头换面。
그 시위 군중들은 정부가 그들의 요구에 대하여 내용은 바꾸지 아니하고 형식만 바꾼다고 규탄했다.

* 控诉 kòngsù : 고발하다

★
거안제미
(韓) 擧案齊眉
(中) 举案齐眉
jǔ àn qí méi

밥상을 눈썹과 가지런히 되도록 공손히 들어 남편한테 간다는 뜻 ; 부부가 서로 공경함

举案齐眉，白头偕老。
부부가 서로 공경하며 백년해로하다.
他们夫妻俩举案齐眉相敬如宾。
그들 부부 두 사람은 손님처럼 서로 존경한다.

* 相敬如宾 xiāngjìngrúbīn : (부부간에)서로 손님을 대하듯이 존경하다

★
거재두량
(韓) 車載斗量
(中) 车载斗量
chē zài dǒu liáng

물건을 수레에 싣고 말로 된다는 뜻 ; 아주 흔하고 모두 평범함

车载斗量不可胜数。아주 흔하고 평범하여 다 셀 수가 없다.
我们公司里像你这种人车载斗量。우리 회사에는 너 같은 사람은 흔하다.

* 不可胜数 bùkěshèngshǔ : (많아서)이루 다 셀 수 없다

★
격화소양
(韓) 隔靴搔癢
(中) 隔靴搔痒
gé xuē sāo yǎng

신을 신고 발바닥을 긁는다는 뜻 ; 성이 차지 않음의 비유

文章写得虽长却没有抓住关键，隔靴搔痒罢了。
글을 비록 길게 썼지만 요점이 없어 신 신고 발바닥 긁기이다.
意贵透彻不可隔靴搔痒。
글의 뜻이 뚜렷하여야 하며 신 신고 발바닥 긁기식은 안 된다.

* 关键 guānjiàn : 관건

★★
견강부회
(韓) 牽强附會
(中) 牵强附会
qiān qiǎng fù hùi

말을 억지로 끌어다 붙여 조건이나 이치에 맞도록 함

这样解释太牵强附会。
이런 해석은 너무 억지이다.

运用比喻一定要贴切不要牵强附会生搬硬套。
비유는 반드시 적절해야 하며, 너무 억지로 끌어 맞추거나 남의 것을 그대로 베껴서는 안된다.

* 贴切 tiēqiè : 적절하다 / 生搬硬套 shēngbānyìngtào : 남의 것을 기계적으로 모방하다

★★
견마지로
(韓) 犬馬之勞
(中) 犬马之劳
quǎn mǎ zhī láo

자기의 노력을 겸손하게 일컫는 말 ; 임금이나 나라에 충성을 다하는 노력

效犬马之劳。
견마지로를 다하다.

无功报德愿施犬马之劳。
덕을 갚을 공이 없어 견마지로를 다하겠다.

★★★
견인불발
(韓) 堅忍不拔
(中) 坚忍不拔
jiān rěn bù bá

굳게 참고 버티어 마음을 빼앗기지 않음

他的革命意志坚忍不拔。
그의 혁명 의지는 결코 흔들리지 않는다.

他有坚忍不拔的毅力。
그는 견인불발의 끈기가 있다.

* 毅力 yì lì : 박력

★★★
경거망동
(韓) 輕擧妄動
(中) 轻举妄动
qīng jǔ wàng dòng

경솔하고 망령되게 행동함

千万别轻举妄动。 절대로 경거망동하지 마라.

当一个人生气时很容易轻举妄动。
사람이 화가 나면 경거망동하기 쉽다.

* 生气 shēngqì : 화를 내다

★★
경이원지
(韓) 敬而遠之
(中) 敬而远之
jìng ér yuǎn zhī

존경하되 가까이 하지 않음

领导者对知识分子一向有些敬而远之。
지도자들은 그동안 지식인들에 대하여 약간 경원시 했다.

他对大家的要求十分苛刻，大家只好敬而远之。
그는 여러 사람의 요구에 너무 각박해서, 다들 그를 멀리하는 수밖에 없다.

她对她的老板敬而远之。
그녀는 사장님을 존경은 하지만 좀 멀리한다.

＊ 一向 yīxiàng ： 줄곧 / 苛刻 kēkè ： 각박하다

★
경천동지
(韓) 驚天動地
(中) 惊天动地
jīng tiān dòng dì

세상을 몹시 놀라게 함

经过几年的奋斗，沙漠变田，这成就真是惊天动地!
몇 년의 노력으로 사막이 밭으로 변했다, 이 성취는 그야말로 경천동지할 일이다.

一九八八年蒂娜透娜在台湾开了一场惊天动地的演唱会。
1988년 티나토나는 대만에서 공연을 한 차례 했는데, 센세이션을 불러일으켰다.

他要做一番惊天动地的大事。
그는 온 세상을 깜짝놀라게 할 큰 일을 하나 하려고 한다.

＊ 演唱会 yǎnchànghùi ： 공연

★★
계구우후
(韓) 鷄口牛後
(中) 鸡口牛后
jī kǒu niú hòu

큰 단체의 꼴찌보다는 작은 단체의 우두머리가 됨이 오히려 나음을 이르는 말

宁为鸡口不为牛后。
닭머리가 될지언정 소꼬리는 되지 않겠다.

鸡口牛后人各有志。
닭의 머리가 될지언정 소꼬리는 되지 않는다, 누구나 다 자기의 뜻을 가지고 산다.

＊ ‘鸡口牛后’는 ‘宁为鸡口不为牛后’의 약칭

★★
계명구도
(韓) 鷄鳴狗盜
(中) 鸡鸣狗盗
jī míng gǒu dào

행세하는 사람이 배워서는 아니 될, 천한 기능을 가진 사람, 또는 그런 기능

他们不过是鸡鸣狗盗之徒而已。
그들은 보잘 것 없는 어중이떠중이 무리에 불과하다.
他是一个鸡鸣狗盗之徒。그 사람은 어중이떠중이에 불과하다.

고사 战国时，齐国孟尝君被秦国扣留。他的一个门客装做狗夜里潜入秦宫，偷出本已献给秦王的狐白裘献给秦王的爱姬，才得释放。孟尝君深夜到函谷关，城门紧闭，他的另一个门客学公鸡叫，骗开城门，才得脱险逃回齐国。比喻微不足道的技能。

* 而已 éryǐ : ...일 뿐이다

★
고립무원
(韓) 孤立無援
(中) 孤立无援
gū lì wú yuán

고립되어 구원받을 데가 없음

处境孤立无援。고립무원의 처지이다.
那些犯人们在沙漠中孤立无援。그 범인들은 사막에서 고립무원의 상태에 있다.
敌军孤立无援终归失败。적군은 고립무원이라 결국 실패로 돌아갔다.

* 终归 zhōngguī : 결국

★★★
고육지계
(韓) 苦肉之計
(中) 苦肉(之)计
kǔ ròu (zhī) jì

적을 속이는 수단으로서, 또는 어려운 사태에서 벗어나기 위한 수단으로서 제몸을 괴롭히는 것도 돌보지 않고 쓰는 계책

黄盖巧施了苦肉之计。황개는 교묘하게 고육책을 썼다.
不用苦肉之计何能瞒过对方。고육계를 쓰지 않고 어찌 적을 속일 수 있으랴?

고사 ≪三国演义≫载，赤壁之战前夕，东吴老将黄盖甘愿让主帅周瑜当众把自己打得皮开肉绽，然后向曹营诈降，骗取曹操信任，使火攻曹营的战略计划得以实现。后指故意损伤自己以骗取对方信任，使自己便于借机行事的计谋。

* 瞒过 mánguò : 속여 넘기다

★★

고장난명

(韓) 孤掌難鳴
(中) 孤掌难鸣

gūzhǎng nán míng

혼자서는 일을 이루기가 어려움

小王虽然独得两份，无奈孤掌难鸣，团体比赛还是输了。

소왕은 비록 혼자 2득점을 했지만 그러나 '고장난명'이라고, 단체 경기에서는 역시 지고 말았다.

当几乎所有的人都反对时那位领导人放弃了那个计划。他知道孤掌难鸣。

모든 사람들이 반대할 때 그 지도자는 그 계획을 포기했다. 그는 혼자서는 일을 하기 힘들다는 것을 안다.

* 无奈 wúnài ： 그러나 / 放弃 fàngqì ： 포기하다

★★★

고진감래

(韓) 苦盡甘來
(中) 苦尽甘来

kǔ jìn gān lái

고생 끝에 낙이 옴

苦尽甘来，好日子在后边儿呢!

'고진감래'라고, 좋은 날도 머지 않았다!

在经历了种种的坏运之后他们藉着苦尽甘来这句话来鼓励自己。

여러 가지 불운을 겪고 나서, 그들은 고생 끝에 낙이 온다는 말을 믿고 스스로를 격려했다.

总算盼到了苦尽甘来的一天。

결국 고대하던 고생 끝 행복 시작의 그 날이 왔다.

* 鼓励 gǔlì ： 고무하다 / 总算 zǒngsuàn ： 대체로... 한 셈이다

★★

공전절후

(韓) 空前絶後
(中) 空前绝后

kōng qián jué hòu

전무후무의

这是部好书但不是空前绝后的。

이것은 좋은 책이나 전무후무의 훌륭한 책은 아니다.

她闪烁着亮光和羽毛的服装在那个宴会上是空前绝后的景象。

그녀가 광택이 나는 털옷을 입고 연회에 나타난 것은 처음 있는 일이다.

这种盛况是空前绝后的。

이러한 성황은 전무후무하다.

* 闪烁 shǎnshuò ： 번쩍이다

★★★
과유불급
(韓) 過猶不及
(中) 过犹不及
guò yóu bù jí

정도를 지나침은 미치지 못한 것과 같음

一味颂扬固然不对，全盘否定也欠分析，过犹不及。
오르지 찬양만 하는 것도 옳지 않지만, 전반적으로 부정하는 것도 분석이 결여된 것으로 '과유불급'이라 할 수 있다.

批评不能过分，过分了往往适得其反过犹不及嘛。
비평은 지나쳐서는 안된다. 지나치면, 왕왕 그 반대결과를 낳게 되니, '과유불급'인 것이다.

＊ 一味 yīwèi ： 오로지 / 颂扬 sòngyáng ： 찬미하다

★★
광명정대
(韓) 光明正大
(中) 光明正大
guāng míng zhèng dà

언행이 떳떳하고 정당함

我们所作所为光明正大，从不背后捣鬼。
우리의 모든 행위는 광명정대하며 한번도 배후에서 나쁜 일을 한 적이 없다.

他们光明正大赢得这场比赛。그들은 정정당당하게 이 번 시합을 이겼다.

他做事 向光明正大。그는 줄곧 공명정대하게 일하였다.

＊ 捣鬼 dǎoguǐ ： 음모를 꾀하다 / 赢得 yíngdé ： 얻다

★★★
교언영색
(韓) 巧言令色
(中) 巧言令色
qiǎo yán lìng sè

남에게 아첨하는 말과 태도

被他的巧言令色所蒙骗。그의 교묘한 말솜씨와 표정에 속았다.

那个骗徒的巧言令色很容易使人误信。
그 사기꾼의 아첨과 태도는 사람으로 하여금 쉽게 잘못 믿게 한다.

★
교주고슬
(韓) 膠柱鼓瑟
(中) 胶柱鼓瑟
jiāo zhù gǔ sè

고지식하여 조금도 변통성 없음을 비유해서 하는 말

办事要随机应变，不能胶柱鼓瑟。
일처리는 임기응변이 필요하고 융통성이 없어서는 안 된다.

应该针对变化了的情况采用相应措施解决问题不能胶柱鼓瑟。
반드시 변화된 상황에 맞게 상응하는 조치를 취하여 문제를 해결해야 한다. 고지식하게 융통성이 없어서는 안 된다.

情况变了办法也要改进不能胶柱鼓瑟。
상황이 변했다, 그러므로 방법도 개선되어야 하며 고지식하게 융통성이 없어서는 안 된다.

＊ 随即应变 súijīyìngbiàn ： 임기응변하다 / 措施 cuòshī ： 조치

★★
구미속초
(韓) 狗尾續貂
(中) 狗尾续貂
gǒu wěi xù diāo

훌륭한 것을 보잘 것 없는 것과 함께 두어 같이 보잘 것 없는 물건으로 보여지는 것

这篇文章不需要狗尾续貂。이 문장은 '구미속초'를 필요로 하지 않는다.
狗尾续貂的做法我们不赞同! 우리는 '구미속초'의 방법을 찬성하지 않는다.

★★★
구밀복검
(韓) 口蜜腹劍
(中) 口蜜腹剑
kǒu mì fù jiàn

말로는 친한 체하나 속으로 해칠 생각을 가짐

口蜜腹剑，笑里藏刀。교활하고 음흉하다.
虽然这位生意上认识的人跟我很相投，但是我的朋友告诉我他口蜜腹剑。
비록 이 사업상 알게 된 사람과 나는 잘 통하지만 친구가 그러는데 그 사람은 겉 다르고 속 다르다 한다.
这个人口蜜腹剑心狠手辣。
이 사람은 웃음 속에 칼을 품고 있어서 마음이 음흉하고 악랄하다.
我们不需要口蜜腹剑的朋友! 우리는 속 다르고 겉 다른 친구는 필요 없어!

* 相投 xiāngtóu : 서로 통하다 / 心狠手辣 xīnhěnshǒulà : 악독하고 잔인하다

★★
구사일생
(韓) 九死一生
(中) 九死一生
jiǔ sǐ yī shēng

죽을 고비를 여러 차례 겪고 겨우 살아 남음

他九死一生从敌占区逃了出来。그는 구사일생으로 적지에서 도망 왔다.
探险队九死一生终于安全归来了。
탐험대는 구사일생으로 마침내 안전하게 돌아 왔다.

★★
구우일모
(韓) 九牛一毛
(中) 九牛一毛
jiǔ niú yī máo

많은 가운데서 가장 적은 것의 비유

这一点钱对他的工资来说是九牛一毛。
이정도의 돈은 그의 월급에 비하면 조족지혈이다.
要将所掌握的部分与全部相比不过是九牛一毛。
장악하고 있는 부분을 전부와 비교해 보면 겨우 새발의 피에 지나지 않는다.
花上千儿八百对你来说还不是九牛一毛?
돈 천원 써도 너한테는 새 발의 피 아냐?

* 工资 gōngzī : 임금 / 掌握 zhǎngwò : 파악하다 / '千儿八百'는 천(千)이나 그보다 적은 수를 나타낸다.

★★
구주필벌
(韓) 口誅筆伐
(中) 口诛笔伐
kǒu zhū bǐ fá

언론이나 문장으로 남의 죄상을 폭로하여 단죄하다

召开会议，出版专刊，进行口诛笔伐。
회의를 열고 특집을 내서 죄상을 폭로하다.
环保主义者对政府兴建核能电厂的决定口诛笔伐。
환경보호자들은 정부의 원자로를 짓겠다는 결정을 필설로 성토하고 있다.

＊ 兴建 xīngjiàn : 세우다 / 核能 hénéng : 핵에너지

★
국태민안
(韓) 國泰民安
(中) 国泰民安
guó tài mín ān

나라가 태평하고 인민이 살기가 평안함

战乱之后，人民期盼国泰民安时代的到来。
전쟁이 끝나고 사람들은 국태민안의 시대가 도래하기를 갈망한다.
现国泰民安万业兴隆。
지금은 국태민안의 시기여서, 모든 것이 융성하다.
中国历史上唐朝的强盛时期，是国泰民安的。
당나라는 중국 역사상 강성했던 시대로써, 그 때는 국가가 태평하고 백성들이 평안하였다.
国泰民安享太平。
국가가 태평하고 백성들이 평안하여 태평을 누린다.

＊ 期盼 qīpàn : 기대하다 / 兴隆 xīnglóng : 번창하다

★★★
권토중래
(韓) 捲土重來
(中) 卷土重来
juǎn tǔ chóng lái

한 번 패했다가 세력을 회복해서 다시 쳐들어옴

敌人利用谈判拖延时间，企图蓄积力量，卷土重来。
적들은 담판을 이용하여 시간을 끌고 힘을 축적하여 재기를 기도하고 있다.
我队在下半局卷土重来最后终于赢得那场比赛。
우리 팀은 후반전에 원기를 회복하여 마침내 시합을 승리로 이끌었다.
落后势力企图卷土重来。
낙후 세력이 권토중래를 기도하다.

＊ 拖延 tuōyán : (시간을) 끌다

★★
근묵자흑
(韓) 近墨者黑
(中) 近墨者黑
jìn mò zhě hēi

나쁜 사람과 사귀면 물들기 쉽다

近朱者赤，近墨者黑，他跟这些人混在一起，还能学出什么好来!
'근묵자흑, 근주자적'이라고, 그 사람 이런 사람들과 어울려서 뭐 좋은 거 배우겠어!
近朱者赤近墨者黑，所以要多交好朋友少交坏朋友。
사람은 환경에 영향을 받기 때문에, 좋은 친구를 많이 사귀고, 나쁜 친구를 사귀지 말아야 한다.
佛郎克回避机车帮，因为他知道近朱者赤近墨者黑。
프랑코는 오토바이족을 피했다. 왜냐하면 그는 환경이 중요함을 알기 때문이다.

* 机车 jīchē : 오토바이

★★★
금상첨화
(韓) 錦上添花
(中) 锦上添花
jǐn shàng tiān huā

좋은 일에 또 좋은 일이 더함

帮助贫人的工作是雪中送炭，不是锦上添花。
가난한 사람을 도와주는 것은 남이 급할 때 도와주는 것이지 '금상첨화'가 아니다.
这幅画如果再有只鸟就锦上添花。
이 그림에 만약 새가 있다면 금상첨화라고 할 수 있겠다.

* 雪中送炭 xuězhōngsòngtàn : 다른 사람이 급할 때 도와주다

★
금의옥식
(韓) 錦衣玉食
(中) 锦衣玉食
jǐn yī yù shí

호화롭고 사치스러운 의식

末代皇帝退位以后，依然住在宫中，过着锦衣玉食的生活。
마지막 황제는 퇴위 후에도 궁중에서 살면서 호의호식하는 생활을 했다.
你每天不工作还要过着锦衣玉食的生活太奢侈了。
매일 일도 안하면서 호의호식하는 생활을 한다면 너무 사치라 하겠다.

* 奢侈 shēchǐ : 사치하다

★★
금지옥엽
(韓) 金枝玉葉
(中) 金枝玉叶
jīn zhī yù yè

귀여운 자손

她可是富贵人家的金枝玉叶。그녀는 정말 부잣집의 귀여운 따님이다.
就算你是金枝玉叶也不应该乱发脾气。
네가 금지옥엽 부잣집의 귀여운 딸이라 하더라도 함부로 화를 내서는 안 된다.

* 就算 jiùsuàn : 설령...라 해도

★★
급전직하
(韓) 急轉直下
(中) 急转直下
jí zhuǎn zhí xià

갑자기 사태가 바뀌어 결말이나 해결에 가까워짐

下半场形势急转直下，客队连进三球，反以三比二领先。
후반전에 형세는 급반전되어, 원정팀이 연속하여 세 점을 넣었고, 결국 3대2로 리드했다.
形势急转直下。형세가 급변하다.
最近几个月的房地产市场急转直下。최근 몇 개월간의 부동산 시장이 급변했다.

* 下半场 xiàbànchǎng : 후반전 / 客队 kèduì : 원정팀 / 领先 lǐngxiān : 리드하다

★★★
기사회생
(韓) 起死回生
(中) 起死回生
qǐ sǐ húi shēng

중병으로 죽을 뻔하다가 살아나 회복됨

在名医的治疗下，他终于起死回生。
명의의 치료로 그는 마침내 죽었다 살아났다.
那位医生及时赶到车祸现场使患者起死回生。
그 의사가 제 시간에 사고현장에 달려 와서 부상자가 죽음에서 살아났다.
病人给老大夫送来一块匾，上面刻的金字是起死回生。
환자가 노의사에게 편액을 하나 보내 왔는데, 위에 새겨진 금자는 "기사회생"이었다.
这一着棋下得好，使全盘都活起来了，真有起死回生之功。
바둑을 이번 한 번 잘 두어서 전부 살아났다. 정말 기사회생이 아닐 수 없다.

* 车祸 chēhuò : 교통사고

★
기세도명
(韓) 欺世盜名
(中) 欺世盗名
qī shì dào míng

세상 사람을 속여 헛된 명예를 얻음

这种欺世盗名的人是不能重用的。
이러한 세상을 속여 헛되이 명예를 얻으려고 하는 사람은 중용될 수 없다.
我没干过欺世盗名的事儿。나는 세상 사람들을 속여 명예를 훔친 적이 없습니다.
那名专栏作家欺世盗名。그 칼럼작가는 세상을 속여 명예를 얻고 있다.

* 重用 zhòngyòng : 중용하다 / 专栏 zhuānlán : 칼럼

★
기화가거
(韓) 奇貨可居
(中) 奇货可居
qí huò kě jū

지금 당장보다는 훗날을 위한 투자

取了一点成绩就奇货可居了么? 성적이 저조한데 나중에 더 올릴 수 있겠니?
现在奇货可居的人很多啊! 현재 훗날을 위해 도모하고자 하는 사람이 많다.

★★
난형난제
(韓) 難兄難弟
(中) 难兄难弟
nán xiōng nán dì

'누구를 형이라 아우라 하기 어렵다'는 뜻으로, 두 사물이 낫고 못함을 분간하기 어려움의 비유 ; 두 사람이 똑같이 나쁘다

两个狐朋狗友, 一对儿难兄难弟。
두 명의 불량배가 하나같이 나쁜 놈이다.
我们是难兄难弟, 还分什么彼此。
우리는 어려움을 함께 나눈 형제인데 너와 내가 남이냐?

고사 东汉陈元方的儿子和陈季方的儿子是堂兄弟, 都夸耀自己父亲的功德, 争个不休, 就去问祖父陈实。陈实说 : '元方难为弟, 季方难为兄'。意思是元方好得做他弟弟难, 季方好得做他哥哥难。后用来形容兄弟都非常好。今多反用, 讥讽两人同样坏。

＊ 狐朋狗友 húpénggǒuyǒu : 어중이 떠중이

★★
남가일몽
(韓) 南柯一夢
(中) 南柯一梦
nán kē yī mèng

꿈과 같이 헛된 한 때의 부귀영화

他的追求到头来是南柯一梦。
그가 추구하는 것은 결국 헛된 꿈에 지나지 않다.
世事变化无常目前你拥有的财富和名誉也许只是南柯一梦。
세상사는 변화무상에서, 현재 당신이 가지고 있는 부와 명예는 한 때의 헛된 꿈에 불과할 수 있다.

고사 淳于棼做梦到大槐安国做南柯太守, 享尽富贵荣华, 醒来才知道是一场大梦, 原来大槐安国就是住宅南边大槐树下的蚁穴。后来泛指一场梦, 或比喻一场空欢喜。

＊ 拥有 yōngyǒu : 보유하다

★★
남존여비
(韓) 男尊女卑
(中) 男尊女卑
nán zūn nǚ bēi

사회적 지위가 남자는 높고 귀하며 여자는 낮고 천하다는 말

韩国一向男尊女卑。 한국은 줄곧 남존여비였다.
中国古代社会是奉行男尊女卑的。
중국고대사회는 남존여비사상을 지키고 있었다.

＊ 奉行 fèngxíng : 신봉하다

★
내우외환
(韓) 內憂外患
(中) 内忧外患
nèi yōu wài huàn

나라 안팎의 근심 걱정

内忧外患，接踵而至。 내우외환이 끊이지 않는다.
这个国家内忧外患。 이 나라는 안팎으로 근심과 걱정이 많다.

＊ 接踵而至 jiēzhǒngérzhì : 연달아 오다

★
노기충천
(韓) 怒氣衝天
(中) 怒气冲天
nǔ qì chōng tiān

잔뜩 성이 나다

他怒气冲天地走了进来，却一言不发。
그는 노기충천해서 들어왔지만 한 마디도 하지 않았다.
由于那位老师有怒气冲天的倾向很少有学生敢触怒他。
그 선생님은 벼락같이 화를 잘 내는 경향이 있어서 그를 감히 화나게 할 학생은 거의 없다.

＊ 触怒 chùnù : 노하게 하다

★
노불습유
(韓) 路不拾遺
(中) 路不拾遗
lù bù shí yí

나라가 잘 다스려져 모든 백성이 매우 정직한 모양을 이르는 말

民风淳厚路不拾遗。
민풍이 순후해서 길에 떨어진 물건도 주워가지 않는다.
路不拾遗国无狱讼。
길에 떨어진 물건도 주워가지 않는다면, 국가에 송사(訟事)가 없을 것이다.

＊ 淳厚 chúnhòu : 순박하고 인정이 두텁다 / 狱讼 yùsòng : 소송사건

★★
농가성진
(韓) 弄假成眞
(中) 弄假成真
nòng jiǎ chéng zhēn

장난삼아 한 것이 진심으로 한 것같이 됨

刘备招亲弄假成真。
유비가 데릴사위로 갔는데 결국 그 집 사위가 되고 말았다.
这件事弄假成真使他们非常惊讶。
농담이 진담이 되어 그들을 몹시 놀라게 했다.
我的病却是弄假成真。
내 병이야말로 농담이 진담 된 경우이다.

* 招亲 zhāoqīn : 데릴사위가 되다 / 惊讶 jīngyà : 놀라다

★★
다다익선
(韓) 多多益善
(中) 多多益善
duō duō yì shàn

많을수록 더욱 좋음

积累建设资金，多多益善。
건설 자금을 모으는데 많으면 많을 수록 좋다.
很少有人会对金钱感到厌倦多多益善。
금전에 염증을 느낄 사람은 거의 없다, 많으면 많을 수록 좋다.
建设人才多多益善。
건설 인재는 많을 수록 좋다.

* 厌倦 yànjuàn : 싫증나다

★★★
단도직입
(韓) 單刀直入
(中) 单刀直入
dān dāo zhí rù

요점을 바로 풀이하여 들어감

他单刀直入地问我，为什么反对他当主任。
그는 내가 왜 그 사람이 주임이 되는 것을 반대하는지 단도직입적으로 물었다.
单刀直入不能取胜就该采用迂回的战术。
단도직입적으로 하면 승리할 수 없다. 반드시 우회적인 전술을 써야 한다.
那些提意见的人不留面子单刀直入开门见山。
그 불만을 제기하는 사람들은 인정사정 볼 것 없이 매우 단도직입적이다.
他是个坦白的人，因此说话总是单刀直入。
그는 솔직하고 담백한 사람이라 말을 할 때 매우 단도직입적이다.

* 取胜 qǔshèng : 승리하다 / 留面子 liúmiànzi : 체면을 살려주다

★
단장취의
(韓) 斷章取義
(中) 断章取义
duàn zhāng qǔ yì

문장의 일부를 끊어서 작자의 본의에 구애하지 아니하고 제멋대로 사용하는 일

批评别人的文章如果断章取义定不能服人。
다른 사람의 글을 비평할 때 글의 일부만을 보고 평가하면 분명 설득력이 떨어진다.
批评别人的观点不能采用断章取义的办法。
남의 관점을 비평하는 데 있어서 "단장취의"의 방법을 써서는 안 된다.
那位市长控告那家报社诽谤因为他们将他的话断章取义。
그 시장은 그의 말을 "단장취의"한 신문사를 비방이라고 규탄했다.

* 控告 kònggào : 기소하다

★
대경실색
(韓) 大驚失色
(中) 大惊失色
dà jīng shī sè

크게 놀라 얼굴색이 변함

张老师听说小女儿被汽车撞了，大惊失色。
장선생님은 딸이 차에 치었다는 말을 듣고 대경실색했다.
乘坐摩天轮使她大惊失色。페리를 타고 그녀는 몹시 놀랐다.

* 摩天轮 mótiānlún : 페리호

★
대기만성
(韓) 大器晩成
(中) 大器晚成
dà qì wǎn chéng

크게 될 사람은 늦게 이루어짐

他四十岁才成功显示了大器晚成。
그는 40세에 비로소 성공하여 대기만성을 보여주었다.
世界上有许多大器晚成的人。세상에는 대기만성한 사람이 매우 많다.

★★★
대동소이
(韓) 大同小異
(中) 大同小异
dà tóng xiǎo yì

거의 같고 조금 다름

彼此的意见大同小异，可以合并成一个提案。
피차의 의견이 대동소이하므로 하나의 제안으로 통일합시다.
这两种哲学大同小异。이 두 가지 철학은 대동소이하다.
这两种版本大同小异。이 두 판본은 대동소이하다.

★
대역부도
(韓) 大逆不道
(中) 大逆不道
dà nì bù dào

대역으로 사람의 도리에 몹시 어그러짐

封建统治者把反抗封建礼教的人视为大逆不道。
봉건통치자들은 봉건예교를 반항하는 사람을 대역부도하다고 여겼다.
杀害自己的父母是大逆不道的罪行。
자신의 부모를 살해하는 것은 대역부도의 죄행이다.

★
대의멸친
(韓) 大義滅親
(中) 大义灭亲
dà yì miè qīn

국가의 대의를 위해서는 부모 형제를 돌보지 않음

在反贪污运动中，他大义灭亲，检举了自己的父亲。
반부패운동 중에 그는 대의멸친하여 자신의 부친을 검거했다.
他为了救国逼不得已大义灭亲。
그는 국가를 구하기 위하여 대의멸친하지 않을 수 없었다.

* 逼不得已 bībùdéyǐ : 부득이하게

★★
도청도설
(韓) 道聽塗說
(中) 道听途说
dào tīng tú shuō

길거리에 떠돌아다니는 뜬소문

这些消息决不是道听途说。이 소식은 결코 길에서 주워들은 풍문이 아니다.
他刚才讲的全是道听途说不可轻信。
그가 좀전에 한 말은 전부 근거없는 풍문에 불과하니 쉽게 믿어서는 안된다.
这情报非常可靠绝非道听途说。
이 정보는 매우 믿을 만하다, 결코 헛소문이 아니다.
他的道听途说轻易地找到了听众。
그의 근거 없는 말은 쉽게 청중을 현혹시켰다.

* 轻信 qīngxìn : 경신하다 / 可靠 kěkào : 믿을만 하다

★★
동병상련
(韓) 同病相憐
(中) 同病相怜
tóng bìng xiāng lián

어려운 사람끼리 동정하고 도움

他们同病相怜，最后结为夫妻。
그들은 어려운 사람끼리 만나 결국 부부가 되었다.
破产的果农结合起来并不足为奇，因为同病相怜。
파산한 과수농들이 결합하는 것도 결코 이상한 일이 아니다. 왜냐하면 동병상련이기 때문이다.

* 结为夫妻 jiéwéifūqī : 부부의 인연을 맺다

★★★
동분서주
(韓) 東奔西走
(中) 东奔西走
dōng bēn xī zǒu

이리저리 바삐 다님

他整天东奔西走。그는 하루종일 동분서주한다.
那些护士东奔西走对伤患施于急救治疗。
그 간호원들은 동분서주하며 환자들에게 응급치료를 했다.

* 急救 jíjiù : 응급

★★★
동상이몽
(韓) 同床異夢
(中) 同床异梦
tóng chuáng yì mèng

비유적으로, 같은 입장, 일인데도 목표가 저마다 다름을 일컫는 말

他们虽然是夫妻，但是同床异梦。
그들은 비록 부부이지만 서로 다른 생각을 하고 있다.
公司里个人有个人的打算，同床异梦。
회사에서 개개인은 각자의 계획이 있으며 목표가 각각 다르다.

* 打算 dǎsuàn : 계획

★★
동성상응
(韓) 同聲相應
(中) 同声相应
tóng shēng xiāng yìng

같은 무리끼리 서로 통하여 응함

同声相应同气相求。유유상종이다.
他们读大学时同在一校，彼此同声相应同气相求极其融洽。
그들은 대학에 다닐 때 같은 학교를 다녔는데 서로 의기투합이 되어서 아주 잘 어울렸다.

* 融洽 róngqià : 조화롭다

★★
득의양양
(韓) 得意揚揚
(中) 得意扬扬
dé yì yáng yáng

뜻을 이루어 우쭐거리며 뽐냄

他得意扬扬地走了。그는 득의양양해서 떠났다.
就算你考得再好也不要得意洋洋。
비록 네가 시험을 잘 봤다하더라도 득의양양하지 말아라.

* 再…也… zài…yě… : 아무리 …해도

★
마권찰장
(韓) 摩拳擦掌
(中) 摩拳擦掌
mó quán cā zhǎng

(주먹과 손바닥을 비빈다는 뜻) 기운을 잔뜩 모아 돌진할 때를 기다림

急得他摩拳擦掌巴不得立即动工。
급한 나머지 그는 즉시 일을 시작하기만을 기다리고 있다.
大家摩拳擦掌恨不得马上投人战斗。
모두들 단단히 벼르면서 즉각 전투에 투입되지 않는 것을 안타까와 했다.
战士们摩拳擦掌决心打好这一仗。
전사들은 단단히 벼르면서 이 번 전투를 잘하자고 결심했다.
那两名拳击手摩拳擦掌。그 두 명의 복서는 단단히 벼르고 있다.

* 巴不得 bābude : 갈망하다 / 恨不得 hènbude : 간절히...하고 싶다 / 拳击手 quánjīshǒu : 권투선수

★
마이동풍
(韓) 馬耳東風
(中) 马耳东风
mǎ ěr dōng fēng

남의 말을 귀담아 듣지 않고 곧 흘려버림을 이르는 말

对他说什么话都是马耳东风。
그 사람에게 무엇을 말해도 마이동풍일 뿐이다.
对老师的教导他总是马耳东风。
선생님의 지도에 대해 그는 항상 귀담아 듣지 않고 흘려버린다.

* 教导 jiāodǎo : 가르치다

★
막역지교
(韓) 莫逆之交
(中) 莫逆之交
mò nì zhī jiāo

아주 허물없는 사귐

我跟老李是莫逆之交。나와 이형은 아주 허물없는 친구이다.
在中学时代他们二人是莫逆之交。
중학 시절, 그들 둘은 가장 친한 사이라고 할 수 있다.

★★
만사여의
(韓) 萬事如意
(中) 万事如意
wàn shì rú yì

모든 일이 뜻과 같이 됨

祝你新年快乐, 万事如意。새해 복 많이 받으시고 만사여의하길 바랍니다.
愿我们在韩国万事如意。우리가 한국에 있을 때 모든 일이 뜻과 같이 되길 바란다.

* 快乐 kuàilè : 즐겁다

★

만사형통

(韓) 萬事亨通
(中) 万事亨通

wàn shì hēng tōng

모든 일이 뜻한 대로 잘 됨

他现在是万事亨通。그는 지금 만사형통이다.

准备充分的人通常是万事亨通。

준비가 충분한 사람은 일반적으로 모든 일이 뜻과 같이 잘 된다.

他现在是万事亨通。지금 그는 만사형통이다.

★★★

명불허전

(韓) 名不虛傳
(中) 名不虚传

míng bù xū chuán

명성이 헛되이 퍼진 것이 아님

都说"桂林山水甲天下"，今日一游果然名不虚传。

다들 "계림의 산수는 세상에서 으뜸이다"라고 하더니, 오늘 한 번 돌아보니 과연 이름이 헛되이 전해진 것이 아니더라.

他的会计公司名不虚传。그의 회계법인은 듣던대로 유명하다.

他是名不虚传的神枪手。그 명성 그대로 명사수였다.

她是名不虚传的美女。그녀는 듣던 바 대로 미인이다.

果然名不虚传。과연 명성 그대로다.

* 神枪手 shénqiāngshǒu : 명사수

★

명산대천

(韓) 名山大川
(中) 名山大川

míng shān dà chuān

이름난 산과 큰 내

走遍了祖国的名山大川。조국의 명산대천을 주유했다.

我喜欢中国的名山大川。나는 중국의 명산대천을 좋아한다.

★★

명실상부

(韓) 名實相符
(中) 名实相符

míng shí xiāng fú

研究生教育要名实相符

이름과 실상이 서로 부합함

他是名实相符的专家。

그는 명실상부한 전문가이다.

她是名实相符的民歌之后。

그녀는 명실상부한 민가의 퀸카다.

书院街果然有个书店，可谓名实相符。

서원가에 과연 서점이 하나 있으니, 명실상부하다고 할 수 있다.

* 可谓 kěwèi : ...라고 말할 수 있다

★★
명승고적
(韓) 名勝古跡
(中) 名胜古迹
míng shèng gǔ jì

경치가 좋은 곳이나 이름난 유적

游览各地名胜古迹。각지의 명승고적을 유람하다.
孔庙，井冈山，桂林山水等都是中国的名胜古迹。
공자묘, 정강산, 계림의 산수 등은 모두 중국의 명승고적이다.

* 游览 yóulǎn ： 유람하다

★★
명정언순
(韓) 名正言順
(中) 名正言顺
míng zhèng yán shùn

명분이 바르고 말이 사리에 맞음

咱们有营业执照，买卖做得名正言顺。
우리는 영업 면허가 있으니 사업을 하는데 명분이 있고 사리에 맞다.
说起来倒很名正言顺。말하는 것이 이치에 맞다.

* 执照 zhízhào ： 면허

★
명철보신
(韓) 明哲保身
(中) 明哲保身
míng zhé bǎo shēn

총명하고 사리에 밝아 일을 잘 처리하여 자기 일신을 그르치지 아니함(개인의 득실을 위해 원칙을 버리고 비열하게 처세하는 태도)

应该坚持原则不能采取明哲保身的态度。
반드시 원칙을 견지해야 하며, 명철 보신적인 태도를 취하지 말아야 한다.
圣人明哲保身恶人卖国求金钱及权势。
성인은 명철보신하고, 악인은 나라를 팔아 금전이나 권세를 구한다.

* 坚持 jiānchí ： 견지하다

★★★
모수자천
(韓) 毛遂自薦
(中) 毛遂自荐
máo suì zì jiàn

자기 자신을 추천함

我毛遂自荐当了队长。
나는 모수자천하여 팀장이 되었다.
那位勇敢的士兵毛遂自荐自愿担任潜伏到敌方的危险任务。
그 용감한 병사는 스스로 자원하여 적진에 잠복하는 위험한 임무를 맡았다.

* 潜伏 qiānfú ： 잠복하다

고사 毛遂是战国时代赵国平原君的门客。秦兵攻打赵国，平原君奉命到楚国求救，毛遂自动请求跟着去。到了楚国，平原君跟楚王谈了一上午没有结果。毛遂挺身而出，陈述利害，楚王才答应派春申君带兵去救赵国。后来比喻自己推荐自己。

★★

목불식정

(韓) 目不識丁

(中) 目不识丁

mù bù shí dīng

일자무식

他从前是一个目不识丁的文盲，如今已经能看报读书了。
그는 이전에는 일자무식의 문맹이었으나 지금은 신문도 보고 책을 읽을 수 있다.

他父亲目不识丁。그의 아버지는 일자무식이다.

虽然他目不识丁，但他对于人的心智如何运作有敏锐的洞察力。
그는 비록 일자무식이지만 사람의 마음이 어떻게 작용하는지에 대하여는 예민한 통찰력이 있다.

* 敏锐 mǐnrùi : 예민하다

★★

무가지보

(韓) 無價之寶

(中) 无价之宝

wú jià zhī bǎo

값을 칠 수 없을 만큼 귀한 보배

人是无价之宝。사람은 값으로 말할 수 없는 보물이다.

他坚定不移的友谊对她是无价之宝。
그의 영원히 변치 않는 우정은 그녀에게 있어 값을 칠 수 없을 만큼 귀한 보배이다.

知识是真正的无价之宝。
지식이야말로 그 무엇과도 바꿀 수 없는 진정한 보배이다.

这可是一件无价之宝啊。이는 정말 진귀한 보물이다.

* 友谊 yǒuyì : 우의

★

무명소졸

(韓) 無名小卒

(中) 无名小卒

wú míng xiǎo zú

이름이 알려지지 않은 하찮은 사람

我只是一个无名小卒。나는 무명소졸에 불과하다.

我并不担忧，因为我的对手是无名小卒。
나는 조금도 걱정하지 않는다, 왜냐하면 내 적수는 무명소졸에 불과하기 때문이다.

* 担忧 dānyōu : 걱정하다

★★★

무소불위

(韓) 無所不爲
(中) 无所不为

wú suǒ bù wéi

못할 일이 없음

投机倒把，损人利己，无所不为。

투기를 하고, 남에게 피해를 주고 자기 배만 불리는 등 못하는 일이 없다.

在乡下独霸一方无所不为，百姓恨之入骨。

고향에서 어느 한 곳을 독차지하고, 온갖 못된 일은 다 한다. 그래서 백성들이 몹시 못마땅해 한다.

约翰年轻的时候很坏，无所不为。

요한은 젊었을 때 아주 고약해서, 나쁜 일은 죄다 하고 다녔다.

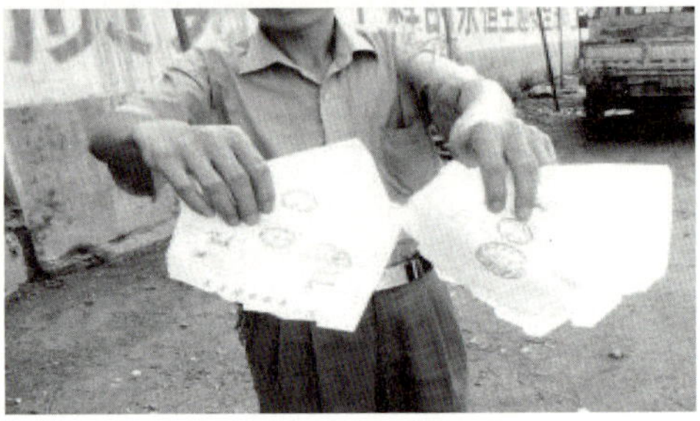

办案法官大肆敲诈原告,吃喝嫖赌无所不为!
图为请吃喝的部分发票。

＊ 投机倒把 tóujīdǎobǎ ： 투기하다 / 恨之入骨 hènzhīrùgǔ ： 한이 사무치다

★★★

반신반의

(韓) 半信半疑
(中) 半信半疑

bàn xìn bàn yí

반쯤은 믿고 반쯤은 의심함

他听说自己考上了北京大学，心里非常高兴，但还是有点半信半疑。

그는 북경대에 붙었다는 말을 듣고 맘속으로는 매우 기뻤지만 한편 반신반의했다.

他说的话，我半信半疑。 그가 하는 말을 나는 반신반의한다.

听了小李的解释老王还是半信半疑。

미스타 리의 설명을 듣고도 미스타 왕은 여전히 반신반의 한다.

＊ 解释 jiěshì ： 설명

★

반신불수

(韓) 半身不遂
(中) 半身不遂

bàn shēn bù sùi

반신불수

由于中风成了半身不遂。 중풍으로 반신불수가 되다.

奶奶晚年患有半身不遂。 할머니는 만년에 반신불수가 되었다.

★
발본색원
(韓) 拔本塞源
(中) 拔本塞源
bá běn sè yuán

폐단의 근원을 아주 뽑아서 없애 버림

拔本塞源方为上策。폐단의 근원을 완전히 없애는 것이 가장 좋은 방법이다.

在学习上我们要努力做到拔本塞源。

공부에 있어서 우리는 열심히 그 근원을 파헤친다는 생각으로 노력해야 한다.

★★
발분망식
(韓) 發憤忘食
(中) 发愤忘食
fā fèn wàng shí

발분하여 끼니까지 잊고 노력함

由于考期将届所以他发愤忘食。

시험기간이 곧 닥치기 때문에, 그는 먹는 것도 잊고 열심히 한다.

他发愤忘食的做实验终于成功了。

그가 끼니까지 잊고 노력하여 실험이 마침내 성공하였다.

* 届 jiè : (때에) 이르다

★★
발호시령
(韓) 發號施令
(中) 发号施令
fā hào shī lìng

명령을 내려서 그대로 시행함

那位经理已经发号施令下个月要让我们忙碌。

그 사장님은 이미 시행토록 명령을 내렸으며, 다음달부터 우리는 바빠질 것이다.

这个人专会发号施令不干实事。

이 사람은 시키기만 잘 하지 실제로 하지는 못한다.

不能只是坐在办公室里发号施令。

단지 사무실에만 앉아 지시만 내릴 수는 없다.

* 忙碌 mánglù : 바쁘다

★★★
방미두점
(韓) 防微杜漸
(中) 防微杜渐
fáng wēi dù jiàn

어떤 일이 커지기 전에 미리 막음

对青少年学生要加强道德教育，防微杜渐尽可能避免他们犯了大错再来惩戒。

청소년들에게 도덕교육을 강화하여, 사고를 미연에 방지하면 그들이 큰 잘못을 저지른 후에야 다시 징계하는 일을 피할 수 있다.

且欲防微杜渐忧在未萌。

일이 커지기 전에 미리 막고 일이 발생하기 전에 먼저 걱정해야 한다.

* 加强 jiāqiáng : 강화하다 / 惩戒 chéngjiè : 징계하다

★★

방약무인

(韓) 傍若無人

(中) 旁若无人

páng ruò wú rén

좌우에 사람이 없는 것같이 언어나 행동이 거리낌 없음

他旁若无人地大声唱歌。

그는 주변에 사람이 없는 것같이 자연스럽게 큰 소리로 노래를 불렀다.

当那些饥饿的小孩子在旁边注视着他时，那位老人仍旁若无人地继续用餐。

그 굶주린 아이들이 옆에서 그를 주시하고 있을 때，그 노인은 여전히 거들떠 보지도 않고 계속 식사를 했다.

他向来是高谈阔论旁若无人。

그는 지금까지 큰 소리만 치고 방약무인하는 태도로 일관했다.

＊ 高谈阔论 gāotánkuòlùn ： 장광설을 늘어놓다

★

배반낭자

(韓) 杯盤狼藉

(中) 杯盘狼藉

bēi pán láng jí

술 자리가 파한 뒤 술잔과 접시 등이 어지럽게 흩어져 있는 상황을 형용

朋友们一起吃饭的时候总是弄得杯盘狼藉。

친구들이 함께 밥을 먹을 때면 주변이 항상 엉망이다.

妈妈看到满桌的杯盘狼藉哭笑不得。

엄마는 밥상이 엉망인 것을 보고 울 수도 웃을 수도 없다.

★★

백가쟁명

(韓) 百家爭鳴

(中) 百家争鸣

bǎi jiā zhēng míng

많은 학자, 문화인 등의 활발한 논쟁

百花齐放，百家争鸣。백가쟁명，백화제방.

那所大学在校园支持百花齐放百家争鸣的方针。

그 대학은 교정에서 여러 가지 학파나 사상이 공존하는 방침을 지지하고 있다.

在研讨会上百家争鸣各持己见。

연구토론회에서 여러 가지 학파들이 활발한 논쟁을 하는데 각자가 자신의 의견을 가지고 있다.

고사 春秋战国时代，社会处于大变革时期，产生了各种思想流派，如儒，法，道，墨等，他们著书讲学，互相论战，出现了学术上的繁荣景象，后世称为百家争鸣。

＊ 各持己见 gèchíjǐjiàn ： 각자 자기의 견해를 고집하다

★★
백구과극
(韓) 白駒過隙
(中) 白驹过隙
bái jū guò xì

세월과 인생이 덧없이 짧음

人生如白驹过隙。인생은 유수와 같이 빨리 지나간다.
白驹过隙你应该利用这个机会。
시간은 유수와 같으니, 너는 반드시 이 기회를 잘 이용해야 한다.

★★
백년대계
(韓) 百年大計
(中) 百年大计
bǎi nián dà jì

먼 뒷날까지에 걸친 큰 계획

计划生育是中国的百年大计。가족계획은 중국의 백년대계이다.
土地改革计划是百年大计。토지개혁 계획은 백년대계이다.
搞好教育是为四化培养人才的百年大计。
교육을 잘 하는 것은 "四化"를 위하여 인재를 배양하는 백년대계인 것이다.
百年大计质量第一。백년대계, 품질제일.

★★
백면서생
(韓) 白面書生
(中) 白面书生
bái miàn shū shēng

글만 읽고 세상 일에 경험이 없는 사람

因为他刚毕业所以看起来如白面书生。
그는 막 졸업했기 때문에 백면서생처럼 보인다.
现在社会上的白面书生很多。
지금의 사회에는 글만 읽고 세상경험이 없는 사람이 매우 많다.

＊ 毕业 bìyè ： 졸업

★★★
백발백중
(韓) 百發百中
(中) 百发百中
bǎi fā bǎi zhōng

총, 활 등이 겨눈 곳에 꼭 꼭 맞음

他有丰富的经验, 对情况或问题的估计往往百发百中, 很少有差错。
그는 경험이 풍부하여, 상황 및 문제에 대한 가늠이 왕왕 적중하고 거의 실수가 없다.
在那次比赛中他射箭的技巧因为百发百中而显露无遗。
그 시합에서 그의 활쏘는 기교는 백발백중으로 실력을 유감없이 발휘했다.

＊ 估计 gūjì ： 가늠하다 / 显露无遗 xiǎnlùwúyí ： 남김없이 드러내다

★
백벽미하
(韓) 白璧微瑕
(中) 白璧微瑕
bái bì wēi xiá

(흰 구슬에 있는 작은 흠이라는 뜻) 훌륭한 사람의 약간의 결점

他在文学创作上有很大成就, 影响深远, 但晚年写的几个短篇不能不说是白璧微瑕。
그는 문학 창작면에 대단한 성과를 이뤘으며, 깊은 영향을 남겼다, 그러나 만년에 쓴 몇 편의 단편은 옥의 티가 아닐 수 없다.
这些小毛病只能算是白璧微瑕而已。이런 결점은 다만 옥의 티에 불과하다.
他打断别人谈话的习惯对他原本的好品格无异白璧微瑕。
다른 사람의 대화를 막는 습관은 그의 좋은 품격에 옥의 티가 아닐 수 없다.

* 打断 dǎduàn : 잘라 버리다 / 无异 wúyí : 다르지 않다

★★
백전백승
(韓) 百戰百勝
(中) 百战百胜
bǎi zhàn bǎi shèng

싸우는 때마다 모조리 이김

知己知彼, 百战百胜。지피지기면 백전백승이다.
那支百战百胜的舰队扬扬得意地航行在太平洋上。
그 백전백승의 함대는 득의 양양하게 태평양에서 항해하고 있다.
掌握了真理就可以所向披靡百战百胜。
진리를 장악하면, 가는 곳마다 적을 섬멸하여 백전백승할 수 있다.

* 所向披靡 suǒxiàngpīmǐ : 가는 곳마다 적을 무너뜨리다

★★
백해무익
(韓) 百害無益
(中) 百害无益
bǎi hài wú yì

해는 되어도 이로울 것은 전혀 없음

香烟有百害无益, 为什么还要抽它呢?
담배는 백해무익인데 왜 또 피우려고 하느냐?
他为你做的事都是百害无益的。
그가 너를 위해 한 일은 모두 해가 될 뿐 이로운 것은 하나도 없다.

* 香烟 xiāngyān : 담배

★
병귀신속
(韓) 兵貴神速
(中) 兵贵神速
bīng guì shén sù

군사를 지휘함에는 신속을 위주로 해야 한다는 뜻

兵贵神速, 趁敌人未站稳脚跟立即进击。
군사 행동은 귀신같이 빨라야 한다, 적군이 아직 진지를 구축하기전에 즉시 진격해야 한다.
兵贵神速, 是战胜敌人的好计策。
군사행동은 귀신같이 빨라야한다. 이것이 적군을 싸워서 이기는 가장 좋은 방법이다.

* 趁 chén : ...하는 틈에

★★
병입고황
(韓) 病入膏肓
(中) 病入膏肓
bìng rù gāo huāng

병이 고치기 어렵게 깊이 듦

像他这样病入膏肓的人，我们只能祈求奇迹出现。
그 사람처럼 병이 깊은 사람에게 우리는 다만 기적이 나타나기를 바랄뿐이다.
病入膏肓无法医治。병이 악화되어 의술로도 고칠 수가 없다.
病入膏肓，再好的医生也回春乏术了。
병이 악화되어, 아무리 훌륭한 의사라고 하더라도 병을 낳게 할 방법이 없다.

* 祈求 qíqiú : 간구하다 / 乏术 fáshù : 방법이 없다

★
병행불패
(韓) 竝行不悖
(中) 并行不悖
bìng xíng bù bèi

두 가지 일을 한꺼번에 치르더라도 사리에 어그러짐이 없음

预防和治疗并行不悖。예방과 치료를 병행해도 무방하다.
挥霍浪费和厉行节约是互相对立的，怎么可能并行不悖呢?
돈을 헤프게 낭비하는 것과 엄격하게 절약하는 것은 서로 대립하는 것이다, 어찌 그 두 가지를 병행해도 무리가 없다고 할 수 있는가?
这两条措施不但并行不悖而且互为补充。
이러한 두 가지 조치는 병행해도 서로 모순되지 않을 뿐 아니라 상호 보완이 된다.
美丽和智慧可以并行不悖。아름다움과 지혜는 서로 병행해도 모순되지 않는다.

* 挥霍 hūihuò : 돈을 헤프게 쓰다 / 厉行 lìxíng : 단행하다

★★
부창부수
(韓) 夫唱婦隨
(中) 夫唱妇随
fū chàng fù súi

남편 주장에 아내가 따르는 것이 부부 화합의 도리라는 뜻

他们俩夫唱妇随，十分和谐。그들 부부는 부창부수로 금슬이 매우 좋다.
看他们夫唱妇随令人羡慕。그들의 부부화합은 사람들의 부러움을 산다.

* 和谐 héxié : 화목하다 / 羡慕 xiànmù : 부럽다

★★★
불가사의
(韓) 不可思議
(中) 不可思议
bù kě sī yì

사람의 생각으로는 미루어 헤아릴 수 없이 이상야릇함

他的做法很奇怪，真不可思议。
그의 행위는 참으로 기괴하여 정말 불가사의에 가깝다.
天地间的事真不可思议。천지 간의 일은 참으로 불가사의하다.

★★★
불가항력
(韓) 不可抗力
(中) 不可抗力
bù kě kàng lì

인간의 힘으로는 어찌할 수 없는 힘

那个事故是不可抗力的。
그 사고는 불가항력이다.
火山爆发不可抗力。
화산폭발은 불가항력이다.

★
불공자파
(韓) 不攻自破
(中) 不攻自破
bù gōng zì pò

치지 아니하여도 절로 깨어짐

他的理论将站不住脚。它会不攻自破。
그의 이론은 성립하지 못할 것이다. 그리하여 스스로 무너질 게 뻔하다.
把敌人的阴谋揭露出来谣言就会不攻自破了。
적의 음모를 밝히면 유언비어는 스스로 없어질 것이다.

* 站不住脚 zhànbuzhujiǎo : 발을 붙여 설 수 없다 / 揭露 jiēlù : 폭로하다 / 谣言 yáoyán : 헛소문

★★★
불모지지
(韓) 不毛之地
(中) 不毛之地
bù máo zhī dì

불모지

由于自然和人为的因素一整片土地变成不毛之地。
자연과 인위적인 요소로 인하여, 온통 땅이 불모지로 변했다.
地质队常年在野外活动, 所到之处多是不毛之地。
지질탐사대는 일년 내내 야외에서 활동하는데, 가는 곳마다 대부분 불모지이다.

★★★
불원천리
(韓) 不遠千里
(中) 不远千里
bù yuǎn qiān lǐ

천리를 멀다 여기지 않음

不远千里慕名而来。 불원천리하고 이름을 듣고 찾아오다.
他不远千里而来不知有什么急事。
그가 천리를 멀다않고 찾아왔는데, 무슨 급한 일이 있는지 모르겠다.

* 慕名而来 mùmíngérlái : 이름을 듣고 오다

★★
불치하문
(韓) 不恥下問
(中) 不耻下问
bù chǐ xià wèn

자기보다 못한 사람에게 묻는 것을 부끄러워하지 않음

我们必须要有不耻下问的精神，向所有的人学习。
우리는 불치하문의 정신으로 모든 사람에게 물어야 합니다.
进步的公司有向员工不耻下问的老板。
진보한 회사는 직원에게 묻는 것을 수치로 여기지 않는 사장이 있다.

* 老板 lǎobǎn : 사장님

★★
붕정만리
(韓) 鵬程萬里
(中) 鹏程万里
péng chéng wàn lǐ

'전도가 양양한 장래'를 비유한 말

我祝你鹏程万里。전도가 양양한 미래를 축하드립니다.
你会鹏程万里的。너는 앞으로 전도가 양양할 것이다.

★
비사주석
(韓) 飛沙走石
(中) 飞沙走石
fēi shā zǒu shí

바람이 매우 세차게 붊을 형용하는 말

骤然狂风大作飞沙走石天昏地暗。
갑자기 광풍이 불고 천지가 암흑으로 변했다.
这里地势不好，大风一起就飞沙走石尘土满天。
이곳은 지세가 좋지 않아, 큰 바람이 불면 매우 세차게 불어서, 흙먼지가 온통 자욱하게 일어난다.
夏季期间可经历到飞沙走石。
여름 기간에는 큰 바람이 아주 세차게 부는 것을 겪는다.

* 骤然 zhòurán : 갑자기

★
빈계사신
(韓) 牝雞司辰
(中) 牝鸡司晨
pǐn jī sī chén

여자가 남편을 제쳐놓고 집안일을 마음대로 처리함을 일컫는 말

他是个惧内的丈夫，所以让他太太牝鸡司晨。
그는 엄처시하이기 때문에 마누라가 집안 일을 좌지우지 한다.
看他被牝鸡司辰，大家都很同情。
여자가 집안일을 좌지우지하는 것을 보고 사람들이 모두 그를 매우 동정한다.

* 惧内 jùnèi : 공처가

★
빈천지교
(韓) 貧賤之交
(中) 贫贱之交
pín jiàn zhī jiāo

빈천할 때 사귄 벗

糟糠之妻不下堂，贫贱之交不可忘。
조강지처는 버리지 말고 빈천지교는 잊지말지어다.
贫贱之交淡如水。가난할 때 사귄 벗은 물처럼 맑다.

＊ 糟糠之妻 zāokāngzhīqī ： 조강지처

★★★
사면초가
(韓) 四面楚歌
(中) 四面楚歌
sì miàn chǔ gē

사면이 모두 적에게 포위된 경우와 고립된 경우를 이르는 말

陷于四面楚歌之中。사면초가의 운명에 처하다.
他现在是四面楚歌。지금 사면초가에 처해 있다.
我国代表团在那次国际会议中四面楚歌。
우리 나라 대표단은 그 국제회의에서 사면초가에 빠졌었다.

고사 楚汉交战时，项羽的军队驻扎在垓下，兵少粮尽，被汉军和诸侯的军队层层包围起来，夜间听到汉军四面都唱楚歌，项羽吃惊地说：‘汉军把楚地都占领了吧?’ 为什么楚人这么多呢? 比喻四面受敌，处于孤立危机的困境。

★★★
사분오열
(韓) 四分五裂
(中) 四分五裂
sì fēn wǔ liè

여러 갈래로 갈기갈기 찢어짐

军阀割据，国家四分五裂。군벌의 할거로 국가가 사분오열되다.
那支棒球队在他们最好的球员受伤之后就四分五裂。
그 야구팀은 그들의 최 정예 선수가 부상을 당한 후 사분오열되었다.
天下四分五裂。천하가 사분오열되다.
敌人内部四分五裂。적의 내부가 사분오열되다.

＊ 棒球 bàngqiú ： 야구 / 受伤 shòushāng ： 부상하다

★
사불명목
(韓) 死不瞑目
(中) 死不瞑目
sǐ bù míng mu

근심이나 한이 남아 죽어서도 눈을 감지 못함

大业未竟死不瞑目。대업을 완수하지 못하여 죽어도 눈을 감지 못하다.
虽然她活到高龄，但却因未婚而死不瞑目。
그녀는 비록 고령이 되도록 살았지만 결혼을 하지 않았기 때문에 죽어서도 눈을 감지 못한다.

＊ 竟 jìng ： 뜻밖에

★★
사생취의
(韓) 舍生取義
(中) 舍生取义
shě shēng qǔ yì

목숨을 버리더라도 의를 좇음

在刑场上，革命志士舍生取义，英勇献身。
형장에서 혁명지사는 "사생취의"하여 영웅적으로 헌신했다.

那名英雄以舍生取义闻名。
그 영웅은 목숨을 버려 의를 좇음으로써 유명하다.

＊ 闻名 wénmíng ： 유명하다

★★★
사시이비
(韓) 似是而非
(中) 似是而非
sì shì ér fēi

겉으로는 비슷하나 속은 다름

这些论点似是而非必须认真分辨才不至于受骗。
이 논점은 그럴듯하여 반드시 진지하게 분석해야 만이 사기를 당하지 않는다.

这些观点似是而非切不可盲目接受。
이 관점들은 시이비리 맹목적으로 받이 드려서는 안된다.

＊ 认真 rènzhēn ： 성실하다 / 受骗 shòupiàn ： 속임을 당하다

★★★
사통팔달
(韓) 四通八達
(中) 四通八达
sì tōng bā dá

길이나 교통망 등이 이리저리 사방으로 통함

现代的城市，铁路，公路，航空，水道，样样都有，四通八达，交通极其便利。
현대 도시는 철도, 고속도로, 항공, 수로 등 모든 시설이 사통팔달하여, 교통이 매우 편리하다.

从这个大城市公路四通八达。 이 대도시부터 도로는 사통팔달이다.

＊ 公路 gōnglù ： 도로

★★★
삼위일체
(韓) 三位一體
(中) 三位一体
sān wèi yī tǐ

세 가지의 것이 하나의 목적을 위하여 연관・통합되는 일

抗战，团结，进步这是三位一体的方针。
항전, 단결, 진보는 삼위일체의 방침이다.

智慧，努力，毅力三位一体是成功的基础。
지혜, 노력, 의지력은 삼위일체로써 성공의 기초이다.

＊ 毅力 yìlì ： 박력

★★
삼인성호
(韓) 三人成虎
(中) 三人成虎
sān rén chéng hǔ

근거 없는 말도 여럿이 하면 곧이듣게 됨

古人有言，众口铄金三人成虎不可不察。
옛 사람이 말하길, 여론의 힘이 세니 근거 없는 말이 여러 번 나와 곧이듣게 될 수 있으니 검열을 하지 않을 수가 없다.
这件事三人成虎使人不得不服。
이 일은 근거 없는 말이지만 여럿이 주장하여 사람들이 곧이듣게 되었다.

* 众口铄金 zhòngkǒushuòjīn : 여론이 힘이 크다

★★
살신성인
(韓) 殺身成仁
(中) 杀身成仁
shā shēn chéng rén

옳은 일을 위해 목숨을 버림

杀身成仁，舍生取义。살신성인，사생취의.
他深深觉得为自由而死是杀身成仁。
그는 자유를 위하여 죽는 것은 살신성인이라고 깊이 느낀다.
革命战士杀身成仁精神可佳。
혁명 전사들의 살신성인 정신은 매우 훌륭하다.

★★
상풍패속
(韓) 傷風敗俗
(中) 伤风败俗
shāng fēng bài sú

풍속을 문란하게 함

嫖娼卖淫活动伤风败俗应坚决取缔。
윤락행위는 풍속을 문란케 하므로 반드시 엄격하게 단속해야한다.
这种黄色杂志真有点儿伤风败俗。
이런 포르노 잡지는 실로 풍속을 문란하게 하는 면이 있다.
这犯人犯了伤风败俗的罪。이 범인은 풍속을 문란케 하는 죄를 저질렀다.

* 嫖娼 piáochāng : 창기와 놀다 / 取缔 qǔdì : 단속하다

★
생사존망
(韓) 生死存亡
(中) 生死存亡
shēng sǐ cún wáng

살아 있음과 죽어 없어짐

会议是在生死存亡的关键时刻召开的。
회의는 생사존망의 매우 중요한 시기에 개최되었다.
我们是否能及时把食物和医药补给品送达遇险的人是个生死存亡的问题。
우리가 적시에 식료품과 의약보급품을 위험한 처지에 있는 사람들에게 보낼 수 있는 지의 여부는 생사존망의 문제이다.

* 遇险 yùxiǎn : 조난하다

★★
생살여탈
(韓) 生殺與奪
(中) 生杀与夺
shēng shā yǔ duó

살리고 죽이고, 주고 빼앗는 일, 무엇이나 마음대로 함

奴隶主对奴隶握有生杀与夺的大权。
노예주는 노예들의 생살여탈의 대권을 쥐고 있다.
哪儿有对人生杀与夺的大权?
사람을 죽이고 살리며 주고 빼앗는 그런 대권이 어디 있겠는가?
那个绑架者对于他的人质有生杀与夺之权。
그 납치범은 인질에 대하여 생살여탈의 대권을 쥐고 있다.

* 绑架 bǎngjià : 인질로 잡다

★★
석불가난
(韓) 席不暇暖
(中) 席不暇暖
xí bù xiá nuǎn

자주 드나들어 자리가 따뜻할 겨를이 없음의 뜻

那名逃犯时常席不暇暖。그 도주범은 한 시도 쉴새 없이 바쁘다.
整天忙忙碌碌席不暇暖。하루종일 앉을 새도 없이 바쁘다.
经理整天为公司的事奔忙席不暇暖。
사장은 회사일로 하루종일 바빠서 앉을 새가 없나.

* 逃犯 táofàn : 도망범 / 奔忙 bēnmáng : 바쁘게 돌아다니다

★
선견지명
(韓) 先見之明
(中) 先见之明
xiān jiàn zhī míng

일을 미리 짐작하는 밝은 지혜

他有先见之明。그는 선견지명이 있다.
谁也没有先见之明，大家不用抱怨他了。
누구나 선견지명이란 없는 법, 다들 그를 원망할 거 없다.
小王说"一会儿准下雨"果然如此大家都佩服他有先见之明。
소왕이"잠시 후에 꼭 비가 온다"고 했는데, 과연 그랬다. 그래서 다들 그가 선견지명이 있다고 감탄한다.

* 抱怨 bàoyuàn : 원망하다 / 佩服 pèifu : 탄복하다

★★
선발제인
(韓) 先發制人
(中) 先发制人
xiān fā zhì rén

남의 꾀를 알아차리고 일이 생기기 전에 미리 막아 냄

俄国头子说，他绝不会对美国发动先发制人的核子攻击。
러시아의 지도자는 그들은 절대로 미국에 대하여 선제차원의 핵 공격을 하지 않는다고 주장한다.
采取先发制人的手段。먼저 기선을 제압하는 수단을 취하다.

* 头子 tóuzi : 우두머리 / 核子 hézi : 핵

★★★

설상가상

(韓) 雪上加霜

(中) 雪上加霜

xuě shàng jiā shuāng

불행이 엎친 데 덮쳐 일어남

他刚失业，又得了重病，真是雪上加霜啊。

그 사람은 막 일자리를 잃었는데 설상가상으로 또 중병에 걸렸다.

饥寒交迫的难民又遭风雨侵袭真是雪上加霜。

춥고 배고픈 난민들이 비바람을 맞았으니, 그야말로 설상가상이다.

她的丈夫死了然后她的父亲也死了接着她又失业了真是雪上加霜。

남편이 죽은 다음 그녀의 아버지가 돌아가셨다. 거기에 직장마저 잃었으니 설상가상이 아닐 수 없다.

* 饥寒交迫 jīhánjiāopò : 굶주림과 추위에 시달리다

★★

성동격서

(韓) 聲東擊西

(中) 声东击西

shēng dōng jī xī

동쪽을 칠 듯이 말하고 실제로는 서쪽을 침

我军声东击西，甩开了敌人，奋勇向前。

우리 군은 성동격서 전략으로 적을 따돌리고 용감하게 전진했다.

他惯用声东击西战术。

그는 성동격서 전술을 잘 쓴다.

* 甩 shuǎi : 뿌리치다

★

성심성의

(韓) 誠心誠意

(中) 诚心诚意

chéng xīn chéng yì

성실한 마음과 뜻

他的话全出于诚心诚意。

그의 말은 전부 진심에서 우러 나온 것이다.

由于制造了污染问题那家公司诚心诚意地向大众致歉。

오염을 발생시켰기 때문에, 그 회사는 성심성의껏 대중에게 사죄했다.

* 致歉 zhìqiàn 사과하다

★★

성인지미

(韓) 成人之美

(中) 成人之美

chéng rén zhī měi

남의 미점을 도와 완성하게 함

你可要成人之美，千万不能破坏。

당신은 반드시 남을 도와 일을 이루려 해야지 절대로 망가뜨려서는 안 된다.

君子有成人之美。

군자는 남의 장점을 살려 완성케 한다.

★
성하지맹
(韓) 城下之盟
(中) 城下之盟
chéng xià zhī mèng

전쟁에 진 나라가 적군과 맺는 굴욕적인 강화의 맹약

太平洋战争以日本签下城下之盟结束。
태평양 전쟁은 일본이 성하지맹에 싸인 함으로 해서 끝났다.
我相信他会订成下之盟。
나는 그가 성하지맹을 맺을 수 있으리라 믿는다.

＊ 结束 jiéshù : 끝나다

★★
소리장도
(韓) 笑裏藏刀
(中) 笑里藏刀
xiào lǐ cáng dāo

(웃음 속에 칼을 감춘다는 뜻) 말은 좋게 하나 마음속으로는 해칠 뜻을 가짐

笑里藏刀(装子兵法)
使敌方信任我方而丧失警惕,
我方则秘密策划消灭敌方的办法。只有
在做好充分准备的情况下才能行动,
以避免意外变化。

他笑里藏刀你可要小心啊!
그는 웃으면서도 너를 해칠 생각을 하고 있으니 특별히 조심하세요.
别看老板对你挺亲热， 其实笑里藏刀没安好心眼。
사장이 너에게 친근하게 대한다고 생각지 마세요. 사실은 웃음 속에 칼을 품고 있으며, 결코 좋은 마음을 가지고 있지 않아요.
这位老师好象很随和，但是小心喔! 考试时间一到他可是笑里藏刀。
이 선생님은 매우 부드러워 보이지만 조심하세요! 시험 시간만 되면 웃음 속에 칼이 있는 분입니다.

＊ 随和 súihé : 상냥하다

★
소의한식
(韓) 宵衣旰食
(中) 宵衣旰食
xiāo yī gàn shí

(날이 밝기 전에 옷을 입고 해가 진 후에 저녁을 먹는다는 뜻) 임금이 정사에 골몰하여 여가가 없음

他宵衣旰食日理万机。
그는 새벽부터 저녁 늦게까지 하루에 여러 가지 일을 처리한다.
周总理宵衣旰食消瘦了很多。
주총리는 새벽부터 저녁 늦게까지 하루에 여러 가지 일을 처리하느라 많이 말랐다.

＊ 日理万机 rìlǐwànjī : 매일 온갖 정사를 처리하다

★★★
속수무책
(韓) 束手無策
(中) 束手无策
shù shǒu wú cè

어쩔 도리가 없어 꼼짝 못함

他们面临这种困难，束手无策。
그들은 이러한 곤란에 직면하여 속수무책이다.
那个小男孩在大城市里迷了路束手无策。
그 사내 아이는 도시에서 길을 잃어 속수무책이었다.
在旅途中把钱丢了弄得束手无策。
여행 도중에 돈을 잃어버려서 어쩔 도리가 없었다.

* 面临 miànlín : 직면하다

★★
속전속결
(韓) 速戰速決
(中) 速战速决
sù zhàn sù jué

지구전을 피하고 결전으로써 속히 판가름 하려는 일

他力主速战速决。그는 속전속결을 강력히 주장한다.
这位将军决定要速战速决，因此立刻采取行动。
이 장군은 속전속결하기로 결정하여, 즉시 행동을 취했다.

★★
수두상기
(韓) 垂頭喪氣
(中) 垂头丧气
chúi tóu sàng qì

근심 걱정으로 고개가 숙고 맥이 풀림

即使遇到困难也用不着垂头丧气。
설사 어려움에 직면했다 해도 기가 꺾일 필요는 없다.
我婉拒了他的求婚之后他垂头丧气。
내가 그의 구혼을 완곡하게 거절하자, 그는 기가 꺾기고 맥이 풀렸다.
跌到了爬起来；要振作精神不要垂头丧气。
넘어지면 일어선다. 정신을 바짝 차리고 의기소침하지 않는다.

* 即使…也… jíshǐ…yě… : 설령…해도… / 婉拒 wǎnjù : 완곡하게 거절하다 / 振作 zhènzuò : 진작하다

★★★
수불석권
(韓) 手不釋卷
(中) 手不释卷
shǒu bù shì juàn

손에서 책을 놓지 아니함

他非常喜欢读书，总是手不释卷。
그는 독서를 무척 좋아하여 언제나 손에는 책이 있다.
他整天手不释卷，宛如一尊雕像。
그는 하루 종일 손에서 책을 놓지 않으며 마치 조각처럼 꼼짝도 하지 않는다.

★★★
수서양단
(韓) 首鼠兩端
(中) 首鼠两端
shǒu shǔ liǎng duān

어찌할 바를 몰라 진로, 거처를 결정짓지 못하는 상태

下定决心! 不要首鼠两端。결정을 해! 주저하지 말고.
他是个首鼠两端的人。
그는 어찌할 바를 모르며 진로를 결정짓지 못하는 사람이다.

★★★
수수방관
(韓) 袖手傍觀
(中) 袖手旁观
xiù shǒu páng guān

간섭하거나 거들지를 않고 그대로 버려 둠

看到损害公共财物的现象不能袖手旁观。
공공 재산을 파괴하는 현상을 보고도 수수방관해서는 안 된다.
这事儿你可不能袖手旁观。이 일은 네가 모른 체 해서는 안 된다.
有些人一点都不关怀周遭的世界，于是便袖手旁观。
어떤 사람들은 주변의 세상사에 조금도 관심이 없다. 그리하여 수수방관한다.

＊ 关怀 guānhuái ： 배려하다 / 周遭 zhōuzāo ： 주위

★★
수주대토
(韓) 守株待免
(中) 守株待免
shǒu zhū dài tù

요행만을 바라고 융통성이 없다

切不可有守株待免的思想。
융통성 없이 구습에 얽매이는 사상을 절대로 가져서는 안 된다.
懒惰使他们守株待免。게으름이 그들에게 요행을 바라게 했다.

고사 传说战国时宋国有一个农民看见一只兔子撞在树桩上死了，他便放下手里的农具在那里等待，希望再得到撞死的兔子。比喻不主动地努力，而存万一的侥幸心理，希望得到意外的收获。

＊ 懒惰 lǎnduò ： 게으르다

★★
순망치한
(韓) 脣亡齒寒
(中) 唇亡齿寒
chún wáng chǐ hán

가까운 사이의 하나가 망하면 다른 한 편도 온전하기 어려움의 비유

他一走之后就唇亡齿寒，我就显得孤立无援了。
'순망치한'이라고 했던가, 그 사람이 떠나자마자 나는 곧 고립무원하게 보였다.
西欧和美国唇亡齿寒。
서유럽과 미국은 순망치한의 관계이다.

＊ 显得 xiǎnde : ...해 보이다

★★
승풍파랑
(韓) 乘風破浪
(中) 乘风破浪
chéng fēng pò làng

(먼 곳까지 불어 가는 큰 바람을 타고 끝없는 바다의 물결을 헤쳐 배를 달린다는 뜻) 원대한 뜻을 이룸

同学们互相祝愿为祖国的繁荣昌盛乘风破浪。
같은 반 친구들이 조국의 번창을 위해 원대한 뜻을 이루기를 서로 축원한다.
他虽然年纪轻轻但事业乘风破浪。
그는 비록 젊지만 사업에 있어서 원대한 뜻을 이루었다 할 수 있다.

★★
시사여귀
(韓) 視死如歸
(中) 视死如归
shì sǐ rú guī

죽음을 고향으로 돌아가는 것같이 여기어 조금도 두려워하지 아니함

他们对敌人的屠刀面不改色视死如归。
그들은 적의 총칼 앞에서도 얼굴색 하나 변하지 않고 죽음도 두려워하지 않는다.
英雄视死如归的精神值得大家学习。
영웅의 죽음도 두려워하지 않는 정신은 여러분이 배울 필요가 있다.
那个革命领袖视死如归等待着处决。
그 혁명 지도자는 죽음을 두려워하지 않고 처결을 기다리고 있다.

* 屠刀 túdāo : 도살용 칼 / 值得 zhíde : ...할 가치가 있다

★★
시위소찬
(韓) 屍位素餐
(中) 尸位素餐
shī wèi sù cān

시동(尸童)처럼 하는 일 없이 자리만 차지하고 앉아 녹(祿)만 먹는 일을 비유하여 일컫는 말

那位董事长的侄子可以在公司里尸位素餐。
그 이사장의 조카는 회사에서 무위도식할 수 있다.
你们当官的可不能尸位素餐。
당신들 벼슬아치들은 자리만 차지하고 국록을 받아먹어서는 안된다.

* 董事长 dǒngshìzhǎng : 이사장

★★
시종여일
(韓) 始終如一
(中) 始终如一
shǐ zhōng rú yī

처음부터 끝까지 변함없이 한결같음

他对她的感情始终如一。그녀에 대한 그의 마음은 변함없이 한결같다.
他的产品品质始终如一。그의 상품은 품질이 한결같고 변함이 없다.

★
신상필벌
(韓) 信賞必罰
(中) 信赏必罚
xìn shǎng bì fá

상벌을 규정대로 공정하고 엄중하게 하는 일

恪守信赏必罚原则的领袖会赢得属下的尊敬。
신상필벌의 원칙을 철저히 지키는 지도자는 부하들의 존경을 받을 것이다.
新厂长来了以后信赏必罚工厂出现了新气象。
새 공장장이 오고부터 신상필벌하여, 공장에 새로운 풍조가 나타났다.

* 恪守 kèshǒu : 엄수하다 / 赢得 yíngdé : 얻다

★★
신진대사
(韓) 新陳代謝
(中) 新陈代谢
xīn chén dài xiè

묵은 것이 없어지고 새 것이 다시 생김

植物都有新陈代谢的功能。식물은 다 신진대사의 기능이 있다.
许多传统的技艺和风俗在新陈代谢的过程中遗失了。
많은 전통의 기예나 풍속이 신진대사의 과정에서 유실되었다.
新陈代谢是不以人们意志为转移的客观规律。
신진대사는 사람의 의지에 의해서 변하지 않는 객관적인 규율이다.

★★★
신출귀몰
(韓) 神出鬼沒
(中) 神出鬼没
shén chū gǔi mò

자유자재로 출몰하여 그 변화를 헤아릴 수 없음

游击队神出鬼没地活动在敌后。
게릴라 부대는 신출귀몰하게 적의 후방에서 활동하고 있다.
他总神出鬼没踪影无定。그는 늘 신출귀몰하여 종적이 묘연하다.
神出鬼没的谁也捉摸不住他的活动规律。
신출귀몰하여, 아무도 그의 활동 규칙을 모른다.
这个年轻男孩神出鬼没地出现在教堂中，没有人知道他从哪儿来。
그 젊은 사내는 신출귀몰하게도 교회에 나타났다. 누구도 그가 어디에서 왔는지 모른다.

* 踪影 zōngyǐng : 행방 / 捉摸不住 zhuōmōbùzhù : 파악할 수 없다

★★★
실사구시
(韓) 實事求是
(中) 实事求是
shí shì qiú shì

사실에 토대를 두어 진리를 탐구하는 일

制定计划要实事求是。
계획을 수립하는 데는 실사구시 해야 한다.
发扬实事求是的工作作风。
실사구시의 근무 태도를 발양해야 한다.
解放思想实事求是。사상을 해방시키고, 실사구시 한다.
认识问题和处理问题都必须实事求是。
문제를 인식하고 처리하는 것은 반드시 사실을 토대로 진실을 구해야 한다.
做什么事情都应该实事求是。
어떤 일을 하든지 간에 모두 실사구시 해야 한다.

★
심복지환
(韓) 心腹之患
(中) 心腹之患
xīn fù zhī huàn

없애기 어려운 우환

那位新来的编辑是该报全体人员的心腹之患。
새로 온 편집장은 우리 신문사 전 직원의 걱정거리이다.
除去心腹之患。
심복지환을 없애다.
他成了老金的心腹之患。
그는 김씨의 마음 속 걱정거리가 되었다.

★★
심심상인
(韓) 心心相印
(中) 心心相印
xīn xīn xiāng yìn

마음과 마음으로 서로 뜻이 통함

他俩心心相印。
그들은 서로 마음이 통하다.
他们两个情投意合心心相印，不久就要结为终身伴侣了。
그들은 서로 의기투합하여 곧 결혼하여 반려가 되었다.
他们在舞会首次相遇之后便心心相印。
그들은 무도회에서 만난 후 곧 마음이 통했다.

* 情投意合 qíngtóuyìhé : 의기투합하다 / 舞会 wǔhùi : 무도회

★
심열성복
(韓) 心悅誠服
(中) 心悦诚服
xīn yuè chéng fú

충심으로 기뻐하며 성심을 다하여 순종함

因为他的新工作待遇非常好，他心悦诚服地依规行事。
그는 새 일의 대우가 매우 좋기 때문에 마음으로 기뻐하며 규칙에 따라 일을 한다.
高超的技艺令人心悦诚服。
수준 높은 기예는 사람으로 하여금 진심으로 기뻐하고 따르게 한다.
心悦诚服地信服这个领袖。
진심으로 이 지도자를 믿고 따르다.

★★
십실구공
(韓) 十室九空
(中) 十室九空
shí shì jiǔ kōng

재난으로 인하여 많은 사람이 뿔뿔이 흩어지거나 죽어 없어짐

在敌人一连串的空袭之后那个城镇十室九空。
적들의 계속적인 공습이 있은 후 그 도시에서는 사람을 찾아볼 수 없게 되었다.

要是在旧社会遇上这场洪涝灾害早已是十室九空了。
만약 구 사회에 이런 홍수 피해가 발생했다면 사람들이 모두 뿔뿔이 흩어졌을 것이다.

这儿发生了瘟疫所以现在十室九空大部分人都搬走了。
여기에 급성 전염병이 발생하여 지금은 집들이 텅 비었고 대부분의 사람들은 모두 이사가버렸다.

* 一连串 yīliánchuàn : 일련의 / 洪涝 hónglào : 홍수와 침수 / 瘟疫 wēnyì : 돌림병

★★
안거낙업
(韓) 安居樂業
(中) 安居乐业
ān jū lè yè

편안하게 살면서 즐거이 일함

太平盛世老百姓安居乐业。
태평성세라 백성들은 즐겁게 일하며 편히 살고 있다.

社会动乱人民就无法安居乐业。
사회가 어지러우면 백성들이 즐겁게 일하고 편안히 살 수 없다.

那个小岛非常富庶所以岛上居民都能安居乐业。
그 작은 섬은 매우 부유하여 섬 사람들은 모두 즐겁게 일하며 편히 살고 있다.

* 富庶 fùshù : 부유하다

★★
안명수쾌
(韓) 眼明手快
(中) 眼明手快
yǎn míng shǒu kuài

눈썰미가 있고 일을 날쌔게 함

这名小偷技术高超，因为他眼明手快。
그 도둑은 기술이 매우 뛰어난데, 그가 눈썰미가 있고 날쌔기 때문이다.

她眼明手快投篮很准。
그녀는 동작이 빠르고 눈썰미가 있어서 슛이 정확하다.

* 小偷 xiǎotōu : 좀도둑 / 投篮 tóulán : (농구)슛

★
안빈낙도
(韓) 安貧樂道
(中) 安贫乐道
ān pín lè dào

가난한 생활을 하면서도 편안한 마음으로 분수를 지키며 지냄

做学问的人大都清贫，但能安贫乐道，所以能静心地进行学术研究。
학문을 하는 사람은 대부분 가난하지만 안빈낙도할 수 있기 때문에 차분한 마음으로 학술적 연구를 할 수 있다.

★★
안토중천
(韓) 安土重遷
(中) 安土重迁
ān tǔ zhòng qiān

고향을 떠나기를 싫어함

那位流亡者虽然安土重迁，但是宿命却在别的地方等着他。
그 망명자는 비록 고향을 떠나기를 싫어하지만 숙명은 오히려 다른 곳에서 그를 기다리고 있다.
他们三个人都有安土重迁的思想，不愿到外地去工作。
그들 셋은 고향을 떠나기 싫어하는 생각이 있어 외지에 나가 일하기를 싫어한다.
这里的居民安土重迁连出外谋生的都很少。
이곳 주민들은 이곳에 대한 애착이 많아 다른 곳으로 삶을 찾아 떠나는 경우가 아주 적다.

* 流亡 liúwáng : 유랑하다 / 谋生 móushēng : 생계를 도모하다

★★
암중모색
(韓) 暗中摸索
(中) 暗中摸索
àn zhōng mō suǒ

물건을 어둠속에서 더듬어 찾음

四周一片漆黑，部队只能在暗中摸索前进。
사방이 칠흑같이 어두워서 부대는 암중모색하면서 전진할 수 밖에 없다.
警察在暗中摸索罪犯的老窝。
경찰들이 범죄의 소굴을 암암리에 찾고 있다.

* 漆黑 qīhēi : 칠흑 같다 / 老窝 lǎowō : 소굴

★
약육강식
(韓) 弱肉強食
(中) 弱肉强食
ruò ròu qiáng shí

약한 사람은 강한 사람에게 먹힘

弱肉强食的世界历史。약육강식의 세계역사.
在丛林中弱肉强食。숲에서는 양육강식의 세계이다.
中国也是一个弱肉强食的地方。중국 역시 약육강식의 지방이다.

* 丛林 cónglín : 숲

★
양상군자
(韓) 梁上君子
(中) 梁上君子
liáng shàng jūn zǐ

도둑

夜间来了个梁上君子。저녁에 도둑이 들었다.
梁上君子偷走了我的电脑。도둑이 내 컴퓨터를 훔쳐갔다.

고사 汉朝陈实的家里，夜间来了一个窃贼，躲在屋梁上，陈实把他叫做梁上君子，后来就用'梁上君子'做窃贼的代称。

* 窃贼 qièzéi : 도적 / 屋梁 wūliáng : 들보

★★
양호유환
(韓) 養虎遺患
(中) 养虎遗患
yǎng hǔ yí huàn

화근을 길러서, 후에 화를 입게 된다는 말

你这样做会养虎遗患的。이렇게 하는 것은 후한을 남기는 것이다.
你放了他必将养虎遗患到时后悔来不及了。
네가 그를 놓아주는 것은 반드시 후한을 남기는 것이다, 그 때 후회한들 아무 소용없을 것이다.

* 来不及 láibují : 시간적으로 늦다

★★★
엄이도령
(韓) 掩耳盜鈴
(中) 掩耳盗铃
yǎn ěr dào líng

귀를 막고 방울을 훔친다는 뜻

他将财富输光了却掩耳盗铃不承认自己是一个堕落的赌徒。
그는 재산을 다 날리고도 눈가리고 아웅하는 식으로 자신이 타락한 도박꾼이라는 것을 시인하지 않는다.
哪怕再念三十本≪诗经≫也是掩耳盗铃哄人而已。
설령 "시경"을 30번 읽는다고 해도 눈가리고 아웅하는 격으로 사람을 속이는 것에 불과하다.
你这不是掩耳盗铃自己骗自己吗?
이 사람아, 이것은 귀를 막고 방울을 훔치는 격으로 스스로 자신을 속이는 것이 아닌가?

* 输光 shūguāng : 다 잃다 / 哪怕 nǎpà : 설령...해도 / 哄人 hǒngrén : 사람을 속이다 / 而已 éryǐ : ...일 뿐이다

★★
연목구어
(韓) 緣木求魚
(中) 缘木求鱼
yuán mù qiú yú

나무에 올라 고기를 구하듯 불가능한 일을 하려고 함

缘木求鱼必将失败。불가능한 일을 하려고 하면 반드시 실패할 것이다.
缘木求鱼南辕北辙最终都不会达到目的。
도저히 이룰 수 없는 일을 하거나 행동이 목적과 서로 맞지 않으면 결국에는 목적을 이루지 못할 것이다.

* 南辕北辙 nányuánběizhé : 행동이 목적과 서로 상반되다

고사 ≪孟子≫记载，'以若所为，求若所欲，犹缘木而求鱼也。' 意思是用那样的办法来追求那样的目的，就像爬到树上去找鱼一样。比喻方向，方法不对，一定达不到目的。

* 记载 jìzǎi : 기록하다

★
연옹지치
(韓) 吮癰舐痔
(中) 吮痈舐痔
shǔn yōng shì zhì

(종기의 고름을 빨고, 치질 앓는 밑을 핥는다는 뜻) 남에게 지나치게 아첨함을 이르는 말

他藉着对上司吮痈舐痔而达成多次升迁。
그는 상사들에게 아부하여 여러 차례 승진할 수 있었다.
爷爷最讨厌吮痈舐痔的人。
할아버지는 남에게 아부하는 사람을 제일 싫어한다.

* 藉着 jièzhe : ...에 기대어 / 升迁 shēngqiān : 영전하다 / 讨厌 tǎoyàn : 싫어하다

★★★
오체투지
(韓) 五體投地
(中) 五体投地
wǔ tǐ tóu dì

먼저 두 무릎을 땅에 꿇고 두 팔을 땅에 대고, 다음에 머리를 땅에 닿도록 절을 함

她对老李佩服得五体投地。
그녀는 이형에게 탄복해 마지 않는다.
你的胆量我是佩服得五体投地。
너의 용기에 대해 나는 탄복해 마지 않는다.

* 佩服 pèifu : 탄복하다 / 胆量 dǎnliàng : 용기

★★★

옥상가옥

(韓) 屋上加屋

(中) 屋上架屋

wū shàng jià wū

쓸데없는 짓을 되풀이 하다

机构臃肿屋上架屋。기구가 쓸 데 없이 방대하다.

这篇文章屋上架屋多处重复，可是道理并没有说清楚。

이 글은 무의미하게 여러 차례 반복되었지만 이치를 설파하지는 못했다.

* 臃肿 yōngzhǒng : 방대하다

★★★

옥석구분

(韓) 玉石俱焚

(中) 玉石俱焚

yù shí jù fén

선악의 구별 없이 함께 멸망함

这样一来势必玉石俱焚。이렇게 되면 좋든 싫든 다 망한다.

玉石惧焚这样的事他是不会做的。

서로 함께 화를 입는 이러한 일을 그는 절대로 하지 않을 것이다.

* 势必 shìbì : 필연코

★★

옥석혼효

(韓) 玉石混淆

(中) 玉石混淆

yù shí hùn xiáo

좋은 것과 나쁜 것이 뒤섞임

你们和流氓地痞混在一起，可以说是玉石混淆的。

너희와 불량배들과 함께 있으니 '옥석혼효'라고 말할 수 있다.

这家批发商店里的蔬菜质量是玉石混淆。

이 도매시장은 채소의 질이 '옥석혼효'이다.

* 流氓 liúmáng : 불량배 / 地痞 dìpí : 건달 / 批发 pīfā : 도매

★★

온고지신

(韓) 溫故知新

(中) 温故知新

wēn gù zhī xīn

옛 것을 연구해 새 지식이나 견해를 찾아냄

温故知新，継往开来。

옛 것을 연구해 새 것을 알고, 선인들의 위업을 계승하여 앞길을 계척한다.

温故知新所以读历史很有意。

과거를 보고 현재를 이해하는 것이기에, 역사책을 읽는 것은 매우 의의가 있다.

* 継往开来 jìwǎngkāilái : 선인들의 위업을 계승하여 앞길을 개척하다

★★
와신상담
(韓) 臥薪嘗膽
(中) 卧薪尝胆
wò xīn cháng dǎn

섶에 누워 쓸개를 맛본다는 뜻으로, 마음먹은 일을 이루려고 괴롭고 어려운 일을 참고 견딤

经过卧薪尝胆之后，他现在东山再起了。
와신상담한 후 그는 재기에 성공했다.
面前这位多年来伪装疯颠的人真是深谋远虑卧薪尝胆。
오랫동안 미친 것처럼 가장하며 살아온 이 분을 보면 정말 깊은 생각을 가지고 와신상담하였다 할 수 있다.

* 东山再起 dōngshānzàiqǐ : 재기하다 / 疯颠 fēngdiān : 미치다 / 深谋远虑 shēnmóuyuǎnlù : 깊고 멀리 생각하다

고사 赵国被吴国打败，赵王勾践立志报仇。据说他睡觉睡在柴草上头，吃饭，睡觉前都要尝尝苦胆，策励自己不忘耻辱。经过长期准备，终于打败了吴国。形容人刻苦自励，立志为国家报仇雪耻。

* 打败 dǎbài : 패하다 / 报仇 bàochóu : 복수하다 / 据说 jùshuō : 일설에 의하면 / 策励 cèlì : 독려하다 / 自励 zìlì : 스스로 독려하다 / 雪耻 xuěchǐ : 설욕하다

★★★
우공이산
(韓) 愚公移山
(中) 愚公移山
yú gōng yí shān

곤란을 무릅쓰고 꾸준히 노력하면 큰 산도 옮길 수 있다

发扬愚公移山的精神，改变家庭面貌。
우공이산의 정신을 발휘하여 가정의 모습을 변화시키다.
如果没有愚公移山的精神恐怕他不能成功。
만약 우공이산의 정신이 없었다면 그는 성공할 수 없었을 것이다.

* 发扬 fāyáng : 발휘하다 / 恐怕 kǒngpà : 아마

고사 传说古代有一位老人名叫北山愚公，家门前有两座大山挡住了路，他下决心要把山平掉，另一个老人河曲智叟笑他太傻，认为不可能。愚公回答说：‘我死了有儿子，儿子死了还有孙子，子子孙孙是没有穷尽的。这两座山可不会再增高了，凿去一点就少一点，终有一天要凿平的。’比喻做事有毅力，不怕困难。

* 挡住 dǎngzhù : 가로막다 / 傻 shǎ : 어리석다 / 穷尽 qióngjìn : 다 하다 / 凿 záo : 파다 / 毅力 yìlì : 굳센 의지

★
우수마발
(韓) 牛溲馬勃
(中) 牛溲马勃
niú sōu mǎ bó

쇠오줌과 말똥같이 가치 없는 말이나 글. 또, 품질이 나쁜, 가치 없는 약의 원료

牛溲马勃，细微之物皆有妙用。
하찮은 물건이라도 제 쓰임새가 다 있다.
这虽然是牛溲马勃但却是不能扔的。
이것이 비록 가치 없는 물건이라 하더라도 버릴 수는 없다.

* 皆 jiē : 모두 / 扔 rēng : 버리다

★★
우승열패
(韓) 優勝劣敗
(中) 优胜劣败
yōu shèng liè bài

나은 자가 이기고 모자란 자가 짐

丛林地带的规则是优胜劣败。
밀림의 규칙은 '우승열패'이다.
商业战场上遵守优胜劣败的规则。
상업적 싸움에서 '우승열패'의 규칙을 지켜야 한다.

★★
원교근공
(韓) 遠交近攻
(中) 远交近攻
yuǎn jiāo jìn gōng

먼 나라와 친교를 맺고 이웃 나라를 하나씩 공략하는 일

东南亚国家有一段远交近攻的历史。
동남아국가는 일정 기간의 '원교근공'의 역사를 가지고 있다.
对于远交近攻你有什么看法?
'원교근공'에 대해 당신은 어떤 견해를 갖고 있습니까?

★★★
원천우인
(韓) 怨天尤人
(中) 怨天尤人
yuàn tiān yóu rén

하늘을 원망하고 사람을 탓함

今年夏粮减产村民们没有怨天尤人而是总结经验准备夺取秋季丰收。
금년 여름작물의 생산이 감소하였음에도 불구하고 농민들은 남의 탓으로 돌리지 않고 경험을 살려 가을에 풍년을 위하여 준비하고 있다.
你也别怨天尤人了。너도 남의 탓으로만 돌리지 마라.
每当公司的机器故障了那名技工总是怨天尤人了。
회사의 기계가 고장날 때마나 그 기술자는 남의 탓만 했다.

★
위미부진
(韓) 萎靡不振
(中) 萎靡不振
wěi mǐ bù zhèn

시들고 약해져서 떨치고 일어나지 못함

他失去了工作之后便萎靡不振。
그는 일자리를 잃고 나서부터 의기소침해졌다.
别这么萎靡不振的。이렇게 맥빠져 하지 마세요.
士气萎靡不振。사기가 떨어졌다.

★★
위편삼절
(韓) 韋編三絕
(中) 韦编三绝
wéi biān sān jué

책을 매우 많이 읽음

他图书勤奋早已韦编三绝。
그는 부지런히 책을 읽어, 이미 위편이 세 뻔씩이나 끊어졌다.
孔子晚而喜<易>，读<易>韦编三绝。
공자는 만년에 <易>를 좋아해서 <易>를 읽다가 책끈이 세 번이나 끊어졌다.

＊ 勤奋 qínfèn : 부지런하다

★★
유명무실
(韓) 有名無實
(中) 有名无实
yǒu míng wú shí

이름만 있고 그 실상은 없다

他老觉得自己当的这个官儿有名无实。
그 사람은 자기가 맡고 있는 이 직책은 유명무실하다고 자꾸만 생각한다.
老实说这只是一个有名无实的职位没什么职责。
솔직히 말해서, 이것은 유명무실한 직위에 불과하고 직책이 없다.
他是一个有名无实的文学家。그는 유명무실한 문학가이다.

许多人都说那部电影好极了，我看不过是有名无实。

많은 사람들이 그 영화가 아주 훌륭하다고 하는데, 내가 보기에는 이름만 그럴싸하지 내용은 없다.

* 当官 dāngguān : 관리가 되다 / 老实说 lǎoshíshuō : 솔직히 말해서

★

유비무환

(韓) 有備無患
(中) 有备无患

yǒu bèi wú huàn

준비가 있으면 근심할 것이 없음

居安思危，有备无患。거안사위, 유비무환.

多买一点食品，这样可以有备无患。

식품을 조금 많이 사 두면 유비무환이 될 수 있다.

她存了一些钱在银行有备无患。

그녀는 은행에 돈을 조금 저축해 두었는데, 유비무환이다.

* 居安思危 jūānsīwēi : 편안할 때에도 앞으로의 우환을 염려하다 / 存钱 cúnqián : 저금하다

★★

유아독존

(韓) 唯我獨尊
(中) 唯我独尊

wéi wǒ dú zūn

세상에서 자기 혼자 잘났다고 뽐내는 태도

他一向唯我独尊。

그 사람은 줄곧 유아독존이다.

他认为他可以为所欲为，真是唯我独尊。

그는 자신은 하고 싶은 대로 다 할 수 있다고 생각하는데 그야말로 유아독존이 아닐 수 없다.

* 一向 yīxiàng : 그동안 / 为所欲为 wéisuǒyùwéi : 하고 싶은 대로 하다

★★★
유언비어
(韓) 流言蜚語
(中) 流言蜚语
liú yán fēi yǔ

아무 근거 없이 널리 퍼진 풍설

用流言蜚语来中伤他人，本身就是胆怯的表现。
유언비어로 타인을 중상하는 것은 그 자체로 비겁한 행동이다.
他被敌人流言蜚语中伤。그는 적의 유언비어에 중상되었다.
散布流言蜚语。유언비어를 퍼뜨리다.

* 中伤 zhòngshāng : 중상하다 / 胆怯 dǎnqiè : 겁이 많다 / 散布 sànbù : 퍼뜨리다

★
유유낙낙
(韓) 唯唯諾諾
(中) 唯唯诺诺
wéi wéi nuò nuò

명령하는 대로 순종하여 응낙함

你不要老是这么唯唯诺诺的，把自己的意见大胆发表出来。
항상 시키는대로만 하지 말고 자신의 의견을 대담하게 발표하세요.
他总是唯唯诺诺的。그는 언제나 무조건 승낙한다.
这位秘书唯唯诺诺地倒了一杯茶给她的老板。
그 비서는 아주 정중하게 사장님께 차를 한 잔 따랐다.

★★
유취만년
(韓) 遺臭萬年
(中) 遗臭万年
yí chòu wàn nián

더러운 이름을 먼 장래에까지 남김

那些卖国求荣的人，必将遗臭万年。
그러한 나라를 팔아 영광을 구하는 사람은 악명이 후세에 영원히 남을 것이다.
宁可默然无闻也不要遗臭万年啊!
차라리 묵묵히 세상에 알려지지 않을지언정, 악명을 오래도록 후세에 남기지 않겠다.

* 求荣 qiúróng : 영예를 구하다 / 宁可 nìngkě : 오히려…할 지언정 / 默然无闻 mòránwúwén : 이름이 세상에 알려지지 않다

★★★
이구동성
(韓) 異口同聲
(中) 异口同声
yì kǒu tóng shēng

여러 사람의 말이 한결 같음

同学们异口同声地称赞他。친구들은 이구동성으로 그 사람을 칭찬한다.
众人异口同声地称赞这幅画好。
많은 사람들이 이 그림이 훌륭하다고 이구동성으로 칭찬한다.
异口同声地说他是坏人。그는 나쁜 사람이라고 이구동성으로 말한다.
他们都投票支持他，那是异口同声的决定。
그들은 투표로 그를 지지했다. 그것은 이구동성의 결정이었다.

★
이풍역속
(韓) 移風易俗
(中) 移风易俗
yí fēng yì sú

풍속을 개량하여 세상을 좋게 함

这个国家最近的经济成就已经产生移风易俗之效。
국가의 최근 경제성장은 이미 풍속을 개량하여 살기 좋은 나라를 만드는데 효과를 나타내고 있다.

实行计划生育是移风易俗的大事。
가족계획의 실시는 낡은 풍속 습관을 고치는 획기적인 일이다.

移风易俗建设新农村。
낡은 풍속과 습관을 고쳐 새로운 농촌을 건설합시다.

★★★
인면수심
(韓) 人面獸心
(中) 人面兽心
rén miàn shòu xīn

얼굴은 사람 꼴을 하고 있으나 마음은 짐승과 같음

这个家伙人面兽心，尽干伤天害理的坏事。
이 녀석은 사람꼴을 하고 있지만 마음은 짐승과 같아서 천리에 위배되는 나쁜 일을 다 하고 다닌다.

那个工作过度的秘书觉得她那残忍的老板人面兽心。
그 업무가 과다한 비서는 그 잔인한 사장이 인면수심이라고 생각한다.

* 尽干 jìngàn : ...일만 하다 / 过度 guòdù : 지나치다

★★★
인산인해
(韓) 人山人海
(中) 人山人海
rén shān rén hǎi

사람이 헤아릴 수 없이 많이 모인 상태

看戏的人山人海，好不热闹。
연극을 보려는 사람이 인산인해을 이뤄 매우 북적거린다.

去参加摇滚音乐会的人潮人山人海。
락콘서트에 가는 사람들이 인산인해를 이루고 있다.

体育场内观众人山人海。
운동장에 관중들이 인산인해를 이루다.

* 好不 hǎobù : 매우 / 热闹 rènao : 왁자지껄하다 / 摇滚 yáogǔn : 락

★★
인시제의
(韓) 因時制宜
(中) 因时制宜
yīn shí zhì yí

시대의 변함에 따라 시세에 맞게 함

时代已经不同了不能再机械地搬用老经验了，应该因时制宜灵活运用。
시대가 달라져 더는 낡은 경험을 기계적으로 이용할 수 없으니, 때에 맞게 적당히 처리하고 원활히 운용해야 한다.

那位能干的秘书总是因时制宜，因此深受老板的器重。
그 능력 있는 비서는 언제나 시세를 잘 맞추어 행동하기 때문에 사장의 신임을 받고 있다.

* 搬用 bānyòng : 끌어다 적용하다 / 灵活 línghuó : 융통성이 있다 / 器重 qìzhòng : 신임하다

★★
인열폐식
(韓) 因咽廢食
(中) 因咽废食
yīn yē fèi shí

(음식이 목이 메어 잘 넘어가지 아니한다는 이유로 식사를 폐한다는 뜻) 사소한 장애를 꺼려 큰 일을 그만두는 것을 비유하는 말

不能因为出现了一些偏差就因噎废食放弃了我们奋斗的目标。
조금의 편차가 발생했다고 해서, 목이 멘다고 먹기를 그만두는 것처럼 우리가 투쟁해야할 목표를 버려서는 안된다.

假如你只因为一次意外就放弃这整个计划就是因噎废食。
만약 한 차례의 의외로 인해 이 모든 계획을 포기한다면, 그것은 바로 목이 멘다고 먹기를 그만두는 것과 같다.

★★★
인지상정
(韓) 人之常情
(中) 人之常情
rén zhī cháng qíng

사람이 보통 가질 수 있는 인정

喜怒哀乐乃是人之常情。희노애락은 바로 인지상정이다.

母亲知道，儿子大学毕业后一定会离开家里，因为这是人之常情。
어머니는 아이들이 대학을 졸업하면 집을 떠난다는 것을 압니다. 왜냐하면, 그것은 인시상정이기 때문입니다.

* 乃是 nǎishì : 바로...이다

★★★
일거양득
(韓) 一擧兩得
(中) 一举两得
yī jǔ liǎng dé

한 가지 일을 하여 두 가지 이익을 거둠

戒了烟，既省下一笔开支，又对身体有好处，真是一举两得。
담배를 끊으면 지출도 줄이고 또 몸에도 좋으니 정말 일거양득이다.

他这个夏天找到工作真是一举两得。既能赚点钱也能学点实用的东西。
그는 여름에 직장을 구했는데, 정말 일거양득이다. 돈도 벌고 실용적인 것도 배울 수 있으니 말이다.

荒山造林既能生产木材又能保持水土是一举两得的事。
황폐한 산에 조림을 하는 것은 목재를 생산할 수도 있고 수원과 토양을 보존할 수 있으니 일거양득이다.

* 戒烟 jièyān : 담배를 끊다 / 开支 kāizhī : 지출

★★★
일도양단
(韓) 一刀兩斷
(中) 一刀两断
yī dāo liǎng duǎn

칼로 쳐서 두 동강이를 내듯이 사물을 선뜻 결정함

一对好朋友忽然闹翻，几十年的感情就这样一刀两断了。
한 쌍의 좋은 친구가 갑자기 사이가 틀어지더니 몇 십년의 감정이 그저 칼로 두 동강이 내듯이 갈라졌다.

她和女朋友一刀两断甚至搬到另一州以免和他太接近。
그녀는 남자 친구와 결별을 했다. 심지어 그 남자와 너무 가깝게 있지 않기 위하여 다른 주로 이사했다.

你快跟他一刀两断吧。너 빨리 그녀와의 관계를 끊어라.

* 闹翻 nàofān : 사이가 벌어지다 / 接近 jiējìn : 가깝다

★★★
일망무제
(韓) 一望無際
(中) 一望无际
yī wàng wú jì

아득하게 끝없이 멀어서, 눈을 가리는 것이 없음

辽阔的大草原，一望无际。광활한 대초원이 끝없이 펼쳐지다.
他看到那种一望无际的树林。그는 끝없이 넓은 나무 숲을 바라본다.

* 辽阔 liáokuò : 광활하다

★★★

일망타진

(韓) 一網打盡
(中) 一网打尽

yī wǎng dǎ jìn

한꺼번에 모조리 잡음

公安人员把那个流氓团伙一网打尽了。
공안요원들은 그 불량배들을 일망타진했다.
把残余的土匪一网打尽。살아남은 공비를 일망타진하다.

* 团伙 tuánhuǒ : 범죄집단 / 土匪 tǔfěi : 비적

★★

일모도궁

(韓) 日暮途窮
(中) 日暮途穷

rì mù tú qióng

날이 저물고 길이 막힘

他已经日暮途穷了却仍然不懊悔。
그는 더 이상 방법이 없는데도, 여전히 후회하지 않고 있다.
他日暮途穷只得投靠朋友。그는 더 이상 방법이 없자 친구에게 의탁했다.

* 懊悔 àohuǐ : 뉘우치다 / 投靠 tóukào : 의탁하다

★★★

일목요연

(韓) 一目瞭然
(中) 一目了然

yī mù liǎo rán

한 번 보고 곧 환하게 알 수 있음

大楼的平面图画得很清楚，一目了然。
빌딩의 평면도가 확실하게 그려져 한 눈에 확 들어온다.
从楼上往下看一目了然。
건물 위에서 아래로 보면 한 눈에 훤히 보여서 알 수 있다.
明眼人看事情自然会一目了然的。
식견이 있는 사람이 일을 살펴 보면 당연히 한눈에 환히알 수 있다.
他这篇文章层次清楚一目了然。그의 이 글은 구조가 명확하고 일목요연하다.

* 明眼人 míngyǎnrén : 식견이 있는 사람 / 层次 céngcì : 단계

★★

일사천리

(韓) 一瀉千里
(中) 一泻千里

yī xiè qiān lǐ

문장, 구변이 거침이 없음

沈老的这篇文章，文笔流畅，大有一泻千里之势。
심노의 이 글은 문필이 유창하며 아주 거침없는 필세를 갖추고 있다.
这个作家的写作风格一泻千里，使得读他的小说既有趣又有刺激。
그 작가는 글을 일사천리로 써내려간다. 그래서 독자로 하여금 흥미롭게 하고 또 써스펜스를 느끼게 한다.

* 流畅 liúchàng : (문장)유창하다 / 刺激 cìjī : 흥분

★★★
일엽지추
(韓) 一葉知秋
(中) 一叶知秋
yī yè zhī qiū

(하나의 낙엽을 보고 가을이 옴을 안다는 뜻) 조그마한 한 가지의 일로 장차 있을 일을 짐작함

一叶知秋从这一点上可看出你很有水平。
나뭇잎 하나로 가을이 다가옴을 알 수 있듯이 이 점으로 볼 때 너의 수준이 아주 높음을 알 수 있다.
诸葛亮料事如神一叶知秋。
제갈량은 나뭇잎 하나로 가을이 다가옴을 알 수 있으니 어떠한 일이든 모두 잘 안다.

* 料事如神 liàoshìrúshén : 귀신같이 알아맞히다

★★★
일의대수
(韓) 一衣帶水
(中) 一衣带水
yī yī dài shǔi

아주 가까운 거리

韩国和中国是一衣带水的邻邦。
한국과 중국은 아주 가까운 거리에 있는 이웃나라이다.
我们两国是一衣带水的友好邻邦。
우리 두 나라는 거리가 아주 가까우면서 우호적인 이웃나라이다.

* 邻邦 línbāng : 이웃나라

★★★
일조일석
(韓) 一朝一夕
(中) 一朝一夕
yī zhāo yī xì

하루 아침 하루 저녁처럼 짧은 시일

学外语可不是一朝一夕就能学会的。
외국어를 배우는 것은 절대로 짧은 시간에는 배울 수 없다.
这样完善的技术不是一朝一夕产生的。
이렇게 완벽한 기술은 하루 아침에 이루어진 것이 아니다.
他在艺术方面的造诣决非一朝一夕之功。
예술방면에서의 그의 조예는 결코 하루 아침에 이루어진 것이 아닙니다.
改造荒山决不是一朝一夕成功的。
황산을 개조하는 것은 결코 하루아침에 성공할 수 있는 것이 아닙니다.

* 完善 wánshàn : 완벽하다 / 造诣 zàoyì : 조예

★★★
일장춘몽
(韓) 一場春夢
(中) 一场春梦
yī cháng chūn mèng

한바탕의 봄꿈처럼 헛된 영화

富贵只是一场春梦。
부귀는 단지 일장춘몽에 불과하다.
如果你不努力上大学只不过是一场春梦。
열심히 공부하지 않으면 대학에 가는 것은 일장춘몽일 뿐이다.

★★★
일촉즉발
(韓) 一觸即發
(中) 一触即发
yī chù jí fā

조금만 닿아도 곧 폭발할 것 같은 몹시 위험한 상태를 이름

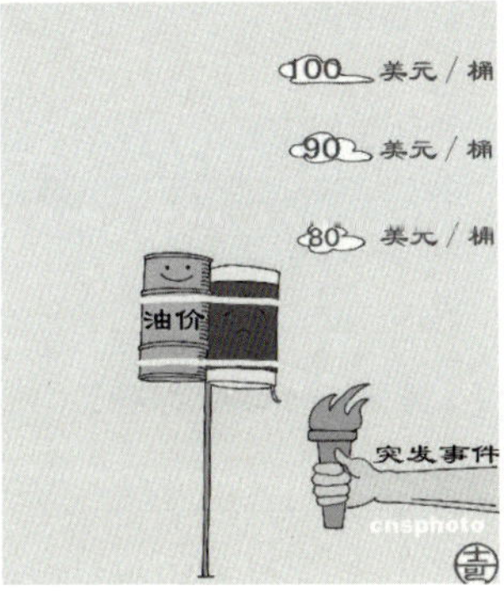

两军对峙，战争一触即发。
두 나라 군대가 대치하고 있어 전쟁은 일촉즉발의 위기에 놓여있다.
大有一触即发之势。
일촉즉발의 위기이다.
因为示威群众发怒情况一触即发警察保持警觉。
시위 군중이 화가나서 정세가 일촉즉발이다. 그래서 경찰은 경각심을 가지고 지켜보고 있다.

＊ 对峙 dùizhì : 대치하다 / 发怒 fānù : 노하다

★★★
임갈굴정
(韓) 臨渴掘井
(中) 临渴掘井
lín kě jué jǐng

(목이 말라야 우물을 판다는 뜻) 평소에 준비 없이 일을 당하고서야 허둥지둥 서두름

环保是一项长期的工作，待环境恶化再临渴掘井就为时已晚。
환경보호는 장기적인 사업이다. 그래서 환경이 악화된 다음 목이 말라야 우물을 판다는 식으로 하면 때가 이미 늦는다.
大部分的学生喜欢临渴掘井。
대부분의 학생들은 평소에는 하지 않다가 일을 당해서 허둥댄다.

＊ 环保 huánbǎo : 환경보호 / 为时 wéishí : 시기가...이다

★★★
입추지지
(韓) 立錐之地
(中) 立锥之地
lì zhūi zhī dì

(송곳 하나 세울 만한 땅이라는 뜻) 조금의 여유도 없는 아주 좁은 땅

无立锥之地。입추의 여지.

在旧社会我家穷得上无瓦片下无立锥之地。
구 사회에서 우리 집은 가난한 나머지 비와 이슬을 막을 기와 한 조각도 없고, 바늘 하나 꽂을 땅도 없었다.

他不是个有钱人但是他可以很自豪地称这块立锥之地是自己的。
그는 부자는 아니지만 이 손톱만한 땅이 자기 것이라고 자랑스럽게 말한다.

* 自豪 zìháo : 자부하다

★★★
자강불식
(韓) 自强不息
(中) 自强不息
zì qiáng bù xī

스스로 힘써 쉬지 않음

人人发奋努力，个个自强不息。
모든 사람이 분발하여 노력하고 게을리 하지 않는다.

该国虽然在承平中却仍自强不息。
이 나라는 비록 태평하지만 그러나 여전히 스스로 힘써 쉬지 않는다.

* 发奋 fāfèn : 분발하다 / 承平 chéngpíng : 태평

★★
자급자족
(韓) 自給自足
(中) 自给自足
zì jǐ zì zú

자기의 수요를 자기가 생산하여 충당함

调整政策，发展生产，以达到自给自足的目的。
정책을 조정하고 생산을 발전시켜 자급자족의 목적을 실현하다.

自给自足的小农经济。자급자족의 소농경제

★★★
자고자대
(韓) 自高自大
(中) 自高自大
zì gāo zì dà

스스로 잘난 체하며 교만함

浅薄无知的人往往自高自大。
천박하고 무능한 사람은 간혹 스스로 잘난 체하며 교만하다.

虽然他是一位很卓越的音乐家但没有人喜欢他当众时自高自大的态度。
그는 비록 매우 탁월한 음악가이지만 그가 대중 앞에서 잘난 체하며 교만하게 구는 태도를 좋아하는 사람은 하나도 없다.

* 浅薄 qiǎnbó : 천박하다 / 卓越 zhuōyuè : 탁월하다

★★★
자력갱생
(韓) 自力更生
(中) 自力更生
zì lì gēng shēng

오로지 제 힘만으로 생활을 고쳐감

自力更生重建家园。
오르지 제 힘만으로 가정을 재건하다.
他离开家庭并找了一个工作以便向所有人证明他能够自力更生。
그는 집을 떠나 직장을 하나 구했는데, 자력갱생할 수 있다는 것을 모든 이에게 증명할 수 있었다.
放手让下面自力更生问题就解决了。
과감하게 하부에 자력갱생토록 하면 문제는 곧 해결된다.
发扬艰苦奋斗自力更生的精神。
고난을 견디며 분투하고 스스로의 힘으로 다시 일어서는 정신을 발휘하자.

＊ 重建 chóngjiàn : 재건하다 / 放手 fàngshǒu : 대담하게 하다

★
자아도취
(韓) 自我陶醉
(中) 自我陶醉
zì wǒ táo zuì

자기도취하다

他有了一点进步，就自我陶醉起来。
약간의 진보가 있자 그는 자아도취에 빠지기 시작했다.
他实际上并不是一位非常优秀的网球选手，但是他却自我陶醉。
그는 사실 매우 우수한 테니스선수는 못된다. 다만 자아도취일 뿐이다.

★★
자유자재
(韓) 自由自在
(中) 自由自在
zì yóu zì zài

어떤 범위내에서 구속・제한됨이 없이 마음대로 할 수 있음

他希望能活得自由自在。
그는 자유스럽게 살기를 바란다.
不为儿女操心我乐得自由自在。
자식들을 위하여 근심하지 않고 나는 자유자재로 매우 즐겁다.
在乡间他觉得自由自在。
시골에서, 그는 자유자재를 느꼈다.

＊ 操心 cāoxīn : 걱정하다 / 乐得 lède : 기꺼이...하다

★★★
자포자기
(韓) 自暴自棄
(中) 自暴自弃
zì bào zì qì

실망・불만 등 때문에 스스로 자기의 형편・전도를 파괴하고 돌보지 않음

不可自暴自弃，破罐子破摔。
자포자기해서는 안된다.
你千万别自暴自弃。
너는 절대로 자포자기해서는 안된다.
由于好几个月找不到工作，那个沮丧的人遂自暴自弃。
몇 개월 동안 일자리를 찾지 못했기 때문에 그 낙심한 사람은 마침내 자포자기가 되었다.

* 破罐子破摔 pòguànzipòshuāi : 결점이나 잘못을 고치지 않고 멋대로 내버려 두어, 오히려 더욱 나쁜 방향으로 발전하게 하다 / 由于 yóuyú : ...로 인하여 / 沮丧 jǔsàng : 낙담하다

★★★
장공속죄
(韓) 將功贖罪
(中) 将功赎罪
jiāng gōng shú zùi

죄지은 사람이 공을 세워 속죄함

他过去曾犯过错但将功赎罪。
그는 과거에 잘못을 했지만 공을 세워 속죄했다.
应该给他一个将功赎罪的机会，不能就这样撵他走。
그 사람에게 공을 세워 속죄할 수 있는 기회를 줘야지 그냥 이렇게 쫓아낼 수는 없습니다.
做错了事应该努力补过将功赎罪。
일을 잘못 처리했으면, 반드시 노력 보충하고, 공을 세워 속죄를 해야 한다.

* 撵 niǎn : 쫓아내다

★★★
장관이대
(韓) 張冠李戴
(中) 张冠李戴
zhāng guān lǐ dài

(장가의 관을 이가가 쓴다는 뜻) 이름과 실상이 일치하지 아니함

事情要弄清楚不可张冠李戴。
일은 분명히 해야지 사실을 왜곡해서는 안된다.
因为他不很博学却喜欢炫耀，所以总是张冠李戴。
그는 박학하지도 않으면서 자랑하기를 좋아해 늘 실상과 이름이 일치하지 않는다.

* 炫耀 xuànyào : 자랑하다

★★★
장삼이사
(韓) 張三李四
(中) 张三李四
zhāng sān lǐ sì

성명이나 신분이 뚜렷하지 못한 평범한 사람들

不管张三李四，一律不准进。
어느 누구를 막론하고 일체 들어갈 수 없다.
管他张三李四只要肯做事就行。
누구든 일하고자 하면 된다.
张三李四来了一群人。
평범한 사람들 한 무리가 왔다.
张三李四都能学会开车。
사람이면 누구나 운전을 배울 수 있다.

* 不管 bùguǎn : ...이든 / 管 guǎn : 반어문으로 '不管'의 뜻 / 肯做 kěnzuò : 하고자 하다

★★★
장수선무
(韓) 長袖善舞
(中) 长袖善舞
cháng xiù shàn wǔ

(소매가 길면 춤을 잘 출 수 있다는 뜻) 재물이 넉넉하면 성공하기도 쉽다는 말

长袖善舞多财善贾。
소매가 길면 춤추기 좋고, 돈이 많으면 장사하기 좋다.
他长袖善舞所以足会成功的。
그는 재력과 수완이 좋아 꼭 성공할 수 있을 것이다.

* 多财善贾 duōcáishàngǔ : 자본이 많으면 장사하기도 쉽다

★★★
적수공권
(韓) 赤手空拳
(中) 赤手空拳
chì shǒu kōng quán

(맨손과 맨주먹이라는 뜻) 아무것도 가진 것이 없음

那位赤手空拳的武术家灵巧地躲开每一击。
그 맨손의 무술가는 공격을 민첩하고 교묘하게 피했다.
武松赤手空拳打死一只老虎。
무송은 맨손으로 호랑이 한 마리를 때려잡았다.
他赤手空拳和同志们一起成就了一番事业。
그는 맨손으로 동지들과 함께 사업을 일으켰다.

* 灵巧 língqiǎo : 민첩하다 / 躲开 duǒkāi : 피하다

★
적우침주
(韓) 積羽沉舟
(中) 积羽沉舟
jī yǔ chén zhōu

(새털처럼 가벼운 것도 많이 쌓이면 배를 가라앉힌다는 뜻) 여러 사람이 합치면 놀랍도록 큰 힘이 됨을 이르는 말

积羽沉舟可以移山。
미력한 힘이나마 여러 사람이 합치면 산도 옮길 수 있다.
积羽沉舟小患是可以酿成大祸的呀!
작은 사물도 여럿 쌓이면 큰 역할을 한다고 작은 병도 큰 화로 변할 수 있다!

* 酿成 niàngchéng : 조성되다

★★★
전광석화
(韓) 電光石火
(中) 电光石火
diàn guāng shí huǒ

매우 짧은 시간이나 썩 재빠른 동작을 비유하는 말

他电光石火似的赶快缩了头。
그는 전광석화처럼 얼른 머리를 움츠렸다.
便是厮守有年也不过是电光石火。
부부들이 늘 서로 함께 의지하며 사는 시간이 오래일 것 같지만 그것은 전광석화에 불과할 뿐이다.

* 缩头 suōtóu : 머리를 움츠리다 / 便是…也… biànshì…yě… : 설사…해도 역시…이다 / 厮守 sīshǒu : 부부가 서로 의지하다

★★★
전전긍긍
(韓) 戰戰兢兢
(中) 战战兢兢
zhàn zhàn jīng jīng

매우 두려워 조심함

吓得我战战兢兢。놀라서 나는 전전긍긍했다.
他战战兢兢地回答了。그는 겁먹은 듯 떨며 대답했다.
战战兢兢地拿在手里。조심스럽게 손에 쥐다.
一时间战战兢兢慌了手脚。순간적으로 벌벌떨며 허둥댔다.
战战兢兢如临深渊如履薄冰。
깊은 연못가에 다다른 듯, 얇은 얼음 위를 걷듯 전전긍긍했다.
在那座农场新手工作时战战兢兢。
그 농장에서 새로 온 사람은 매우 조심스럽게 일을 한다.

* 慌手脚 huāngshǒujiǎo : 허둥대다 / 如临深渊 rúlínshēnyuān : 깊은 연못에 다다른 듯하다 / 如履薄冰 rúlǚbóbīng : 어름 위를 걷는 듯하다

★★★
전전반측
(韓) 輾轉反側
(中) 辗转反侧
zhǎn zhuǎn fǎn cè

누워서 이리저리 뒤척거리며 잠을 못 이룸

为了想把明天的会开好，他辗转反侧，难以入睡。
회의를 잘 열어야 한다는 생각으로 그는 뒤척이며 잠에 들지 못했다.
他躺在床上辗转反侧，怎么也睡不着觉。
그는 침대에 누워서 엎치락뒤치락하며 좀처럼 잠들지 못했다.
辗转反侧思念心上人。엎치락뒤치락하며 연인을 그리워하다.
他躺在床上辗转反侧想着明天要发表的演讲。
그는 침대에 누워 엎치락뒤치락하며 내일 발표할 연설을 생각하고 있다.

* 难以 nányǐ : ...하기 어렵다 / 心上人 xīnshàngrén : 사랑하는 사람

★
전화위복
(韓) 轉禍爲福
(中) 转祸为福
zhuǎn huò wéi fú

재화가 바뀌어 오히려 복이 됨

把它当做转祸为福的机会吧。전화위복의 기회로 삼읍시다.
由于他的聪明才智他们才得以转祸为福。
그의 총명함과 재치로 그들은 겨우 전화위복할 수 있었다.

* 当做 dāngzuò : ...으로 삼다 / 得以 déyǐ : ...할 수 있다

★
절차탁마
(韓) 切磋琢磨
(中) 切磋琢磨
qiē cuō zhuó mó

옥·돌 따위를 갈고 깎듯이 학문·덕행을 닦음

运动员聚在一起切磋琢磨球艺。
선수들은 함께 모여 공 다루는 기술을 갈고 닦고 있다.
两个学生切磋琢磨准备考试。
두 학생이 열심히 공부하여 시험을 준비하고 있다.

* 聚 jù : 모이다

★★★
점입가경
(韓) 漸入佳境
(中) 渐入佳境
jiàn rù jiā jìng

차차 재미있는 경지로 들어감

故事讲着讲着渐入佳境。스토리는 하면 할수록 점입가경이었다.
行过了许多亭阁只是渐入佳境。
매우 많은 정자를 지났지만 그것은 점입가경일 뿐이다.

* 亭阁 tínggé : 정자

★★★
정저지와
(韓) 井底之蛙
(中) 井底之蛙
jǐng dǐ zhī wā

우물 안 개구리

他是井底之蛙，见识有限。그는 우물 안 개구리라 아는 게 한계가 있다.

他发表世界大事的意见时很明显地是井底之蛙。

그가 세계상의 큰 일에 대한 의견을 발표할 때 분명하게도 우물안 개구리임을 알 수 있었다.

先生江海之学弟子井底之蛙，岂敢班门弄斧。

스승님의 바다와도 같은 학문 앞에 제자의 우물안 식견으로 어찌 공자 앞에 문자 쓸 수 있겠습니까?

* 岂敢 qǐgǎn : 어찌 감히...하겠는가 / 班门弄斧 bānménnòngfǔ : 공자 앞에 문자 쓰다

★★
조발석지
(韓) 朝發夕至
(中) 朝发夕至
zhāo fā xī zhì

아침에 떠나 저녁에 이름

从北京到上海可以朝发夕至。

북경에서 상해까지는 아침에 떠나 저녁에 도착할 수 있다.

北京去南京乘特快列车可朝发夕至。

북경에서 남경까지는 특급열차를 타면 아침에 떠나 저녁에 도착할 수 있다.

家近首都朝发夕至。집이 수도에서 가까워 교통이 편리하다.

★★★
조삼모사
(韓) 朝三暮四
(中) 朝三暮四
zhāo sān mù sì

간사한 꾀로 남을 속여 희롱함을 이르는 말

他是个朝三暮四的人，靠不住。그는 변덕스런 사람이라 믿을 수 없다.

朝三暮四昨非今是。조삼모사라 어제와 오늘은 다릅니다.

* 靠不住 kàobuzhù : 신뢰할 수 없다

고사 有个玩猴子的人，拿橡实喂猴子，他跟猴子说，早上给每个猴子三个橡子，晚上给四个，所有的猴子听了都急了；后来他又说，早上给四个，晚上给三个，所有的猴子就都高兴了。原比喻聪明人善于使用手段，愚笨的人不善于辨别事情，后来比喻反复无常。

* 橡实 xiàngshí : 상수리 / 喂 wèi : 먹이다 / 善于 shànyú : ...에 능하다 / 愚笨 yúbèn : 우둔하다 / 反复无常 fǎnfùwúcháng : 변덕스럽기 짝이 없다

★★★
종과득과
(韓) 種瓜得瓜
(中) 种瓜得瓜
zhòng guā dé guā

오이를 심으면 오이가 난다는 뜻에서, 원인이 있으면 결과가 생김의 비유

种瓜得瓜，种豆得豆，下功夫总能有收获。

'콩심은 데 콩나고 팥심은 데 팥난다'고 노력하면 반드시 수확이 따른다.

别打如意算盘了，种瓜得瓜种豆得豆。

독장수셈을 하지 않는 것이 좋다, 뿌린대로 거둬들이니까.

* 下功夫 xiàgōngfu : 노력하다 / 打如意算盘 dǎrúyìsuànpán : 독장수셈을 두다

★★★
좌정관천
(韓) 坐井觀天
(中) 坐井观天
zuò jǐng guān tiān

견문이 썩 좁음을 이르는 말

他们坐井观天，目光狭小。

그들은 견문이 적어 시야가 좁다.

咱们在山沟里坐井观天哪见过大世面?

우리는 시골에서 우물안 개구리식으로 살아 어디 세상을 볼 수 있었는가?

由于只从朋友口中听到不好的事而从未真正住在那里过，因此他对印度的看法是坐井观天。

친구한테 구두로 좋지 않은 일을 들었을 뿐 직접 그곳에서 살아보지 않았기 때문에 그는 인도에 대해서 식견이 매우 좁다.

* 狭小 xiáxiǎo : 협소하다 / 山沟 shāngōu : 산골짜기 / 从未 cóngwèi : 한번도 ... 한 적 없다

★★
중구삭금
(韓) 衆口鑠金
(中) 众口铄金
zhòng kǒu shuò jīn

(뭇 사람의 말은 쇠도 녹인다는 뜻) 여론의 힘이 큼을 이르는 말

虽然他的罪嫌仍有许多争议，但是众口铄金。

비록 그의 죄는 여전히 많은 논쟁을 낳고 있지만 여론의 힘은 어찌할 수 없다.

众口铄金积毁销骨，对于流言蜚语，我们决不可等闲视之。

떠도는 말이 많아 시비를 가리기 힘들고, 비난이 거듭되면 사람도 잡을 수 있으니, 이러한 유언비어에 대해서 우리는 결코 등한시해서는 안된다.

* 罪嫌 zuìxián : 혐의 / 积毁销骨 jīhuǐxiāogǔ : 거듭된 비난이 사람 잡는다 / 等闲视之 děngxiánshìzhī : 등한시하다

★★★

지록위마

(韓) 指鹿爲馬
(中) 指鹿为马

zhǐ lù wéi mǎ

윗사람을 농락하여 권세를 마음대로 휘두르려 함을 가리키는 말

那种招摇撞骗指鹿为马的恶劣作风必须坚决铲除。

사람을 속이고, '지록위마'한 사회의 풍토는 반드시 없애야 합니다.

社会上指鹿为马的风气很重。

사회에 '지록위마'와 같은 분위기가 매우 짙습니다.

* 招摇撞骗 zhāoyáozhuàngpiàn : 명의를 사칭하여 허장 성세로 사기를 치고 다니다 / 铲除 chǎnchú : 제거하다

★★★

진충보국

(韓) 盡忠報國
(中) 尽忠报国

jìn zhōng bào guó

충성을 다하여 나라의 은혜에 보답함

个人都应该尽忠报国。

사람마다 모두 충성을 다해 나라의 은혜에 보답해야 한다.

他受父母影响，立志尽忠报国。

그는 부모님의 영향을 받아서 진충보국 하고자 뜻을 세웠다.

★★★

진퇴양난

(韓) 進退兩難
(中) 进退两难

jìn tùi liǎng nán

앞으로 나아갈 수도, 뒤로 물러날 수도 없이, 꼼짝할 수 없는 궁지에 빠짐

干下去缺乏资金，不干又不好交代，进退两难。

하자니 자금이 부족하고 그만두자니 설명하기 곤란하고 그야말로 진퇴양난이다.

约翰和雅格进退两难不知怎么办。

요한과 야곱은 진퇴양난으로 어찌할 바를 몰랐다.

我现在是进退两难不知怎么办才好。

지금 나는 진퇴양난이어서, 어떻게 해야 좋을지 모르겠다.

* 缺乏 quēfá : 부족하다 / 交代 jiāodài : 설명하다

★★★
질풍경초
(韓) 疾風勁草
(中) 疾风劲草
jí fēng jìng cǎo

(질풍에도 부러지지 아니하는 억센 풀이라는 뜻) 어떠한 어려움에도 마음이 흔들리지 아니하는 사람의 비유

只有在关键时刻才能考验一个人，所谓疾风劲草正是这个意思。
중요한 시각에 사람을 시험할 수 있는데, 소위 '질풍경초'는 바로 그 뜻을 나타낸다.
公司就需要疾风劲草稳如泰山的人才。
회사는 어떠한 어려움에도 흔들리지 않으며 태산과 같이 든든한 인재를 필요로 한다.

* 所谓 suǒwèi : 이른바 / 稳如泰山 wěnrútàishān : 매우 안전하다

★★★
창해일속
(韓) 滄海一粟
(中) 沧海一粟
cāng hǎi yī sù

창해 안의 한 알의 좁쌀의 뜻으로, 광대한 것 속의 극히 작은 물건

个人的贡献跟人类的创造比起来，不过是沧海一粟。
개인의 공헌은 인류 창조에 비해 창해일속에 불과하다.
在知识的海洋里我们学过的只不过是沧海一粟。
우리가 배운 것은 지식의 바다 중에서 아주 작은 일부분에 불과하다.

★★★
천군만마
(韓) 千軍萬馬
(中) 千军万马
qiān jūn wàn mǎ

썩 많은 군사와 말

千军万马齐上阵。천군만마가 일제히 싸움터로 나가다.
将军统领着千军万马向敌人的军营冲去。
장군은 많은 군사와 말을 데리고 적군의 병영에 돌격하여 진격하였다.

★★★
천방백계
(韓) 千方百計
(中) 千方百计
qiān fāng bǎi jì

온갖 계책이나 꾀

他虽然千方百计掩盖错误，终究还是无济于事。
그는 비록 여러 가지 방법으로 착오를 덮으려 했지만 결국 아무런 도움이 되지 못했다.
他千方百计地讨好上司借机升职。
그는 온갖 계책으로 상관의 비위를 맞추며 기회를 타 승진한다.

* 掩盖 yǎngài : 숨기다 / 无济于事 wújìyúshì : 일에 아무런 도움도 못준다 / 升职 shēngzhí : 승진하다

★★
천려일득
(韓) 千慮一得
(中) 千虑一得
qiān lǜ yī dé

어리석은 사람도 많은 생각 가운데는 한 가지쯤 좋은 생각이 미칠 수 있다는 말

俗话说"千虑一得"是有道理的。
"천려일득"이라는 속담은 나름대로 일리가 있다.
你懂得千虑一得的道理么?
"천려일득"의 뜻을 당신이 이해해요?

★★
천려일실
(韓) 千慮一失
(中) 千虑一失
qiān lǜ yī shī

지혜로운 사람도 많은 생각 가운데에는 잘못되는 것도 있을 수 있음을 이르는 말

虽然你经验丰富，但千虑一失还是要小心。
당신이 비록 풍부한 경험을 갖고 있지만 지혜로운 자도 잘못된 생각을 갖고 있을 수도 있느니 조심해야합니다.
你这么有信心，千虑一失可听过?
당신이 이렇게 자신감을 갖기는 했지만 "천려일실"이라는 말 들은 적이 있어요?

★★★
천변만화
(韓) 千變萬化
(中) 千变万化
qiān biàn wàn huà

한없이 변화함

现在的市场千变万化。
지금의 시장은 수시로 변하고 있다.
他的表演千变万化赢得台下一片掌声。
그의 연기가 다채로워 사람들의 뜨거운 박수를 받을 수 있었다.

★★★
천신만고
(韓) 千辛萬苦
(中) 千辛万苦
qiān xīn wàn kǔ

마음과 힘을 한없이 수고롭게 하여 애를 씀

地质勘探队历尽千辛万苦，找到了不少矿藏。
지질탐사대는 천신만고 끝에 많은 지하자원을 찾아냈다.
经过千辛万苦的跋山涉水，他终于采集完了所有的药材。
그는 천신만고 끝에 드디어 모든 약재를 채집했다.

* 勘探队 kāntànduì : 탐사대 / 历尽 lìjìn : 두루 다 경험하다 / 矿藏 kuàngzàng : 지하자원 / 跋山涉水 báshānshèshuǐ : 산을 넘고 물을 건너다

★★★
천의무봉
(韓) 天衣無縫
(中) 天衣无缝
tiān yī wú fèng

완전무결해 흠이 없음을 이름

他把谎话编得天衣无缝。그는 거짓을 정말처럼 꾸몄다.
其章法之妙如天衣无缝。글의 구조는 완전무결 흠이 없을 정도로 좋다.

★★★
천진난만
(韓) 天真爛漫
(中) 天真烂漫
tiān zhēn làn màn

아무런 꾸밈이 없이 언행에 그대로 나타남

天真烂漫的童年生活。천진난만했던 어린 시절
她有天真烂漫的笑容。그녀는 천진난만한 웃음을 가지고 있다.

* 笑容 xiàoróng : 웃는 얼굴

★★★
천차만별
(韓) 千差萬別
(中) 千差万别
qiān chà wàn bié

여러 가지 사물이 모두 차이가 있고 구별이 있음

人的性格千差万别。사람의 성격은 천차만별이다.
公园里的花千差万别美不胜收。
공원 안의 꽃들이 천차만별이고 한번에 다 볼 수 없을 정도로 아주 많다.

* 美不胜收 měibùshèngshōu : 훌륭한 것이 한번에 다 볼 수 없을 정도로 아주 많다

★
천추만대
(韓) 千秋萬代
(中) 千秋万代
qiān qiū wàn dài

후손 만대에 이르기까지의 오랜 기간

他们家千秋万代是农民。그들은 후손만대에 이르기까지 오랫동안 농민이었다.
这件宝物流传了千秋万代。이 보물은 천추만대에 이르기까지 전해져 내려왔다.

★★★
천편일률
(韓) 千篇一律
(中) 千篇一律
qiān piān yī lǜ

사물이 다 비슷해 변화가 없음

那些文章千篇一律，没有什么新东西。
그 글은 천편일률적으로 이렇다 할 새로운 것이 없다.
你不要千篇一律，要有创新精神。
너는 천편일률적으로 일을 하지 말고 창조적 정신을 가져야 한다.

★★★
철두철미
(韓) 徹頭徹尾
(中) 彻头彻尾
chè tóu chè wěi

처음부터 끝까지 철저하게

这是彻头彻尾的谎言。이것은 철두철미한 거짓이다.
你彻头彻尾都在骗我。당신은 처음부터 끝까지 나를 속이고 있었다.

* 谎言 huǎngyán : 거짓말

★★
청천벽력
(韓) 靑天霹靂
(中) 青天霹雳
qīng tiān pī lì

뜻밖에 일어난 큰 변동

这消息简直是青天霹雳。이 소식은 맑은 하늘에 날벼락과 같은 것이었다.
他妈妈去世的消息犹如晴天霹雳，令他难以忘怀。
엄마가 돌아가신 일은 그에게는 청천벽력과 같아서 좀처럼 잊기 어려울 것이다.

* 犹如 yóurú : ...와 같다 / 忘怀 wànghuái : 잊다

★★★
청출어람
(韓) 靑出於藍
(中) 青出于蓝
qīng chū yú lán

제자가 스승보다 나음을 일컫는 말

青出于蓝而胜于蓝，他多年勤学苦练，成就已经超过了老师。
제자가 스승보다 더 낫다는 말처럼 그는 다년간 열심히 배우고 연습하여 업적이 스승을 뛰어넘었다.
现在的学生是青出于蓝。지금의 학생들은 청출어람이라고 할 수 있다.

* 胜于 shèngyú : ...보다 낫다 / 勤学苦练 qínxuékǔliàn : 부지런히 익히고 힘들게 단련하다

★★★
취생몽사
(韓) 醉生夢死
(中) 醉生梦死
zùi shēng mèng sǐ

아무 의미없이, 이룬 일도 없이 한평생을 흐리멍덩하게 살아감

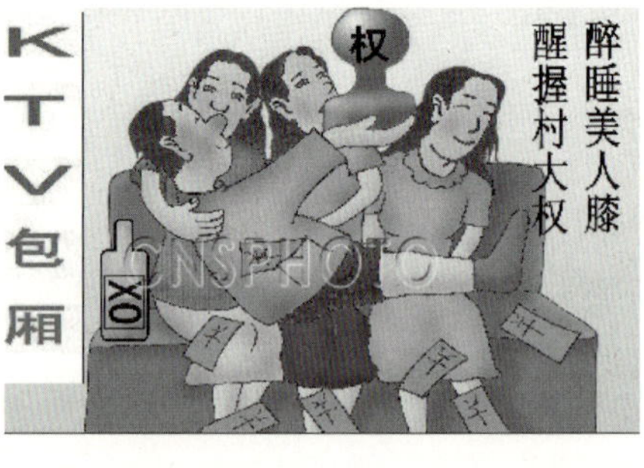

不能再过那种醉生梦死的生活了。
더 이상 그런 취생몽사의 생활을 할 수는 없다.
他是个醉生梦死的浪子。
그는 한평생을 이룬 일 없이 흐리멍덩하게 살아온 방탕한 자식이다.

* 浪子 làngzi : 방탕한 자식

★
치인설몽
(韓) 癡人說夢
(中) 痴人说梦
chī rén shuō mèng

쓰잘데 없는 소리

你痴人说梦，这件事难以登天。
네가 쓰잘 데 없는 소리를 한다면 이 일은 성공하기 어렵다.
光说不练痴人说梦呢。
말만하고 연습하지 않는다면 '치인설몽'이 될 것이다.

* 光 guāng : ...만 하다

★★
타산지석
(韓) 他山之石
(中) 他山之石
tā shān zhī shí

다른 사람의 하찮은 언행이라도 자기의 미덕을 연마하는 데에 도움이 된다는 말

他山之石可以攻玉，外国的经验可以使我们少走弯路。
타산지석이라고, 외국의 경험은 우리가 시간을 절약하는데 도움이 된다.
我们要有他山之石的精神。
우리는 타산지석의 정신이 있어야 한다.

* 走弯路 zǒuwānlù : 길을 돌아 가다

★
탄지지간
(韓) 彈指之間
(中) 弹指之间
tán zhǐ zhī jiān

(손가락을 튀길 사이라는 뜻) 아주 짧은 동안

弹指之间就把东西取来。아주 금방 물건을 가지고 오겠다.
你呢，在弹指之间就把课文背住。
너는 아주 짧은 시간에 교과서를 외워야 한다.

★★★
탐낭취물
(韓) 探囊取物
(中) 探囊取物
tàn náng qǔ wù

(주머니 속 물건을 취함의 뜻) 아주 쉬운 일의 일컬음

这件事对我来说简直是探囊取物，再简单不过了。
이 일은 나에게 있어서 그야말로 주머니 속 물건을 가지는 것처럼 간단하다.

* 再...不过 zài...bùguò : 더할 나위 없이 ...하다

★★★
태산북두
(韓) 泰山北斗
(中) 泰山北斗
tài shān běi dǒu

세상 사람으로부터 존경을 받는 사람

他是武界的泰山北斗。그는 무술계의 큰 인물 이다.
他是近代的泰山北斗。그는 근대의 태산북두이다.

★
태연자약
(韓) 泰然自若
(中) 泰然自若
tài rán zì ruò

마음에 무슨 충동을 받아도 움직임이 없이 천연스러움

他泰然自若地走了进来。
그는 태연자약하게 걸어 들어 왔다.
车子慢慢逼近了只有20米处，他们还是泰然自若的毫不惊慌。
자동차가 천천히 20미터 정도 바짝 다가 왔지만 그들은 여전히 태연자약하며 조금도 놀라지 않는다.

* 逼近 bījìn : 다가오다 / 毫不 háobù : 조금도...하지 않다

★★★
토사구팽
(韓) 免死狗烹
(中) 免死狗烹
tù sǐ gǒu pēng

쓸모 있는 동안에는 부림을 당하다가 소용이 다하면 버림을 받는다는 말

自古免死狗烹，打天下的将军不得好死。
자고로 '토사구팽'이라 하여 천하를 통일한 장군들은 말로가 좋지 않다.
这才是鸟尽弓藏免死狗烹。
이것이 바로 새를 다 잡으면 활은 창고에 숨기고 토끼를 잡으면 개를 삶는다고 할 수 있는 것이다.

* 不得好死 bùdéhǎosǐ : 말로가 좋지 않다 / 鸟尽弓藏 niǎojìngōngcáng : 필요할 때는 소중히 쓰다가 소용없게 되면 없애 버린다

고사 《史记》记载，'飞鸟尽，良弓藏；狡兔死，走狗烹。' 意思是鸟没有了，弓也就收起来不用了；兔子死了，猎狗也就被煮来吃了。比喻事情成功以后，把曾经出过大力的人杀掉。

* 猎狗 liègǒu : 사냥개 / 煮 zhǔ : 삶다

★★★
토사호비
(韓) 免死狐悲
(中) 免死狐悲
tù sǐ hú bēi

남의 처지를 보고 자기 신세를 헤아려 동류의 슬픔을 서러워한다

只有反动分子, 才会为希特勒灭亡而悲伤, 这叫做免死狐悲, 物伤其类。
반동분자만이 희틀러의 멸망에 비애를 느낀다. 이런 것을 소위"토사호비"라고 한다.
岂不闻免死狗悲物伤其类!
토사호비와 같은 남의 처지를 보고 자기 신세를 헤아려 동류의 슬픔을 서러워한다는 말을 어찌 들은 적이 없겠는가!

* 物伤其类 wùshāngqílèi : 제무리의 불행을 슬퍼한다 / 岂不 qǐbù : 어찌...아니겠는가?

★★
토호열신
(韓) 土豪劣紳
(中) 土豪劣绅
tǔ háo liè shēn

중국에서 관료나 군벌과 손을 잡고 농민을 착취하던 대지주나 자본가를 국민 혁명 당시의 노농 운동가가 일컫던 말

这些土豪劣绅专门欺压百姓。
이러한 토호열신들이 백성들만을 억압한다.
打倒土豪劣绅。
토호열신을 타도하다.

* 欺压 qīyā : 모욕하며 억압하다

★★★
포풍착영
(韓) 捕風捉影
(中) 捕风捉影
bǔ fēng zhuō yǐng

(바람을 잡고 그림자를 붙잡는다는 말) 허망한 언행을 이르는 말

本来没有这事你捕风捉影惹出麻烦。
원래 없을 이 일을 너의 허황된 말로 번거로운 일이 생겼다.
我们不要做捕风捉影的事。
우리는 뜬구름을 잡는 그런 일을 하지 않을 것이다.

* 惹麻烦 rěmáfan : 문제를 일으키다

★★★
풍성학려
(韓) 風聲鶴唳
(中) 风声鹤唳
fēng shēng hè lì

겁을 먹어 하찮은 일에도 놀람

凡是官军经过处都是火，他们风声鹤唳。
관군이 지난 곳은 모두 불이 나서 그들은 겁을 먹어 하찮은 일에도 놀랬다.
成群野兽奔来使得探险者风声鹤唳。
많은 산짐승들이 달려 들어와 탐험자들이 하찮은 일에도 놀라게 되었다.

* 凡是 fánshì : 무릇...인 자는 / 成群 chéngqún : 무리를 이루다

고사 前秦苻坚领兵进攻东晋， 大败而逃， 溃兵听到风声和鹤叫，都疑心是追兵。形容惊慌疑惧。

* 溃兵 kuìbīng : 패잔병

★★★
풍찬노숙
(韓) 風餐露宿
(中) 风餐露宿
fēng cān lù sù

한데에서 바람과 이슬을 맞으며 먹고 자고 함

风餐露宿饱尝路途辛苦。
바람과 이슬을 맞으며 먹고 자고하면서 먼 여행길 고생이 많았다.
风餐露宿的生活锻炼人的意志。
풍찬노숙의 생활은 사람의 의지를 단련시킨다.

* 饱尝 bǎocháng : 온갖 경험을 다하다

★
하로동선
(韓) 夏爐冬扇
(中) 夏炉冬扇
xià lú dōng shàn

(여름의 화로와 겨울의 부채라는 뜻) 격이나 철에 맞지 아니하거나 쓸데없는 사물의 비유, 앞뒤가 맞지 않는 모순

你现在向他解释，未免夏炉冬扇。
너는 지금 그에게 설명하지만 '하로동선'을 면할 수 없다.
公司由于夏炉冬扇，终究倒闭。
회사는 '하로동선'으로 인하여 결국 도산되었다.

* 解释 jiěshì : 설명하다 / 未免 wèimiǎn : 피할 수 없다 / 倒闭 dǎobì : 문을 닫다

★★★
한단지몽
(韓) 邯鄲之夢
(中) 邯郸之梦
hán dān zhī mèng

인생과 영화의 덧없음의 비유

由于变迁，她昔日的荣华富贵如邯郸之梦。
변천으로 인해 그녀의 옛날 부귀영화는 '한단지몽'과 같다.
这次打击犹如邯郸之梦，使他消极。
이번 충격은 '한단지몽'과 같아서 그를 소극적으로 만들었다.

* 昔日 xīrì : 지난 날/ 消极 xiāojí : 소극적이다

★★
한우충동
(韓) 汗牛充棟
(中) 汗牛充栋
hàn niú chōng dòng

(짐으로 실으면 소가 땀을 흘리고, 쌓으면 들보에까지 미친다는 뜻) 책이 아주 많음을 이르는 말

古人用"汗牛充栋"之类的成语形容藏书丰富。
옛사람들는 '한우충동' 등의 성어를 사용해 소장한 책이 풍부함을 표현하였다.
老先生书架上的书汗牛充栋。
노선생님의 책장에 있는 책들은 '한우충동'이라고 할 수 있다.

★
해로동혈
(韓) 偕老同穴
(中) 偕老同穴
xiē lǎo tóng xué

생사를 같이 하는 부부의 사랑의 맹세

结为偕老同穴的百年佳约。생사를 같이 하자는 부부의 백년가약을 맺다.
爷爷和奶奶结婚几十年偕老同穴。
할아버지와 할머니는 결혼하고 몇 십년 동안 생사를 같이 하였다.

★★★
행시주육
(韓) 行屍走肉
(中) 行尸走肉
xíng shī zǒu ròu

배운 것이 없어서 아무 쓸모가 없는 사람

如果每天什么事都不想去做，就犹如行尸走肉。
만약 매일 같이 아무 일도 하고 싶지 않다면 그것은 아무 쓸모없는 사람이나 마찬가지이다.
他每天像行尸走肉一样只知道睡觉。
그는 매일 아무 쓸모없는 사람처럼 그저 잠만 잘 줄 안다.

★★
형단영척
(韓) 形單影只
(中) 形单影只
xíng dān yǐng zhī

아무 데도 의지할 곳이 없이 몹시 외로움

他脾气古怪，总是给人一种形单影只的感觉。
그의 성격이 괴팍해 항상 사람들에게 아무 의지할 데 없는 것과 같은 그런 느낌을 준다.

自从他的母亲去世后他就更加形单影只。
그의 어머니가 돌아가신 후 그는 더욱 아무 의지할 곳 없는 외로운 신세가 되었다.

* 古怪 gǔguài : 괴팍하다 / 去世 qùshì : 돌아가시다

★★★
호가호위
(韓) 狐假虎威
(中) 狐假虎威
hú jià hú wěi

남의 권세를 빌려 위세를 부림의 비유

狐假虎威，欺压百姓。
남의 권세를 빌어 위세를 부리며 백성들을 괴롭히다.

他以为领导信任他，支持他，便狐假虎威，处处欺压工人。
그는 지도자가 믿고 지지한다고 해서, 호가호위하며, 곳곳에서 노동자를 탄압한다.

고사 老虎捉到一只狐狸， 要吃它。狐狸说：‘上天命令我做百兽的王，你吃了我就违背了天意。如果你不信，就跟我一块儿走，百兽见了我没有一个不逃跑的。’老虎依了它的话，跟它一块儿走，果然各种走兽见了都逃跑了。老虎不知道百兽是怕自己，还真以为是怕狐狸。比喻倚仗别人的势力来欺压人。

* 狐狸 húli : 여우 / 倚仗 yǐzhàng : 기대다

★★★
호사다마
(韓) 好事多魔
(中) 好事多魔
hǎo shì duō mó

좋은 일에는 흔히 마장이 생기기 쉬움

不要怕挫折，好事多魔嘛。
좌절을 겁내지 마세요. 좋은 일에는 흔히 마장이 있는 법입니다.

真所谓佳期难得好事多磨。
소위 말하는 좋은 시기는 쉽게 얻을 수 없는데 호사다마라 할 수 있다.

★★★
호시탐탐
(韓) 虎視眈眈
(中) 虎视眈眈
hǔ shì dān dān

기회를 노리고 가만히 정세를 관망함의 비유

他们虎视眈眈，专等机会下手。
그들은 호시탐탐 시작할 기회만 기다리고 있다.
很多人都虎视眈眈地盯着这块地，想拥有它。
많은 사람들이 모두 호시탐탐 이 땅을 쳐다보면서 이것을 가지고 싶어한다.

* 下手 xiàshǒu : 손을 대다 / 盯 dīng : 노리다 / 拥有 yōngyǒu : 가지다

★
호연지기
(韓) 浩然之氣
(中) 浩然之气
hào rán zhī qì

공명정대하여 조금도 부끄러울 바 없는 도덕적 용기

当过兵的人身上有股浩然之气。
군대에 다녀온 사람들은 호연지기를 가지고 있다.
我善养浩然之气。저는 호연지기를 키우는 것을 좋아한다.

★
혼비백산
(韓) 魂飛魄散
(中) 魂飞魄散
hún fēi pò sàn

몹시 놀라 혼백이 흩어짐

魂飞魄散地逃跑了。혼비백산하여 도망갔다.
夜晚窗外的树被风吹得发出飒飒的声音下得我魂飞魄散。
밤에 창 밖의 나뭇가지들이 바람에 의해 피픽 소리를 내기 때문에 나는 놀라 혼비백산이 된다.

* 飒飒 sàsà : 쏴쏴

★
혼연일체
(韓) 渾然一體
(中) 浑然一体
hún rán yī tǐ

조그마한 차별이나 균열도 없이 한 몸이 됨

这篇文章结构严整，前后呼应，浑然一体，天衣无缝。
이 글은 구조가 엄정하고, 전후호응하며, 혼연일체되어, 흠잡을데 없이 아름답다.
走进大礼堂放眼一看从屋顶到地面上下浑然一体。
식장에 들어가 보니 천장에서 지면까지 위아래 완전히 혼연일체였다.

* 严整 yánzhěng : 매우 정연하다 / 放眼 fàngyǎn : 시선을 멀리 두다

★★★

화룡점정

(韓) 畵龍點睛
(中) 画龙点睛

huà lóng diǎn jīng

용을 그릴 때 마지막에 눈을 그려 완성시킨다는 뜻에서, 가장 긴한 부분을 완성시킴.

这片文章末了的两句有画龙点睛之妙。
이 글 말미의 두 문장은 화룡점정의 묘를 살렸다.

在适当的地方加一两句警句起画龙点睛的作用。
적당한 곳에 경구를 한 두개 더하여 화룡점정의 작용을 살렸다.

* 起...作用 qǐ...zuòyòng : ...역할을 하다

고사 传说梁代张僧繇在金陵安乐寺壁上画了四条龙，不点眼睛，说点了就会飞掉。听到的人不相信， 偏叫他点上。刚点了两条，就雷电大发，震破墙壁，两条龙乘云上天，只剩下没有点眼睛的两条。比喻作文或说话时在关键地方加上精辟的语句，使内容更加生动传神。

* 偏 piān : 일부러 / 精辟 jīngpì : 깊고 예리하다 / 传神 chuánshén : 묘사가 생생하다

★★★

화불단행

(韓) 禍不單行
(中) 祸不单行

huò bù dān xíng

재앙은 매양 겹쳐 오게 됨을 이르는 말

福无双至，祸不单行。복은 겹쳐서 오지 않고 화는 홀로 오지 않는다.

祖母死了父亲的差使也交卸了正是祸不单行的日子。
할머니가 돌아가시고 할아버지는 관직을 그만 두시고 바로 불운이 겹쳐왔다.

* 差使 chāishǐ : 임시직무 / 交卸 jiāoxiè : 인계하다

★★★
화사첨족
(韓) 畵蛇添足
(中) 画蛇添足
huà shé tiān zú

뱀을 그리는데 발까지 그려 넣었다는 뜻에서, 쓸데없는 군일을 하다가 도리어 실패함

事情既已办成, 就不要画蛇添足了。

일은 이미 처리되었으니 쓸데 없는 일을 해서 그르치지 마라.

今若前进倘不如意正如画蛇添足。

지금 전진하여 만약 생각대로 되지 않으면 바로 화사첨족이 될 수 있을 것이다.

* 倘 tǎng : 만약 / 如意 rúyì : 뜻대로 되다

고사 有几个楚国人主办春祭得到一壶酒。他们约定在地上画蛇, 谁先画好谁喝酒。一人画好了蛇, 一面拿起酒壶来要喝, 一面又给蛇添足。蛇足没有添成, 另一个人也画好了蛇, 夺过酒去, 说 : "蛇本来没有脚, 你怎能给它添上!" 于是把酒喝了。为蛇添足的人, 竟没有喝成酒。比喻做多余的, 不恰当的事。

* 添 tiān : 덧붙이다 / 夺 duó : 빼앗다 / 多余 duōyú : 불필요하다 / 恰当 qiàdàng : 적절하다

★
황당무계
(韓) 荒唐無稽
(中) 荒唐无稽
huāng táng wú jī

말이 허황하고 터무니 없다

如今科学大明这些荒唐无稽的论谈哪里还能立足?

지금은 과학이 발달되어 이러한 황당무계한 이론은 아무데도 발붙이지 못한다.

你为什么总做一些荒唐无稽的事情? 너는 왜 자꾸 이런 황당무계한 일들만 하니?

* 立足 lìzú : 발붙이다

★★
회자정리
(韓) 會者定離
(中) 会者定离
huì zhě dìng lí

만나는 사람은 반드시 헤어질 운명에 있음

天下没有不散的宴席会者定离。

세상에 끝나지 않은 연회가 없으니 만나는 사람은 반드시 헤어질 운명에 있다.

会者定离所以不要太伤心。

회자정리이니 너무 슬퍼하지 마세요.

★★★
후생가외
(韓) 後生可畏
(中) 后生可畏
hòu shēng kě wèi

젊은 세대가 무섭다

青年努力攀登科学高峰，取得这么好的成绩，真是后生可畏啊!
청년들이 노력하여 과학의 선봉에 서고 이토록 좋은 성과를 내니 그야말로 후생가외라 할 수 있다!

后生可畏焉知来者之不如今也。
후생가외라고, 어찌 새로운 것이 오늘에 있는 것만 못하다는 것을 알겠는가.

* 攀登 pāndēng : 오르다 / 焉 yān : 어찌

★★★
후안무치
(韓) 厚顔無恥
(中) 后颜无耻
hòu yán wú chǐ

뻔뻔스러워서 부끄러워할 줄을 모름

他厚颜无耻地自吹自擂，真不知道害羞。
그 사람은 후안무치하게도 자화자찬하면서 창피한줄 모른다.

他的蛮横贪婪厚颜无耻都刻画的很充分。
그의 파렴치함과 후안무치를 충분하게 다 묘사해 냈다.

* 自吹自擂 zìchūizìléi : 자화자찬하다 / 害羞 hàixiū : / 贪婪 tānlán : 매우 탐욕스럽다 / 刻画 kèhuà : 묘사하다

★★★
후회막급
(韓) 後悔莫及
(中) 后悔莫及
hòu hŭi mò jí

잘못된 뒤에 아무리 후회하여도 어찌할 수가 없음

事已如此后悔莫及也不能挽回。
일이 벌써 이렇게 됐으니 아무리 후회하여도 어찌할 수가 없다.

失此机会后悔莫及。이 기회를 놓치면 후회막급일 것이다.

* 挽回 wǎnhúi : 돌이키다

★
희노애락
(韓) 喜怒哀乐
(中) 喜怒哀乐
xǐ nù āi lè

기쁨과 노염과 슬픔과 즐거움

喜怒哀乐，不形于色。희노애락을 얼굴에 나타내지 않는다.

这部小说生动地写出了中学生的喜怒哀乐。
이 소설을 중학생들의 희노애락을 생생하게 써냈다.

강화연습 1

※ 다음 괄호 안에 적당한 성어를 써보세요.

01. 집집마다 / 每家每户 (　　　　　)

02. 융통성이 없어 사태의 변화를 모르고, 낡은 것만 고집하는 어리석음을 비유한 말 / 比喻拘泥, 固执, 死心眼儿, 不懂得变通 (　　　　　)

03. (머리털 하나 들어갈 틈도 없다는 뜻) 사태가 매우 위급함 / 中间容不下一根头发, 比喻情况紧迫或非常危急 (　　　　　)

04. 밥상을 눈썹과 가지런히 되도록 공손히 들어 남편 앞에 가지고 간다는 뜻으로 남편을 깍듯이 공경함을 나타낸다 / 妻子给丈夫送饭时总是把端饭的盘子举得高高的跟眉毛一般齐 形容夫妻互敬互爱 (　　　　　)

05. (물건을 수레에 싣고 말로 된다는 뜻) 아주 흔하고 평범함의 비유 / 多得能用车来装用斗来量 形容数量很多, 多用来表示不足为奇 (　　　　　)

06. 말을 억지로 끌어다 붙여 조건이나 이치에 맞도록 함 / 把没有关系或关系不大的事物勉强扯在一起加以比附 (　　　　　)

07. (위사람에게 대하여) 자기의 노력을 겸손하게 일컫는 말 / 表示甘心受人驱使, 为人效劳 (　　　　　)

08. 경솔하고 분수없이 행동함 / 没有仔细考虑就轻率地行动 (　　　　　)

09. 존경하되 가까이하지 않음 / 尊敬但远离他, 表面上尊敬, 实际上不愿意接近 (　　　　　)

10. 큰 단체의 꼴찌보다는 작은 단체의 우두머리가 됨이 오히려 나음을 이르는 말 / 宁愿在局面小的地方当家作主, 不愿在局面大的地方任人支配 (　　　　　)

11. 고립되어 구원 받을 데가 없음 / 单独行事, 得不到别人援助 (　　　　　)

12. 적을 속이는 수단으로서, 또는 어려운 사태에서 벗어나기 위한 수단으로서 제몸을 괴롭히는 것도 돌보지 않고 쓰는 계책 / 指故意损伤自己而骗取对方信任，使自己便于借机行事的计谋（　　　　　）

13. 고생 끝에 낙이 옴 / 比喻苦难的遭遇结束顺心的局面到来（　　　　　）

14. 전무후무 / 以前没有过，以后也不会有。形容非凡的成就或盛况（　　　　　）

15. 정도를 지나침은 미치지 못한 것과 같음 / 意思是事情做过了头和没有做到是一样的，都是不妥当的（　　　　　）

16. 남에게 아첨하는 말과 태도 / 形容花言巧语，虚伪讨好（　　　　　）

17. (담비의 꼬리가 모자라 개꼬리로 잇는다는 뜻) 훌륭한 것에 보잘 것 없는 것이 뒤를 이음 / 比喻用不好的东西接到好的东西后面显得好坏不相称(多指文学作品)（　　　　　）

18. 말로는 친한 체하나 속으로 해칠 생각을 가짐 / 形容嘴甜心狠，狡诈阴险（　　　　　）

19. 죽을 고비를 여러 차례 겪고 겨우 살아 남음 / 形容多次经历极大危险而幸存下来（　　　　　）

20. 많은 가운데서 가장 적은 것의 비유 / 比喻多数中的极小一部分，微不足道（　　　　　）

21. 언론이나 문장으로 남의 죄상을 폭로하여 단죄하다 / 用语言文字揭露，批判和声讨坏人坏事（　　　　　）

22. 한 번 패했다가 세력을 회복해서 다시 쳐들어옴 / 比喻失败之后重新组织力量猛扑过来（　　　　　）

23. (먹을 가까이 하면 검어진다는 뜻) 나쁜 사람과 사귀면 물들기 쉽다 / 比喻环境的影响能改变人的习性（　　　　　）

24. (금으로 된 가지와 옥으로 된 잎이라는 뜻) 「귀여운 자손」을 이르는 말 / 出身高贵的公子小姐（　　　　　）

25. 갑자기 사태가 바뀌어 결말이나 해결에 가까워짐 / (形势，剧情，文笔等)突然转变，并且很快地顺势发展下去（　　　　　）

26. 중병으로 죽을 뻔하다가 살아나 회복됨 / 使死人复活，也比喻挽回败局
( )

27. 꿈과 같이 헛된 한 때의 부귀영화 / 指一场梦幻或比喻追名逐利落了空
( )

28. 사회적 지위가 남자는 높고 귀하며 여자는 낮고 천하다는 말 / 重男轻女
( )

29. 나라 안팎의 근심 걱정 / 内部的动乱与外来的侵略 ( )

30. (길에 떨어져 있는 남의 물건을 주워서 자기가 가지려는 따위의 생각은 하지 않는다는 뜻) 나라가 잘 다스려져 모든 백성이 매우 정직한 모양을 이르는 말 / 路上丢失的东西无人捡走据为己有。形容社会风气很好 ( )

31. 많을수록 더욱 좋음 / 越多越好 ( )

32. 요점을 바로 풀이하여 들어감 / 比喻直截了当，不绕弯子 ( )

33. 문장의 일부를 끊어서 작자의 본의에 구애하지 아니하고 제멋대로 사용하는 일 / 不顾全篇文章或谈话的内容而只根据自己的需要孤立地取其中一段或一句的意思 ( )

34. 크게 될 사람은 늦게 이루어짐 / 比喻某人取得巨大成就较晚 ( )

35. 거의 같고 조금 다름 / 大体相同，稍有差异 ( )

36. 국가의 대의를 위해서는 부모 형제를 돌보지 않음 / 为了维护正义，对犯罪的亲人不徇私情，使受到应得的惩罚 ( )

37. 어려운 사람끼리 동정하고 도움 / 比喻因有同样的不幸遭遇而互相同情
( )

38. 비유적으로, 같은 입장 · 일인데도 목표가 저마다 다름을 일컫는 말 / 比喻虽然表面上共同生活或共同从事某项活动，实际上各人有各人的打算 ( )

39. (주먹과 손바닥을 비빈다는 뜻) 기운을 잔뜩 모아 돌진할 때를 기다림 / 形容战斗或劳动前精神振奋的样子 ( )

40. 남의 말을 귀담아 듣지 않고 곧 흘려 버림을 이르는 말 / 比喻对别人的话无动于衷，漠不关心（　　　　）

41. 명성이 헛되이 퍼진 것이 아님 / 确实很好不是空有虚名（　　　　）

42. 이름과 실상이 서로 부합함 / 名声或名称与实际相符合（　　　　）

43. 총명하고 사리에 밝아 일을 잘 처리하여 자기 일신을 그르치지 아니함 / 指因怕犯错误或有损自己利益而对原则性问题不置可否的处世态度（　　　　）

44. 자기 자신을 추천함 / 不经别人介绍，自愿承担某项任务的行为（　　　　）

45. 일자무식 / 讥诮人一个字也不认识（　　　　）

46. 값을 칠 수 없을 만큼 귀한 보배 / 指极珍贵的东西（　　　　）

47. 이름이 알려지지 않은 하찮은 사람 / 姓名不为世人所知的没有地位的小人物（　　　　）

48. 못할 일이 없음 / 没有不去做的事（　　　　）

49. 반쯤은 믿고 반쯤은 의심함 / 疑心参半，有点相信，又有点怀疑（　　　　）

50. 폐단의 근원을 아주 뽑아서 없애 버림 / 根除弊端（　　　　）

51. 어떤 일이 커지기 전에 미리 막음 / 在错误或坏事萌芽的时候及时制止不让它发展（　　　　）

52. 좌우에 사람이 없는 것같이 언어나 행동이 거리낌 없음 / 形容态度高傲，对别人毫不在意(　　　　)

53. (흰 망아지가 빨리 닫는 것을 문틈으로 본다는 뜻) 세월과 인생이 덧없이 짧음 / 形容时间过得飞快像小白马在细小的缝隙前一闪而过（　　　　）

54. 글만 읽고 세상 일에 경험이 없는 사람 / 指年轻漂亮，知识浅薄，缺乏经验的读书人（　　　　）

55. 총·활 등이 겨눈 곳에 꼭 꼭 맞음 / 形容枪法或箭法高明，每次都能命中目标。也比喻料事或做事有充分把握，从不落空（　　　　）

56. (흰 구슬에 있는 작은 흠이라는 뜻) 훌륭한 사람의 약간의 결점 / 比喻很好的人或事物有些小缺点 (　　　　　)

57. 싸우는 때마다 모조리 이김 / 每次打仗都取得胜利 (　　　　　)

58. 해는 되어도 이로울 것은 전혀 없음 / 只有害处没有益处 (　　　　　)

59. 군사를 지휘함에는 신속을 위주로 해야 한다는 뜻 / 用兵以行动特别迅速最为重要 (　　　　　)

60. 병이 고치기 어렵게 깊이 듦 / 病到了无法医治的地步 (　　　　　)

61. 남편 주장에 아내가 따르는 것이 부부 화합의 도리라는 뜻 / 妻子顺从丈夫所决定所要做的事, 而关系十分和谐 (　　　　　)

62. 사람의 생각으로는 미루어 헤아릴 수 없이 이상야릇함 / 形容对事物的情况, 发展变化或言论无法理解, 无法想像 (　　　　　)

63. 인간의 힘으로는 어찌할 수 없는 힘 / 人力不可抵挡的力量 (　　　　　)

64. 치지 아니하여도 절로 깨어짐 / 不用攻击自己就破灭。后多用来指论点, 说法或流言不待批驳就露出破绽而站不住脚 (　　　　　)

65. 쓸모없는 땅 / 不长庄稼的地方泛指贫瘠, 荒凉的土地或地带 (　　　　　)

66. 천리를 멀다 여기지 않음 / 不认为千里很远 (　　　　　)

67. 자기보다 못한 사람에게 묻는 것을 부끄러워하지 않음 / 不以向地位比自己低或学问比自己差的人请教为耻 (　　　　　)

68. 빈천할 때 사귄 벗 / 贫困时结交的朋友 (　　　　　)

69. 사면이 모두 적에게 포위된 경우와 고립된 경우를 이르는 말 / 比喻处于四面受敌, 孤立无援的困境 (　　　　　)

70. 여러 갈래로 갈기갈기 찢어짐 / 形容处于高度分裂状态 (　　　　　)

71. 근심이나 한이 남아 죽어서도 눈을 감지 못함 / 指人死时因心里还有牵挂死了没有闭上眼睛。多用来形容不达目的决不甘休 (　　　　　)

72. 길이나 교통망 등이 이리저리 사방으로 통함 / 四面八方都有路可通。形容交通便利 (　　　　　)

73. 세 가지의 것이 하나의 목적을 위하여 연관·통합되는 일 / 比喻三个人, 三件事或三个方面联成的一个整体 (　　　　　)

74. 풍속을 문란하게 함 / 指败坏风俗 (　　　　　)

75. 자주 드나들어 자리가 따뜻할 겨를이 없음의 뜻 / 座位还没有坐熟就走了。形容忙得很 (　　　　　)

76. 남의 꾀를 알아차리고 일이 생기기 전에 미리 막아 냄 / 先动手以制服对方 (　　　　　)

77. 불행이 엎친 데 덮쳐 일어남 / 比喻一再遭受不幸, 苦上加苦 (　　　　　)

78. 동쪽을 칠 듯이 말하고 실제로는 서쪽을 침 / 表面上装着攻打东边实际上却攻打西边。指一种迷惑敌人出奇制胜的战术 (　　　　　)

79. 남의 미점을 도와 완성하게 함 / 成全人家的好事 (　　　　　)

80. (웃음 속에 칼을 감춘다는 뜻) 말은 좋게 하나 마음속으로는 해칠 뜻을 가짐 / 比喻外表和气心里阴险狠毒 (　　　　　)

81. 어쩔 도리가 없어 꼼짝 못함 / 像被捆住双手一样, 遇事没有一点办法 (　　　　　)

82. 지구전을 피하고 결전으로써 속히 판가름 하려는 일 / 从速决定胜负 (　　　　　)

83. 손에서 책을 놓지 아니함 / 形容读书勤奋或看书人迷 (　　　)

84. 구습을 고수하여 변통할 줄 모름을 비유하고, 노력없이 성공하려 함을 비유하기도 함 / 比喻死守狭隘经验, 不知变通, 或比喻不经过努力而获得成功(　　　　　)

85. 입술이 없으면 이가 시리다는 뜻. 가까운 사이의 하나가 망하면 다른 한 편도 온전하기 어려움의 비유 / 比喻关系密切, 休戚相关 (　　　　　)

86. (먼 곳까지 불어 가는 큰 바람을 타고 끝없는 바다의 물결을 헤쳐 배를 달린다는 뜻) 원대한 뜻을 이룸 / 现比喻不畏艰险勇往直前。也形容事业迅猛地向前发展 (　　　　　)

87. 죽음을 고향으로 돌아가는 것같이 여기어 조금도 두려워하지 아니함 / 把死看得像回家一样。形容不怕死 (　　　　)

88. 시동(尸童)처럼 하는 일 없이 자리만 차지하고 앉아 녹(禄)만 먹는 일을 비유하여 일컫는 말 / 空占着职位不做事而白吃饭 (　　　　)

89. 자유자재로 출몰하여 그 변화를 헤아릴 수 없음 / 泛指变化多端, 不可捉摸 (　　　　)

90. 사실에 토대를 두어 진리를 탐구하는 일 / 按照实际情况恰如其分地正确对待和处理问题 (　　　　)

91. (열 집 중 아홉 집이 텅 비었다는 뜻) 재난으로 인하여 많은 사람이 뿔뿔이 흩어지거나 죽어 없어짐 / 形容天灾人祸使得人民流离失所的悲惨情景 (　　　　)

92. 가난한 생활을 하면서도 편안한 마음으로 분수를 지키며 지냄 / 安于贫穷的境遇乐于奉行自己信仰的道德准则 (　　　　)

93. 약한 사람은 강한 사람에게 먹힘 / 形容弱者被强者欺凌, 弱国被强国吞并 (　　　　)

94. 「도둑」을 가리키는 말 / 窃贼的代称 (　　　　)

95. 화근을 길러서, 후에 화를 입게 된다는 말 / 比喻纵容敌人给自己留下后患 (　　　　)

96. 귀를 막고 방울을 훔친다는 뜻 / 比喻自己欺骗自己, 明明掩盖不了的事偏要设法掩盖 (　　　　)

97. 나무에 올라 고기를 구하듯 불가능한 일을 하려고 함 / 比喻方向或方法不对头, 不可能达到目的 (　　　　)

98. 지붕 위에 거듭 지붕을 얹는다는 뜻. 있는 위에 무익하게 거듭함의 비유 / 比喻重叠多余的机构或结构 (　　　　)

99. 선악의 구별 없이 함께 멸망함 / 比喻好坏不分, 同归于尽 (　　　　)

100. 옛 것을 연구해 새 지식이나 견해를 찾아냄 / 指温习学过的知识, 能得到新的理解和体会 ; 也指回顾历史经验, 认识现实问题 (　　　　)

101. 섶에 누워 쓸개를 맛본다는 뜻으로, 마음먹은 일을 이루려고 괴롭고 어려운 일을 참고 견딤 / 形容人刻苦自励，奋发图强 (　　　　　)

102. 곤란을 무릅쓰고 꾸준히 노력하면 큰 산도 옮길 수 있다 / 比喻做事不畏艰难险阻，有坚忍不拔的毅力 (　　　　　)

103. 먼 나라와 친교를 맺고 이웃 나라를 하나씩 공략하는 일 / 联络距离远的国家进攻邻近的国家。后来也指待人，处事的一种手段 (　　　　　)

104. 하늘을 원망하고 사람을 탓함 / 埋怨上天归咎别人。形容对不如意的事情一味归咎于客观 (　　　　　)

105. (공자가 주역을 즐겨 읽어 책의 가죽 끈이 세 번이나 끊어졌다는 데서) 책을 매우 많이 읽음 / 意思是说孔子晚年反复研读≪周易≫使编缀竹简的皮绳多次断绝。形容读书勤奋 (　　　　　)

106. 이름만 있고 그 실상은 없다 / 虚有其名，空有某种名义或名声而没有某种实际 (　　　　　)

107. 준비가 있으면 근심할 것이 없음 / 事先有准备就可以避免出问题 (　　　　　)

108. 세상에서 자기 혼자 잘났다고 뽐내는 태도 / 认为只有自己最尊贵。形容极端地狂妄自大 (　　　　　)

109. 아무 근거 없이 널리 퍼진 풍설 / 毫无根据的言语，多指背后散布的谣言或诽谤，挑拨的言辞 (　　　　　)

110. 더러운 이름을 먼 장래에까지 남김 / 指死后坏名声永传后世，被人们唾骂和鄙视 (　　　　　)

111. 여러 사람의 말이 한결 같음 / 很多人说出同样的话 (　　　　　)

112. 얼굴은 사람꼴을 하고 있으나 마음은 짐승과 같음 / 外貌是人，内心像兽，比喻人卑鄙凶残 (　　　　　)

113. 사람이 헤아릴 수 없이 많이 모인 상태 / 形容很多人聚集在一起，场面十分热闹 (　　　　　)

114. (음식이 목이 메어 잘 넘어가지 아니한다는 이유로 식사를 폐한다는 뜻) 사소한 장애를 꺼려 큰 일을 그만두는 것을 비유하는 말 / 因为吃饭噎住了索性连饭也不吃了。比喻因为怕出问题索性不干 (　　　　)

115. 한 가지 일을 하여 두 가지 이익을 거둠 / 指做一件事同时兼得两利 (　　　　)

116. 칼로 쳐서 두 동강이를 내듯이 사물을 선뜻 결정함 / 比喻坚决果断地断绝关系 (　　　　)

117. 아득하게 끝없이 멀어서, 눈을 가리는 것이 없음 / 一眼望去看不到边 (　　　　)

118. 한꺼번에 모조리 잡음 / 比喻一个不漏, 全部抓住或消灭 (　　　　)

119. 한 번 보고 곧 환하게 알 수 있음 / 一眼就看得很清楚 (　　　　)

120. 강물의 수세가 빨라, 한 번 흘러 천리 밖에 다다름. 사물이 거침없이 진행됨. 문장・구변이 거침이 없음 / 形容江河奔流直下, 流速快, 流程远；也比喻文笔流畅, 气势奔放 (　　　　)

121. (하나의 낙엽을 보고 가을이 옴을 안다는 뜻) 조그마한 한 가지의 일로 장차 있을 일을 짐작함 / 看见一片落叶就知道秋天的来临。比喻发现一点预兆就料到事物发展的趋向 (　　　　)

122. (한 줄기의 띠와 작은 냇물이나 바닷물을 일컫는 말) 아주 가까운 거리 / 形容一水之隔, 往来方便 (　　　　)

123. 한바탕의 봄꿈처럼 헛된 영화 / 指幻想, 妄想, 空想 (　　　　)

124. 하루 아침・하루 저녁처럼 짧은 시일 / 一个早晨或一个晚上。形容时间很短 (　　　　)

125. 조금만 닿아도 곧 폭발할 것 같은 몹시 위험한 상태를 이름 / 比喻形势非常紧张, 只要有一点儿诱因, 严重事情立刻就会爆发 (　　　　)

126. (목이 말라야 우물을 판다는 뜻) 평소에 준비 없이 일을 당하고서야 허둥지둥 서두름 / 感到渴了才掘井。比喻平时没有准备事到临头才想办法 (　　　　)

127. (송곳 하나 세울 만한 땅이라는 뜻) 조금의 여유도 없는 아주 좁은 땅 / 插立锥子一点儿地方。形容极小的一块地方。(　　　　)

128. 자기의 수요를 자기가 생산하여 충당함 / 依靠自己的生产供给并满足自己的需要，完全不依赖外援（　　　　　）

129. 스스로 잘난 체하며 교만함 / 自以为了不起看不起别人（　　　　　）

130. 오로지 제 힘만으로 생활을 고쳐감 / 依靠自己的力量把事情办好（　　　　　）

131. 어떤 범위내에서 구속・제한됨이 없이 마음대로 할 수 있음 / 不受限制，无拘无束；随心所欲（　　　　　）

132. 실망・불만 등 때문에 스스로 자기의 형편・전도를 파괴하고 돌보지 않음 / 自己糟踏自己，自己厌弃自己；形容甘心落后，不求上进（　　　　　）

133. (장가의 관을 이가가 쓴다는 뜻) 이름과 실상이 일치하지 아니함 / 姓张的帽子戴到姓李的头上比喻弄错了对象或弄错了事实（　　　　　）

134. (장씨의 셋째 아들과 이씨의 넷째 아들이라는 뜻) 성명이나 신분이 뚜렷하지 못한 평범한 사람들 / 假设的两个姓名(张，李都是常见姓)，泛指某人或某些人
（　　　　　）

135. (소매가 길면 춤을 잘 출 수 있다는 뜻) 재물이 넉넉하면 성공하기도 쉽다는 말 / 比喻做事有所凭借就容易成功。后多用来形容有财势，有手腕的人善于鉆营取巧
（　　　　　）

136. (맨손과 맨주먹이라는 뜻) 아무것도 가진 것이 없음 / 形容两手空空没有任何可以凭借的东西 （　　　　　）

137. 누워서 이리저리 뒤척거리며 잠을 못 이룸 / 形容心中有事，躺在床上翻来翻去地睡不着觉（　　　　　）

138. 재화가 바뀌어 오히려 복이 됨 / 从灾祸转化为幸福（　　　　　）

139. 차차 재미있는 경지로 들어감 / 逐渐进入更有意思的境地（　　　　　）

140. 우물 안 개구리 / 井底下的青蛙只能看到井口那么大的一块天。比喻见识浅陋的人
（　　　　　）

141. 아침에 떠나 저녁에 이름 / 早上出发晚上就能到达。形容路程不远或交通便利
（　　　　　）

141. 오이를 심으면 오이가 난다는 뜻에서, 원인이 있으면 결과가 생김의 비유 / 比喻后面的结果都是由前面的原因造成的 (　　　　　)

142. (우물 안에서 하늘을 본다는 뜻) 견문이 썩 좁음을 이르는 말 / 意思是坐在井底看天说天很小其实天并不小。比喻眼界狭窄，见识极小 (　　　　　)

143. 앞으로 나아갈 수도, 뒤로 물러날 수도 없이, 꼼짝할 수 없는 궁지에 빠짐 / 比喻进退都处于困难境地 (　　　　　)

144. (질풍에도 부러지지 아니하는 억센 풀이라는 뜻) 어떠한 어려움에도 마음이 흔들리지 아니하는 사람의 비유 / 比喻在大风浪或艰苦危急之中只有立场坚定，意志坚决的人才经得起考验 (　　　　　)

145. 창해 안의 한 알의 좁쌀의 뜻으로, 광대한 것 속의 극히 작은 물건 / 大海里的一粒谷子。比喻极其渺小 (　　　　　)

146. 썩 많은 군사와 말 / 形容人马多，队伍雄壮，声势浩大 (　　　　　)

147. 지혜로운 사람도 많은 생각 가운데는 혹간 실책이 있을 수 있다는 말 / 意思是聪明人考虑得再周到也会有疏漏的地方 (　　　　　)

148. 어리석은 사람도 많은 생각 가운데는 한 가지쯤 좋은 생각이 미칠 수 있다는 말 / 指平凡的人的考虑也会有可取的地方 (　　　　　)

149. (천사의 옷은 꿰맨 흔적이 없다는 뜻) 완전무결해 흠이 없음을 이름 / 比喻事物(多指诗文等)周密完美，没有破绽 (　　　　　)

150. 아무런 꾸밈이 없이 언행에 그대로 나타남 / 纯情无虑，坦率自然 (　　　　　)

151. 처음부터 끝까지 철저하게 / 从头到尾，完完全全 (　　　　　)

152. 제자가 스승보다 나음을 일컫는 말 / 比喻学生胜过老师，后辈胜过前辈 (　　　　　)

153. 아무 의미 없이, 이룬 일도 없이 한평생을 흐리멍덩하게 살아감 / 生活颓废；一天到晚像在酒醉后后，像在睡梦中 (　　　　　)

154. 다른 사람의 하찮은 언행이라도 자기의 미덕을 연마하는 데에 도움이 된다는 말 / 比喻用别人的长处，弥补自己的短处 (　　　　　)

155. (손가락을 튀길 사이라는 뜻) 아주 짧은 동안 / 弹动一下指头。比喻时间极短暂 (　　　　)

156. (주머니 속 물건을 취함의 뜻) 아주 쉬운 일의 일컬음 / 伸手到袋子里取东西。比喻能够轻而易举地办成某件事情 (　　　　)

157. 마음에 무슨 충동을 받아도 움직임이 없이 천연스러움 / 从容镇定地保持平常的神情 (　　　　)

158. 쓸모있는 동안에는 부림을 당하다가 소용이 다하면 버림을 받는다는 말 / 比喻事情办成后，出过大力的人就被杀掉或一脚踢开 (　　　　)

159. 토끼가 죽으면 여우가 슬퍼한다. 남의 처지를 보고 자기 신세를 헤아려 동류의 슬픔을 서러워한다 / 比喻因同类的不幸遭遇而感到悲伤(多跟"物伤其类"连用) (　　　　)

160. (바람을 잡고 그림자를 붙잡는다는 말) 허망한 언행을 이르는 말 / 比喻说话或做事时用似是而非的迹象做根据 (　　　　)

161. (바람 소리나 학의 울음의 뜻) 겁을 먹어 하찮은 일에도 놀람 / 形容自相惊扰极度疑惧 (　　　　)

162. 한데에서 바람과 이슬을 맞으며 먹고 자고 함 / 形容旅途或野外生活的艰苦 (　　　　)

163. (짐으로 실으면 소가 땀을 흘리고, 쌓으면 들보에까지 미친다는 뜻)책이 아주 많음을 이르는 말 / 书籍多得能堆满屋子搬运起来能把拉车的牛累得出汗。形容书籍极多 (　　　　)

164. 생사를 같이 하는 부부의 사랑의 맹세 / 夫妻共同和谐生活到老 (　　　　)

165. (살아 있는 송장이요, 걸어 다니는 고깃덩어리라는 뜻) 배운 것이 없어서 아무 쓸모가 없는 사람 / 比喻不动脑筋，无所作为，胡里胡涂过日子的人 (　　　　)

166. 의지할 곳이 없이 몹시 외로움을 일컫는 말 / 意思是孤身一人只有和自己的身影互相慰问。形容孤独 (　　　　)

167. 남의 권세를 빌려 위세를 부림의 비유 / 比喻坏人仗着别人的势力欺压人 (　　　　)

168. 좋은 일에는 흔히 마장이 생기기 쉬움 / 实现美好的事情往往要费许多周折
( )

169. 기회를 노리고 가만히 정세를 관망함의 비유 / 形容贪婪以凶狠地盯着
( )

170. 용을 그릴 때 마지막에 눈을 그려 완성시킨다는 뜻에서, 가장 긴한 부분을 완성시킴 / 比喻作文或说话时，在关键的地方加上一两句重要的话，使内容更加生动有力。
( )

171. 재앙은 매양 겹쳐 오게 됨을 이르는 말 / 祸患接二连三地来 ( )

172. 뱀을 그리는데 발까지 그려 넣었다는 뜻에서, 쓸데없는 군일을 하다가 도리어 실패함 / 比喻做多馀的，不恰当的事 ( )

173. 만나는 사람은 반드시 헤어질 운명에 있음 / 有聚会一定有离别 ( )

174. 젊은 세대가 무섭다 / 后辈年轻人富有朝气，成就很容易超过前辈人，值得敬畏
( )

175. 뻔스러워서 부끄러워할 줄을 모름 / 厚着脸皮，不顾羞耻 ( )

176. 잘못된 뒤에 아무리 후회하여도 어찌할 수가 없음 / 事后追悔也来不及
( )

강화연습 2

※ 괄호 안에 다음 고사의 내용과 부합되는 고사성어를 쓰시오.

(고사 1 : ________)

楚国有个人过江时把剑掉在水里，他在船帮上剑落的地方刻上记号，等船停下，从刻记号的地方下水找剑，结果自然找不到。比喻拘泥成例，不知道跟着情势的变化而改变看法或办法。

(고사 2 : ________)

战国时，齐国孟尝君被秦国扣留。他的一个门客装做狗夜里潜入秦宫，偷出本已献给秦王的狐白裘献给秦王的爱姬，才得释放。孟尝君深夜到函谷关，城门紧闭，他的另一个门客学公鸡叫，骗开城门，才得脱险逃回齐国。比喻微不足道的技能。

(고사 3 : ________)

≪三国演义≫载，赤壁之战前夕，东吴老将黄盖甘愿让主帅周瑜当众把自己打得皮开肉绽，然后向曹营诈降，骗取曹操信任，使火攻曹营的战略计划得以实现。后指故意损伤自己以骗取对方信任，使自己便于借机行事的计谋。

(고사 4 : ________)

东汉陈元方的儿子和陈季方的儿子是堂兄弟，都夸耀自己父亲的功德，争个不休，就去问祖父陈实。陈实说：'元方难为弟，　季方难为兄'。意思是元方好得做他弟弟难，季方好得做他哥哥难。后用来形容兄弟都非常好。今多反用，讥讽两人同样坏。

(고사 5 : ________)

淳于棼做梦到大槐安国做南柯太守，享尽富贵荣华，醒来才知道是一场大梦，原来大槐安国就是住宅南边大槐树下的蚁穴。后来泛指一场梦，或比喻一场空欢喜。

(고사 6 : ________)

毛遂是战国时代赵国平原君的门客。秦兵攻打赵国，平原君奉命到楚国求救，毛遂自动请求跟着去。到了楚国，平原君跟楚王谈了一上午没有结果。毛遂挺身而出，陈述利害，楚王才答应派春申君带兵去救赵国。后来比喻自己推荐自己。

(고사 7 : ________)

春秋战国时代，社会处于大变革时期，产生了各种思想流派，如儒，法，道，墨等，他们著书讲学，互相论战，出现了学术上的繁荣景象，后世称为百家争鸣。

(고사 8 : ________)

楚汉交战时，项羽的军队驻扎在垓下，兵少粮尽，被汉军和诸侯的军队层层包围起来，夜间听到汉军四面都唱楚歌，项羽吃惊地说：‘汉军把楚地都占领了吧?’ 为什么楚人这么多呢? 比喻四面受敌，处于孤立危机的困境。

(고사 9 : ________)

传说战国时宋国有一个农民看见一只兔子撞在树桩上死了， 他便放下手里的农具在那里等待，希望再得到撞死的兔子。比喻不主动地努力，而存万一的侥幸心理，希望得到意外的收获。

(고사 10 : ________)

汉朝陈实的家里，夜间来了一个窃贼，躲在屋梁上，陈实把他叫做梁上君子，后来就用‘梁上君子’做窃贼的代称。

(고사 11 : ________)

≪孟子≫记载，‘以若所为，求若所欲，犹缘木而求鱼也。’ 意思是用那样的办法来追求那样的目的，就像爬到树上去找鱼一样。比喻方向，方法不对，一定达不到目的。

(고사 12 : ________)

赵国被吴国打败，赵王勾践立志报仇。据说他睡觉睡在柴草上头，吃饭，睡觉前都要尝尝苦胆， 策励自己不忘耻辱。经过长期准备， 终于打败了吴国。形容人刻苦自励，立志为国家报仇雪耻。

(고사 13 : ________)

传说古代有一位老人名叫北山愚公，家门前有两座大山挡住了路，他下决心要把山平掉，另一个老人河曲智叟笑他太傻，认为不可能。愚公回答说：‘我死了有儿子，儿子死了还有孙子，子子孙孙是没有穷尽的。这两座山可不会再增高了，凿去一点就少一点，终有一天要凿平的。’ 比喻做事有毅力，不怕困难。

(고사 14 : ________)

有个玩猴子的人，拿橡实喂猴子，他跟猴子说，早上给每个猴子三个橡子，晚上给四个，所有的猴子听了都急了；后来他又说，早上给四个，晚上给三个，所有的猴子就都高兴了。原比喻聪明人善于使用手段，愚笨的人不善于辨别事情，后来比喻反复无常。

(고사 15 : ________)

≪史记≫记载，'飞鸟尽，良弓藏；狡兔死，走狗烹。' 意思是鸟没有了，弓也就收起来不用了；兔子死了，猎狗也就被煮来吃了。比喻事情成功以后，把曾经出过大力的人杀掉。

(고사 16 : ________)

前秦苻坚领兵进攻东晋，大败而逃，溃兵听到风声和鹤叫，都疑心是追兵。形容惊慌疑惧。

(고사 17 : ________)

老虎捉到一只狐狸，要吃它。狐狸说：'上天命令我做百兽的王，你吃了我就违背了天意。如果你不信，就跟我一块儿走，百兽见了我没有一个不逃跑的。' 老虎依了它的话，跟它一块儿走，果然各种走兽见了都逃跑了。老虎不知道百兽是怕自己，还真以为是怕狐狸。比喻倚仗别人的势力来欺压人。

(고사 18 : ________)

传说梁代张僧繇在金陵安乐寺壁上画了四条龙，不点眼睛，说点了就会飞掉。听到的人不相信，偏叫他点上。刚点了两条，就雷电大发，震破墙壁，两条龙乘云上天，只剩下没有点眼睛的两条。比喻作文或说话时在关键地方加上精辟的语句， 使内容更加生动传神。

(고사 19 : ________)

有几个楚国人主办春祭得到一壶酒。他们约定在地上画蛇， 谁先画好谁喝酒。一人画好了蛇，一面拿起酒壶来要喝，一面又给蛇添足。蛇足没有添成，另一个人也画好了蛇，夺过酒去，说："蛇本来没有脚，你怎能给它添上!" 于是把酒喝了。为蛇添足的人，竟没有喝成酒。比喻做多余的，不恰当的事。

Part 2

韓中似形同義成語

(한·중 형태도 비슷하고 뜻도 같은 성어)

韩		中
고군분투(孤軍奮鬪)	-	고군분전(孤军奋战)
개과천선(改過遷善)	-	개과자신(改过自新)
감언이설(甘言利說)	-	첨언밀어(甜言蜜语)
갑남을녀(甲男乙女)	-	선남신녀(善男信女)
군계일학(群鷄一鶴)	-	학립계군(鹤立鸡群)
파죽지세(破竹之勢)	-	세여파죽(势如破竹)
거두절미(去頭截尾)	-	절두거미(去头截尾)
인사불성(人事不省)	-	불성인사(不省人事)

·
·
·

2. 韓中似形同義成語 (한・중 형태도 비슷하고 뜻도 같은 성어)

★★★
가담항설
(韓) 街談巷說
(中) 街谈巷议
jiē tán xiàng yì

길거리나 항간에 떠도는 소문

这种街谈巷议，不足为信。
이런 종류의 항간에 떠도는 소문은 믿을 수가 없다.
现在街谈巷议的都是这件事。
현재 항간에 떠도는 소문은 다 이일에 관한 것이다.

* 不足为信 bùzúwéixìn : 믿을만하지 못하다

★★★
가렴주구
(韓) 苛斂誅求
(中) 横徵暴敛
héng zhēng bào liǎn

세금을 혹독하게 징수하고, 강제로 재물을 빼앗음

统治者横徵暴敛，老百性怨声载道。
통치자들이 가렴주구하니 백성들의 원성이 가득하다.
她使官府不能再向百姓横征暴敛。
그녀는 더 이상 정부가 백성에게 가렴주구를 못하게 하였다.

* 怨声载道 yuànshēngzàidào : 원성이 도처에 자자하다

★★
가정맹호
(韓) 苛政猛虎
(中) 苛政猛于虎
kē zhèng měng yú hǔ

호랑이보다 무서운 건 포악한 정치

孔子说"苛政猛于虎也"。
공자는 "호랑이보다 무서운 건 포악한 정치"라고 말했다.
苛政猛于虎百姓骨瘦如柴。
포악한 정치로 백성들이 마치 나뭇가지처럼 말랐다.

* 于 yú : ...보다 / 骨瘦如柴 gǔshòurúchái : 말라서 마른가지처럼 뼈만 앙상하다

★★
각골난망
(韓) 刻骨難忘
(中) 没齿难忘
mò chǐ nán wàng

은혜가 뼈에 새겨져 잊혀지지 않음

你的大恩大德我没齿难忘。
당신의 은덕을 영원히 잊을 수 없습니다.
这件事他早已没齿难忘。그에게 이 일은 각골난망이라 할 수 있다.

* 没齿 mòchǐ : 몰치

★★
간난신고
(韓) 艱難辛苦
(中) 艰难困苦
jiān nán kùn kǔ

갖은 고초를 다 겪음

在艰难困苦中抚养孩子。
갖은 어려움을 다 겪으며 아이를 부양했다.
为人民的幸福他们忍受了多少的艰难困苦。
백성의 행복을 위해 갖은 고초를 다 참아냈다.

★★★
감언이설
(韓) 甘言利說
(中) 甜言蜜语
tián yán mì yǔ

남의 비위에 맞도록 꾸민 달콤한 말과 이로운 조건을 내세워 꾀는 말

不要被他的甜言蜜语所迷惑。감언이설에 미혹되지 마라.
他嘴里一时甜言蜜语一时有无天日不要信他。
그는 어떤 때는 감언이설을 속삭이며, 어떤 때는 성질을 부리니 그를 믿지 말라.

* 一时...一时... yīshí...yīshí : 어떤 때는 ...하고 어떤 때는 ...하다 / 有无天日 yǒuwútiānrì : 고집을 부리다

★★
감지덕지
(韓) 感之德之
(中) 感恩戴德
gǎn ēn dài dé

과분한 듯이 아주 고맙게 여기는 모양

这位黄大爷是感恩戴德莫不可言状。
이 황 할아버지는 감지덕지해서 어떻게 말해야 할 줄 몰랐다.
他握着周总理的手感恩戴德热泪盈眶。
그는 감지덕지해서 뜨거운 눈물을 흘리며 주총리의 손을 잡았다.

* 不可言状 bùkěyánzhuàng : 형언할 수 없다 / 热泪盈眶 rèlèiyíngkuāng : 뜨거운 눈물이 눈에 그렁그렁하다

★★★
갑남을녀
(韓) 甲男乙女
(中) 善男信女
shàn nán xìn nǚ

평범한 사람들을 일컫는 말

这些善男信女每逢初一十五就来庙中烧香。
이러한 보통사람들은 매월 초하루하고 보름이 되면 절에 와서 향을 피운다.
你不是善男信女是得道高僧。
당신은 평범한 사람이 아니며 득도한 고승이다.

* 每逢 měiféng : …할 때마다 / 烧香 shāoxiāng : 향을 피우다

★★
갑론을박
(韓) 甲論乙駁
(中) 你争我辩
nǐ zhēng wǒ biàn

서로 자기 주장을 내세우고 상대방의 주장을 반박함

那个问题在学者之间継续进行着你争我辩的讨论。
그 문제는 학자들 사이에 갑론을박하면서 토로을 진행 중에 있다.
辩论会中你争我辩各持己见。
변론회에서 갑론을박하면서 각자 자신의 의견을 고집하고 있다.

* 各持己见 gèchíjǐjiàn : 각자 자기 의견을 고집하다

★★★
개과천선
(韓) 改過遷善
(中) 改过自新
gǎi guò zì xīn

지나간 허물을 고치고 착하게 됨

失足青年表示，要改过自新，做一个有益于社会的人。
문제청소년은 개과천선하여 사회에 유익한 사람이 되겠다고 밝혔다.
我今日舍散家财烧毁房契改过自新。
오늘부터 나는 가산을 모두 버리고 집문서를 불태워 개과천선을 하겠다.

* 失足 shīzú : 실족하자 / 房契 fángqì : 집문서

★★★
개관사정
(韓) 蓋棺事定
(中) 盖棺论定
gài guān lùn dìng

시체를 관에 넣고 뚜껑을 덮은 후에야 비로소 그 사람의 살아있을 때의 가치를 알 수 있다는 말

便一直到他盖棺论定也休想他把那坏习惯改掉。
'개관사정'할 때까지는 그의 나쁜 습관이 고쳐지기를 바라지 마라.
直到盖棺论定的时候大家才知道他写过很多书。
'개관사정'할 때 사람들이 그가 얼마나 많은 책을 썼는지 비로소 알 수 있었다.

* 休想 xīuxiǎng : 꿈도 꾸지 마라

★★
개문납적
(韓) 開門納賊
(中) 开门揖盗
kāi mén yī dào

문을 열어 도둑을 들어오게 한다는 뜻으로 제 스스로 화를 만듦

开门揖盗弃好即仇。
제 스스로 화를 만듦으로써 복수할 수 있는 좋은 기회를 버렸다.
是你自己开门揖盗怨不得别人。
너는 제 스스로 화를 자초했으니 다른 사람을 원망하지 말아라.

★★★
객반위주
(韓) 客反爲主
(中) 反客为主
fǎn kè wéi zhǔ

손이 도리어 주인이 됨

此乃"反客为主"之法。
이것이 바로 "객반위주"의 방법이다.
在下半场实德队反客为主。
후반전에 실덕팀은 주객이 전도되었다.

* 乃 nǎi : 바로...이다 / 下半场 xiàbànchǎng : 후반전

★★★
거두절미
(韓) 去頭截尾
(中) 截头去尾
jié tóu qū wěi

앞뒤의 잔사설은 빼고 요점만 말함

截头去尾地讲讲要点。
거두절미하고 요점을 말하다.
再把这篇文章截头去尾就没有什么意思了。
다시 이 문장을 거두절미하면 아무 뜻이 없게 된다.

★★★
건곤일척
(韓) 乾坤一擲
(中) 孤注一掷
gū zhù yī zhì

운명과 흥망을 걸고 당판걸이로 승부나 성패를 겨룸

他竟孤注一掷, 作最后的反扑。
그는 마침내 모든 것을 다 걸고 최후의 반격을 했다.
他做好了孤注一掷的准备。
그는 모든 것을 다 걸고 승패를 겨룰 준비가 다 되었다.

* 反扑 fǎnpū : 반격

★★
견물생심
(韓) 見物生心
(中) 见财起意
jiàn cái qǐ yì

물건을 보면 가지고 싶은 욕심이 생김

不法商贩见财起意，卖假货。
불법 상인은 욕심을 부려 가짜 상품을 팔았다.
在商场上多年他已成为见财起意的人。
그는 상업계에 오랫동안 있어 이미 견물생심 하는 사람이 되었다.
不是每个人都见财起意。
모든 사람이 다 견물생심 하는 것은 아니다.

* 商贩 shāngfàn：장사꾼

★
견원지간
(韓) 犬猿之間
(中) 水火难容
shǔi huǒ nán róng

사이가 매우 나쁜 관계

让大家摸不着头脑，他们什么时候变得水火难容了。
모두들 그들이 언제 견원지간으로 되었는지 예측하지 못했다.
他们因为水火难容，所以无法合作。
그들은 견원지간이라 서로 협조할 수가 없다.

* 摸不着头脑 mōbuzháotóunǎo：영문을 모르다

★★
견위치명
(韓) 見危致命
(中) 见危授命
jiàn wēi shòu mìng

나라가 위급할 때 제 몸을 나라에 바침

见危授命死而无憾。
나라가 위급할 때 제 몸을 나라에 바쳐도 후회가 남지 않을 것이다.
革命战士总是在危急的时候见危授命。
혁명 전사들은 항상 나라가 위급할 때 제 몸을 나라에 바친다.

★★
결자해지
(韓) 結者解之
(中) 解铃系铃
jiě líng xì líng

맺은 자가 풀어야 한다는 뜻으로, 자기가 저지른 일은 자기가 해결해야 한다는 말

解铃系铃，问题是你提出来的，还得请你解决问题。
결자해지라고, 문제는 네가 제시했으니 해결도 네가 해야 한다.
心病终需心药医解玲还需系铃人。
마음이 병들면 마음을 치료할 수 있는 약을 필요로 하며 맺은 자가 풀어야 한다.

고사 法眼和尚问大家：‘老虎脖子上的金铃谁能解下来?’ 大家回答不出。正好泰钦禅师来了，法眼又问这个问题。泰钦禅师说：‘系上去的人能解下来.’

＊ 系 jì：매다

★
결초보은
(韓) 結草報恩
(中) 结草衔环
jié cǎo xián huán

죽어 혼령이 되어도 은혜를 잊지 않고 갚음

我要结草衔环。나는 죽어도 은혜를 꼭 갚겠다.
多谢大娘小人结草衔环此恩必当重报。
아주머니에게 너무 감사하여 죽어 혼령이 되어도 은혜를 잊지 않고 갚을 것이다.

★★★
경가파산
(韓) 傾家破產
(中) 倾家荡产
qīng jiā dàng chǎn

집안의 재산을 모두 떨어 없앰

他不幸染上酗酒的恶习弄得倾家荡产。
불행히도 술 먹고 주정부리는 나쁜 습관에 물들어서 집안의 재산을 모두 탕진하였다.
就算倾家荡产他也要供孩子读书。
집안의 재산을 모두 탕진하더라도 애들을 공부시킬 것이다.

＊ 染上 rǎnshàng：물들다 / 酗酒 xūjiǔ：술에 취해서 주정하다 / 就算 jiùsuàn：설령 ...라 해도

★★
경국지색
(韓) 傾國之色
(中) 倾城倾国
qīng chéng qīng guó

나라안에 으뜸가는 미인

她生来就是倾城倾国的美貌。
그녀는 태어날 때부터 경국지색의 미모를 가지고 있다.
他的女儿虽不是倾城倾国也是出水芙蓉。
그의 딸은 비록 경국지색은 아니지만 물 위에 갓 핀 연꽃처럼 예쁘다.

＊ 出水芙蓉 chūshuǐfúróng：아름다운 여성

★★★
고군분투
(韓) 孤軍奮鬪
(中) 孤军奋战
gū jūn fèn zhàn

홀로 여럿을 상대로 싸움

他孤军奋战，终于攻克这个难题。
그는 고군분투하여 마침내 이 난제를 극복했다.
任何人决不会认为孤军奋战有什么好的。
누구도 결코 고군분투하는 것이 무슨 좋은 점이 있다고 여기지 않는다.

* 攻克 gōngkè : 함락시키다

★★★
고담준론
(韓) 高談峻論
(中) 高谈阔论
gāo tán kuò lùn

자만하고 과장하며 하는 언론

这个人就喜欢高谈阔论，不解决任何实际问题。
이 사람은 고담준론만 좋아할 뿐 어떠한 문제도 해결하지 못한다.
高谈阔论谈笑自如。
탁상공론을 끊임없이 늘어놓으며 태연자약하게 웃으며 이야기 한다.

* 谈笑自如 tánxiàozìrú : 자유 자재하다

★★
고색창연
(韓) 古色蒼然
(中) 古色古香
gǔ sè gǔ xiāng

퍽 오래되어 옛 풍치가 그윽하다

客厅里那些硬木家具可真是古色古香。
응접실의 그 단단한 목재 가구는 그야말로 고색창연하다.
那次公开的考试是在一间古色古香的大厅里举行。
저번의 공개적 시험은 고색창연한 대청에서 거행되었다.

★★★
고침안면
(韓) 高枕安眠
(中) 高枕无忧
gāo zhěn wú yōu

근심이 없이 편안히 잘 지냄

今年汛期还没有过去，不要以为修了大堤就可以高枕无忧了。
금년 증수기(增水期)도 아직 지나가지 않았으니 댐을 건설했다고 해서 편안히 지낼 수 있다고 생각하지 마라.
你就高枕无忧好了。너는 그냥 근심 없이 편히 잘 지내면 된다.

* 汛期 xùnqī : 증수기

★★
공성명수
(韓) 功成名遂
(中) 功成名就
gōng chéng míng jiù

공을 이루어 이름을 크게 떨침

人人都希望自己会成功成名就。
사람마다 다 자기 자신이 공을 세워 이름을 크게 떨칠 수 있기를 바란다.
等你功成名就的时候就把父母接来。
네가 공을 세워 이름을 크게 떨칠 수 있을 때 부모님을 이곳에 모셔 오너라.

★★★
괄목상대
(韓) 刮目相對
(中) 刮目相看
guā mù xiāng kàn

남의 학식이나 재주가 놀랄 만큼 갑자기 는 것을 일컬음

埋头苦干了三年，取得如此突出的成就，让人不能不刮目相看。
열심히 3년을 노력하더니 이토록 뛰어난 성취를 해냈다.
十年不见当刮目相看。
10년 동안 만나지 못했는데 당연히 괄목상대할 만하다.

* 埋头苦干 máitóukǔgàn : 정신을 집중하여 열심히 하다

★
교각살우
(韓) 矯角殺牛
(中) 因小失大
yīn xiǎo shī dà

잘못된 점을 고치려다가 그 방법이 지나쳐 오히려 일을 그르침

若因为因小失大，确实不该。
만약 '교각살우'의 우려가 있으면 확실히 해서는 안 된다.
这件事不能再这样下去，否则会因小失大。
이 일은 다시 이렇게 할 수 없다. 그렇지 않으면 '교각살우'의 우려가 있다.

★★★
교왕과직
(韓) 矯枉過直
(中) 矫枉过正
jiǎo wǎng guò zhèng

잘못을 바로잡으려다가 오히려 더 나쁘게 됨

应该纠正浪费的习惯, 但是一变而为吝啬,那就是矫枉过正了。
낭비하는 습관을 바로잡아야 하나 잘못 변질되어 인색하게 변하면, 그것이 바로 '교왕과직'이라고 하는 것이다.

他因矫枉过正不免闹了许多笑话。
그 사람은 잘못을 바로 잡으려다 오히려 더 나쁘게 만듦으로 많은 웃음거리를 피할 수 없었다.

＊ 纠正 jiūzhèng : 바로잡다 / 吝啬 lìnsè : 인색하다

★★★
구상유취
(韓) 口尚乳臭
(中) 乳臭未干
rǔ xiù wèi gān

말과 하는 짓이 아직 어림

乳臭未干的黄毛丫头。말이나 행동이 아직 어린 계집아이.

这个乳臭未干的臭小子竟然敢和老师作对!
이 피도 마르지 않은 녀석이 감히 선생님께 맞선다!

＊ 黄毛丫头 huángmáoyātóu : 계집애 / 作对 zuìduì : 맞서다

★★★
구안투생
(韓) 苟安偸生
(中) 偷生苟安
tōu shēng gǒu ān

눈앞의 안락을 즐기며 헛되이 살아감

难道他就真的在日本人鼻子底下偷生苟安一辈子吗?
설마 그가 정말로 일본사람 코 밑에서 눈앞의 안락을 즐기며 일생을 지낸단 말인가?

你再不能这样偷生苟安了。
너는 더 이상 이렇게 눈앞의 안락을 즐기며 헛되어 살아갈 수 없다.

＊ 难道...吗 nándào...ma : 설마...이겠는가?

★★
군계일학
(韓) 群鷄一鶴
(中) 鹤立鸡群
hè lì jī qún

여럿 가운데서 가장 뛰어난 사람

他走在人群里如鹤立鸡群。
그가 군계일학처럼 군중 속을 걷고 있다.

他的才能在全校可谓鹤立鸡群。
그의 재능은 학교에서 군계일학이라고 할 수 있다.

＊ 可谓 kěwèi : ...라고 말할 수 있다

★★★
군맹무상
(韓) 群盲撫象
(中) 盲人摸象
máng rén mō xiàng

모든 사물을 자기 주관대로 그릇 판단함

不能做什么事都不能盲人摸象要全面地去看。
어떤 일을 하던지 간에 모든 사물을 다 자기 주관대로 그릇 판단하지 말고 전체적으로 봐야한다.
做生意不能盲人摸象。장사를 할 때 주관대로 그릇 판단해서는 안된다.

고사 传说几个瞎子摸一只大象，摸到腿的说大象像一根柱子，摸到身躯的说大象像一堵墙，摸到尾巴的说大象像一条蛇，各执己见，争论不休。比喻对事物了解不全面，固执一点，乱加揣测。

* 瞎子 xiāzi : 장님 / 不休 bùxiū : 멈추지 않다 / 揣测 chuǎicè : 추측하다

盲人摸象 图 / 王银祥 新华社发

★★
권불십년
(韓) 權不十年
(中) 好景不常
hǎo jǐng bù cháng

권세는 10년을 못 간다는 말

好景不长，盛筵难再。
권세는 10년을 못가고, 연회도 언젠가는 파하는 법이다.
别高兴的太早好景不长。기뻐하기도 이르다, 권불십년이다.

* 盛筵 shèngyán : 성대한 연회

★★
권선징악
(韓) 勸善懲惡
(中) 扬善抑恶
yáng shàn yì è

착한 일을 권장하고 악한 일을 징계함

旧小说都是以扬善抑恶为内容的。
구 소설은 전부 권선징악을 내용으로 하고 있다.
超人一向扬善抑恶受人尊敬。
슈퍼맨은 항상 권선징악을 행하여 사람들의 존경을 받았다.

* 以A为B yǐ A wéi B : A를 B로 하다

★
극악무도
(韓) 極惡無道
(中) 残暴无道
cán bào wú dào

지극히 악하고도 도의심이 없다

犯有残暴无道的野蛮罪行。
극악무도한 야만적인 행위를 저질렀다.
他是个残暴无道的黄帝。 그는 극악무도한 황제이다.

★★★
금과옥조
(韓) 金科玉條
(中) 金科玉律
jīn kē yù lǜ

금옥과 같이 귀중히 여기어 신봉하는 법칙이나 규정

过去订的规章制度不是金科玉律, 不适合新的情况就得改。
과거에 정한 법칙은 금과옥조가 아니다, 새로운 상황에 맞지 않으면 바꿔야 한다.
他把他家里那种可笑的规矩看成圣贤的金科玉律。
그는 그 집의 그 가소로운 규칙을 신성한 금과옥조로 삼는다.

* 看成 kànchéng : ...로 여기다

★★
금성철벽
(韓) 金城鐵壁
(中) 铜墙铁臂
tóng qiáng tiě bì

아주 견고한 사물의 비유

千百万真心实意拥护革命的群众是真正的铜墙铁壁。
수백 수천만의 진심으로 혁명을 옹호하는 군중은 진정한 의미의 금성철벽이다.
战士们就像铜墙铁壁一样保卫着这座城市。
전사들이 금성철벽처럼 이 도시를 지키고 있다.

* 拥护 yōnghù : 옹호하다

★
금수강산
(韓) 錦繡江山
(中) 锦绣山河
jǐn xiù shān hé

비단 같이 아름다운 산과 강

锦绣山河岂容日本军侵占。
금수강산을 어찌 일본군들에게 짓밟게 할 수 있으랴?
晋祠真不愧为我国锦绣河山中一颗璀璨明珠。
부사는 정말 우리나라의 금수강산중에서 반짝이는 야광주라고 할 수 있다.

* 不愧 bùkùi : ...에 부끄럽지 않다 / 璀璨 cuǐcàn : 찬란하다

★
금슬상화
(韓) 琴瑟相和
(中) 琴瑟甚笃
qín sè shèn dǔ

부부사이가 원만하게 조화를 이룸

看这夫妻琴瑟甚笃的样子真让人羡慕。
이 부부간의 금실이 너무 좋은 모습을 보면 정말 부럽다.
他们是一对琴瑟甚笃的夫妻。
그들은 내외간의 금실이 대단히 화목한 부부이다.

* 羡慕 xiànmù : 부럽다

★★
금의환향
(韓) 錦衣還鄕
(中) 衣锦还乡
yī jǐn huán xiāng

출세를 하고 고향에 돌아옴

今天他终于衣锦还乡。
오늘 그는 마침내 출세하여 고향에 돌아 왔다.
在封建社会衣锦还乡是地主阶级的理想。
봉건사회에서 금의환향은 지주계급의 이상이다.

★★
기고만장
(韓) 氣高萬丈
(中) 不可一世
bù kě yī shì

일이 뜻대로 잘 될 때 기꺼워하거나, 또는 성을 낼 때에 그 기운이 펄펄 나는 일

那几个人小有成就，狂妄自大，个个自以为不可一世。
그 몇 사람은 일이 좀 잘되자 오만방자하며 기고만장해 있다.
有了一点成功就气高万丈不可一世。
작은 성공만 해도 기고만장하여 일세를 풍미한다고 자부한다.

* 狂妄自大 kuáng wàng zı`dà : 오만방자하다

★★★
기상천외
(韓) 奇想天外
(中) 异想天开
yì xiǎng tiān kāi

보통 사람이 쉽게 짐작할 수 없을 정도로 엉뚱하고 기발한 생각

手指给弄破了却异想天开想得到什么赔偿。
손가락에 상처가 난 것 가지고 엉뚱한 생각으로 무슨 보상을 받으려고 하니?
想上水星别异想天开了。
수성에 가고 싶어? 엉뚱한 생각하지 말아라.

★★
기자감식
(韓) 飢者甘食
(中) 饥不择食
jī bù zé shí

배고픈 사람은 음식을 가리지 아니하고 맛있게 먹는다는 말

他一开始挑三栋四，到最后却饥不择食。
그는 처음에 이로운 것만 골라 먹다가 마지막에서 결국 가리지 않고 맛있게 먹었다.
看到这么多食物他饥不择食地扑过去。
이 많은 음식을 보고 그는 배고파 이것저것 가릴 여유 없이 뛰어갔다.

* 挑三栋四 tiāo sān jiǎn sì : 이것 저것 자기에게 이로운 것만 고르다

★★
기진맥진
(韓) 氣盡脈盡
(中) 精疲力尽
jīng pí lì jìn

기운과 의지력이 다하여 스스로 가누지 못할 지경이 됨

从中午一直忙到太阳落山弄得精疲力尽。
정오부터 해가 질 때가지 계속 일해 기진맥진이 되었다.
作业很多我做了一个晚上已经累得精疲力尽。
숙제가 너무 많아 밤새 내내 계속하다 벌써 기진맥진이 되었다.

★★
낙양지가
(韓) 洛陽紙價
(中) 洛阳纸贵
luò yáng zhǐ gùi

책이 유명하여 잘 팔림

人说"洛阳纸贵"谁知今日闹到"长安扇贵"!
사람들이 '낙양지가'라 했는데 오늘에 와서 "장안선귀"라는 말이 나올 줄 누가 알았겠는가!
这本书不过像洛阳纸贵一样风行一时。
이 책은 그냥 '낙양지가'처럼 한 때 널리 유행했다.

* 风行一时 fēng xíng yī shí : 한 때 크게 유행하다

고사 晋代左思≪三都赋 ≫写成以后，抄写的人非常多，洛阳的纸都因此涨价了。比喻著作广泛流传，风行一时。

* 涨价 zhǎngjià : 값이 오르다

★★
난공불락
(韓) 難攻不落
(中) 坚不可摧
jiān bù kě cūi

공격하기 어려워 좀처럼 함락되지 않음

人民的军队宛如钢铁长城，坚不可摧。
인민의 군대는 강철 장성과 같아서 난공불락이다.
全国人心里筑起一道新的坚不可摧的长城。
전 국민의 마음속에 새롭고 좀처럼 무너지지 않을 만리장성을 만들었다.

* 宛如 wǎnrú : 마치...같다 / 筑 zhú : 쌓다

★★
노기등등
(韓) 怒氣騰騰
(中) 怒气冲冲
nǔ qì chōng chōng

몹시 성이 나서 노기가 얼굴에 가득함

法官怒气冲冲的又拿起他面前木板狠狠地拍打。
법관은 노기 등등하여 앞에 있는 나무판을 들고 힘차게 내리쳤다.
他怒气冲冲地跑了。
그는 노기등등하게 뛰어갔다.

* 狠狠地 hěnhěnde : 매섭게

★★★
노심초사
(韓) 勞心焦思
(中) 费尽心机
fèi jìn xīn jī

애를 써 속을 태움

为了孩子的前途，父母费尽心机。
아이들의 앞날을 위하여 부모들은 노심초사한다.
他们费尽心机全力经营。
그들은 노심초사하며 최선을 다해 경영한다.

★★
노이무공
(韓) 勞而無功
(中) 徒劳无功
tú láo wú gōng

애를 썼으나 보람이 없음

这类似于一种徒劳无功的努力。
이것은 애를 썼으나 보람이 없는 노력과 같다.
再说也是徒劳无功没用的。
계속 말해봤자 헛수고로 아무 소용이 없다.

* 类似于 lèisìyú : ...과 같다

★★

누란지위

(韓) 累卵之危
(中) 危如累卵

wēi rú lěi luǎn

몹시 위험한 형세

局势堪忧，危如累卵。정세가 심히 걱정된다. 매우 위험하다.

当时的中国如危如累卵十分危险。

그때의 중국은 누란지위처럼 매우 위험했다.

* 堪 kān : ...할 수 있다

★★

다기망양

(韓) 多岐亡羊
(中) 歧路亡羊

qí lù wáng yáng

방침이 너무 많아 도리어 갈 바를 모름

既想学这又想学那结果只是歧路亡羊一事无成。

이것도 배우려고 하고 저것도 배우려 하면 결국은 갈 바를 모르다 한 가지 일도 이루지 못한다.

你不要歧路亡羊忘记你应该做什么。

너는 다기망양하며 네가 해야 할 일을 잊어서는 안 된다.

* 既...又... jì...yòu : ...도 하고...도 하다

고사 杨子的邻居把羊丢了，没有找着，杨子问：'为什么没找着?' 邻人说：'岔路很多，岔路上又有岔路，不知道往哪儿去了'。比喻因情况复杂多变而迷失方向，误入歧途。

* 岔路 chàlù : 갈림기목 / 迷失 míshī : (방향)잃다 / 误入 wùrù : 잘못 들다 / 歧途 qítú : 기로

★★★

다사다난

(韓) 多事多難
(中) 多灾多难

duō zāi duō nàn

여러 가지로 일이 많은 데다 어려움도 많다

多灾多难的一年。다사다난했던 일년.

他刚失去父亲母亲又病了真是多灾多难。

그의 아버지가 막 돌아가시고 어머니도 병이 나고 정말 여러 가지 일이 많은 데다 어려움이 많다.

★★★
다재다능
(韓) 多才多能
(中) 多才多艺
duō cái duō yì

재주가 많고 능력이 풍부하다

他多才多艺，琴棋书画样样精通。
그는 다재다능하여 금기서화에 다 능하다.
她从小就是个多才多艺的人。
그녀는 어렸을 때부터 다재다능한 사람이다.

* 琴棋书画 qínqíshūhuà : 거문고, 바둑, 글씨, 그림(문인의 고상한 도락)

★★
다정다감
(韓) 多情多感
(中) 多愁善感
duō chóu shàn gǎn

감수성이 예민해 느끼는 바가 많다

他是多愁善感的人。그는 다정다감한 사람이다.
一个曾被她怀疑是罪犯的人却原来是个多愁善敢的诗人。
그녀에게 범인으로 오해 받았던 사람은 원래는 다정다감한 시인이다.

★★
단병접전
(韓) 短兵接戰
(中) 短兵相接
duǎn bīng xiāng jiē

단병으로 적과 맞부딪쳐 싸움

军警已经和他们短兵相接地混战起来。
경찰들이 벌써 그들과 격렬한 싸움을 하기 시작했다.
面对和敌人的短兵相接那个小孩吓哭了。
적군과의 격렬한 싸움을 보고 그 어린아이가 무서워 울었다.

★★★
단순호치
(韓) 丹脣皓齒
(中) 明眸皓齿
míng móu hào chǐ

아름다운 여자의 비유

她有着明眸皓齿的容颜。
그녀는 아름다운 얼굴을 가지고 있다.
杨玉环明眸皓齿皮肤雪白是绝色美女。
양옥환은 아름다운 얼굴과 눈처럼 하얀 피부로 절세미인이다.

* 雪白 xuěbái : 새하얗다

★★
담호호지
(韓) 談虎虎至
(中) 说曹操, 曹操到
shuō Cáo cāo, Cáo cāo dào

호랑이도 제 말 하면 온다

"说曹操曹操到"是人们喜欢说的口头禅。
"호랑이도 제 말 하면 온다"는 말은 사람들이 좋아하는 구두선이다.

* 口头禅 kǒutóuchán : 구두선

★★
당랑거철
(韓) 螳螂拒轍
(中) 螳臂当车
táng bì dāng chē

제 분수도 모르고 강적에게 반항함

螳臂当车, 自不量力。제 분수도 모르고 강적에게 덤벼들다.
不要犯了螳臂当车的错误。
제 분수도 모르고 강적에게 덤비는 그런 잘못을 하지 말아라.

* 自不量力 zìbùliànglì : 제 분수를 모른다

★★★
대서특필
(韓) 大書特筆
(中) 大书特书
dà shū tè shū

특히 드러나게 큰 글자로 씀

他那舍己救人的精神值得大书特书。
그 사람의 그러한 자기를 희생하여 사람을 구하는 정신은 대서특필할 가치가 있다.
广告里正大书特书地宣传产品。
광고에서 대서특필로 상품을 선전하고 있다.

* 值得 zhíde : ...할만하다

★
대성통곡
(韓) 大聲痛哭
(中) 放声大哭
fàng shēng dà kū

큰소리로 슬피 욺.

听到母亲去世的消息她放声大哭。
어머니가 돌아가신 소식을 듣고 그녀는 대성통곡했다.
看到这个感人的镜头她不禁想起自己的身世就放声大哭。
이 감동적인 장면을 보고 그녀는 자신의 처지를 생각하고 대성통곡을 했다.

* 镜头 jìngtóu : 장면 / 不禁 bùjīn : 참지 못하다

★★★
도외치지
(韓) 度外置之
(中) 置之度外
zhì zhì dù wài

문제로 삼지 아니하고 도외시하여 내버려 둠

他完全把自己的生死置之度外。
그는 완전히 자신의 생사를 도외시한다.
为了集体的利益你必须把个人利益置之度外。
집단의 이익을 위해 너는 자신의 이익을 도외시해야 한다.

★
독서삼매
(韓) 讀書三昧
(中) 读书入定
dú shū rù dìng

오직 책 읽기에만 몰두함

他戴了一副大眼睛，看起来很博学，读书入定。
그는 큰 안경을 껴서 박식해 보이고 오직 책읽기에만 몰두한다.
大家都在娱乐时，他却读书入定。
모두들 놀고 있을 때 그는 오히려 책읽기만 한다.

★★★
동고동락
(韓) 同苦同樂
(中) 同甘共苦
tóng gān gòng kǔ

같이 고생하고 같이 즐김

官民一致，实行同甘共苦的生活。
관민이 일치하여 동고동락하다.
大家同甘共苦得到的愉快就是最大报酬。
모두가 동고동락하며 얻은 기쁨이 바로 최대의 보수이다.

* 报酬 bàochóu : 보수

★★
동문서답
(韓) 東問西答
(中) 问东答西
wèn dōng dá xī

묻는 말에 당치도 않은 대답을 함

因为他问东答西，逗得大家哈哈大笑。
그 사람이 동문서답을 해서 모두들 큰 소리로 웃었다.
你问东答西是不是有心事啊?
너는 동문서답만 하고, 무슨 걱정이 있는 건 아냐?

* 逗得 dòude : 자아내다 ／ 心事 xīnshì : 고민

★★★
동서고금
(韓) 東西古今
(中) 古今中外
gǔ jīn zhōng wài

동양이나 서양에 있어서의 예나 지금

古今中外所未有。
동서고금에서 볼 수 없는.
广泛地吸取古今中外的人们艰苦积累起来的丰富知识。
동서고금의 사람들이 축적해 온 풍부한 지식을 광범위하게 흡수하다.

＊ 广泛 guǎngfàn : 광범하다

★
두문불출
(韓) 杜門不出
(中) 闭门不出
bì mén bù chū

집 속에만 박혀 있어 세상 밖에 나가지 아니함

闭门不出又何忧乎?
두문불출하며 무슨 걱정이 있을까?
古代富家小姐闭门不出。
고대의 부잣집 아가씨들은 다 집 속에 박혀 세상 밖에 나가지 않았다.

★★★
막상막하
(韓) 莫上莫下
(中) 不相上下
bù xiāng shàng xià

우열의 차가 없음

参加球赛的各个球队实力不相上下。
경기에 참가한 각 팀의 실력은 막상막하이다.
你们半斤八两不相上下。
너희는 막상막하 피장파장이다.

＊ 半斤八两 bànjīnbāliǎng : 피장파장이다

★
만시지탄
(韓) 晚時之歎
(中) 失时之叹
shī shí zhī tàn

시기에 늦었음을 안타까와 하는 탄식

他为失掉好机会而失时之叹。
그는 좋은 기회를 잃고 안타까워 탄식한다.
他不会把握机会，所以总有失时之叹。
그는 기회를 포착할 수가 없어 항상 안타까운 탄식을 한다.

★★★
만신창이
(韓) 滿身瘡痍
(中) 疮痍满目
chuāng yí mǎn mù

어떤 사물이 엉망진창이 됨

大灾过后，疮痍满目。재난이 지나간 후 만신창이가 되었다.
地震过后房屋倒塌疮痍满目。
지진 후에 가옥들이 다 무너져 만신창이가 되었다.

* 倒塌 dǎotā : 무너지다

★★
만항하사
(韓) 萬恒河沙
(中) 恒河沙数
héng hé shā shù

무한·무수한 것을 이르는 말

在夏天海水浴场的人如恒河沙数那么多。
여름에는 해수욕장에 있는 사람들이 강의 무수한 모래만큼 그렇게 많다.
看到如恒河沙数般的敌军他们真的害怕了。
모래알만큼 많은 적군을 보고 그들이 정말 무서워졌다.

★★★
망양지탄
(韓) 望洋之嘆
(中) 望洋兴叹
wàng yáng xīng tàn

힘이 미치지 못할 때에 하는 탄식

中国古籍浩如烟海，初学的人往往望洋兴叹。
중국의 고서적은 매우 풍부하여 초학자들은 왕왕 힘이 미치지 못함을 탄식하기도 한다.
大概情形看了看不觉得望洋兴叹。
전체 상황을 대략 보고 망양지탄만 한다.

* 浩如烟海 hàorúyānhǎi : 문헌.자료 등이 대단히 풍부하다

★
망중투한
(韓) 忙中偸閑
(中) 忙里偷闲
máng lǐ tōu xián

바쁜 가운데에 한가한 짬을 얻어 마음을 즐김

王老师忙里偷闲，带小孩玩了半天。
왕선생님은 바쁜 중에도 짬을 내서 아이들을 데리고 한참을 놀았다.
他经常忙里偷闲出去旅游。
그는 종종 바쁜 중에 짬을 얻어 여행을 간다.

★
매관매직
(韓) 賣官賣職
(中) 卖官鬻爵
mài guān yù jué

돈이나 재물을 받고 벼슬을 시킴

政治腐败，才会有卖官鬻爵的事儿。
정치가 부패할 때 매관매직이 일어난다.
他们父子都是卖官鬻爵的人。
그들 부자 모두가 매관매직을 한 사람이다.

★★
면면상고
(韓) 面面相顧
(中) 面面相觑
miàn miàn xiāng qū

말없이 서로 얼굴만 물끄러미 바라봄

审判员和主教练面面相觑到这时候困难还没克服。
이때까지 아직 이 문제를 해결하지 못하고 심판과 코치가 서로 말없이 얼굴만 물끄러미 쳐다보고 있다.
足球比赛失败大家都面面相觑不知道说什么好。
축구시합에서 져서 사람들이 그저 얼굴만 쳐다보며 어떻게 말을 해야 할 줄 모른다.

★★★
면종복배
(韓) 面從腹背
(中) 阳奉阴违
yáng fèng yīn wéi

표면으로는 복종하는 체하면서 내심으로는 배반함

他向来阳奉阴违，当面一套，背后一套。
그는 지금까지 말하는 것과 하는 짓이 다르다.
他对毛人凤愈来愈采取阳奉阴违的手段。
그는 모인붕에 대하여 가일층 면종복배의 수단을 취하고 있다.

* 愈来愈... yùláiyù... : 더욱더...하다

★★
멸사봉공
(韓) 滅私奉公
(中) 克己奉公
kè jǐ fèng gōng

사를 버리고 공을 위하여 힘써 일함

为人谦虚谨慎，克己奉公。
사람됨이 겸허하고, 조심스러우며, 사를 버리고 공을 위하여 애쓴다.
身为政府官员，当然要克己奉公。
몸이 공무원이라서 당연히 멸사봉공해야 한다.

★★★
명수죽백
(韓) 名垂竹帛
(中) 名垂青史
míng chúi qīng shǐ

이름이 청사에 길이 빛남

生前名满天下死后名垂青史。
그는 생전에는 명성을 온 누리에 떨치고 죽은 후에는 이름을 청사에 남겼다.
中国历史上名垂青史的很多。
중국 역사에서 이름이 청사에 길이 빛나는 사람들이 많다.

★★★
명약관화
(韓) 明若觀火
(中) 洞若观火
dòng ruò guān huǒ

불을 보는 것처럼 분명함

警察对于罪犯的行为洞若观火非常清楚。
경찰은 범인들의 행위를 불 보듯 뻔하게 잘 알고 있다.
母亲对孩子的行动洞若观火。
어머니는 아이의 행동을 불 보듯 잘 안다.

★★
명재경각
(韓) 命在頃刻
(中) 命在旦夕
mìng zài dàn xì

곧 숨이 끊어질 지경에 이름

医生正在救一个命在旦夕的人。
의사가 목숨이 경각에 달린 사람을 구하고 있다.
难道你要等到命在旦夕的时候才会知道自己错了。
숨이 끊어질 지경에 이르러서야 비로소 너의 잘못을 알 수 있겠느냐?

★★
모색창연
(韓) 暮色蒼然
(中) 暮色苍茫
mù sè cāng máng

해질녘의 풍경이 어둑어둑하게 되는 모양

座间谈笑风生不觉已是暮色苍茫。
연회에서 흥미진진하게 얘기하다 보니 벌써 어둑어둑하게 되었는지 몰랐다.
西湖暮色苍茫的时候很漂亮。
서호는 해질녘의 풍경이 너무 예쁘다

* 谈笑风生 tánxiàofēngshēng : 흥미진진하게 얘기하다

★★★
목불인견
(韓) 目不忍見
(中) 目不忍睹
mù bù rěn dǔ

눈으로 차마 볼 수 없음

目不忍睹的惨状。
차마 눈뜨고 볼 수 없는 참상.
军士折臂断足令人目不忍睹。
병사들의 팔 다리가 부러진 모습은 차마 눈뜨고 볼 수 없다.

★
물물교환
(韓) 物物交換
(中) 以货易货
yǐ huò yì huò

교환의 원시적 형태로, 직접 물건과 물건을 바꿈

人用以货易货的方式进行贸易活动。
옛날 사람들은 물물교환방식으로 무역활동을 했다.
现代以货易货的方式很少了。
현대에서는 물물교환 방식으로 무역하는 경우가 적다.

★★
무릉도원
(韓) 武陵桃源
(中) 世外桃源
shì wài táo yuán

별천지

这幽静的山村真是世外桃园。
이 조용한 산촌은 그야말로 무릉도원이다.
我这山中便是个世外桃源。
이 산은 바로 무릉도원이라고 할 수 있다.

* 幽静 yōujìng : 그윽하고 고요하다

★★★
무미건조
(韓) 無味乾燥
(中) 乾燥乏味
gān zào fá wèi

재미나 취미가 없고 메마름

他讲课不生动, 乾燥乏味。
그의 강의는 생동감이 없고 무미건조하다.
她过着干燥乏味的生活。
그녀는 무미건조한 생활을 살고 있다.

★★
무문농필
(韓) 舞文弄筆
(中) 舞文弄墨
wǔ wén nòng mò

문부(文簿)・법규를 함부로 고쳐 농락함

他总是喜欢舞文弄墨所以喜欢他的人很少。
그는 법규를 왜곡해 부정을 저지르는 일을 좋아해 그를 좋아하는 사람이 적다.
考试时舞文弄墨被当场抓住。
시험 볼 때 글 장난을 하다 그 자리에서 잡히게 되었다.

＊ 当场 dāngchǎng : 현장에서

★★★
무위도식
(韓) 無爲徒食
(中) 好吃懒做
hào chī lǎn zuò

아무 하는 일도 없이 먹고 놀기만 함

他已经习惯于好吃懒做，改不了了。
그는 이미 무위도식하는데 습관이 되어 고칠 수가 없다.
这些人整日好吃懒做，没有作为。
이러한 사람들은 하루종일 무위도식하고 하는 일이 없다.

＊ 作为 zuòwéi : 행위

★★★
무의무탁
(韓) 無依無托
(中) 无依无靠
wú yī wú kào

의지하고 의탁할 곳이 없음

举目无亲，无依无靠。사고무친 무의무탁이다.
他只是个无依无靠的孩子。
그는 단지 의지하고 의탁할 곳 없는 아이이다.

★★★
무지몽매
(韓) 無知蒙昧
(中) 蒙昧无知
méng mèi wú zhī

지식이 없고 사리에 어두움

太蒙昧无知了!
너무 무지몽매하다!
你是个蒙昧无知的人。
너는 무지몽매한 사람이다.

★★★
묵묵부답
(韓) 默默不答
(中) 默默无语
mò mò wú yǔ

잠자코 말이 없음

别人都热烈发言，只有他坐在那里默默无语。
다른 사람들은 열렬히 발언하는데 그 사람만 한 쪽에 앉아서 묵묵부답이다.
他被众人劝了默默无语。
그는 사람들의 권고에도 묵묵부답이다.

★
문방사우
(韓) 文房四友
(中) 文房四宝
wén fáng sì bǎo

종이 · 붓 · 먹 · 벼루의 네 문방구

他把文房四宝也带来了。
그는 자신의 문방사우를 가져왔다.
小名家收藏着宋代文房四宝。
소명의 집은 송대의 문방사우를 소장하고 있다.

★★★
문전성시
(韓) 門前成市
(中) 门庭若市
mén tíng ruò shì

권세가나 부자가 되어 집 앞이 방문객으로 시장을 이루다시피 함

群臣进谏门庭若市。
대신들이 간언을 위해 문전성시를 이룬다.
中国书店门庭若市，买书的人非常多。
중국서점은 책을 사려는 사람으로 문전성시를 이루고 있다.

* 进谏 jìnjiàn : 간언하다

★★
미인박명
(韓) 美人薄命
(中) 红颜薄命
hóng yán bó mìng

미인은 흔히 불행하거나 병약하여 요절하는 일이 많다는 말

偏不信红颜多薄命。
미인박명이라는 말을 결코 믿지 않는다.
红颜薄命只不过是一种流传没有科学根据。
미인박명이라는 말은 소문일 뿐이며 아무 과학적 근거가 없다.

* 偏 piān : 결코

★★★
박리다매
(韓) 薄利多賣
(中) 薄利多销
bó lì duō xiāo

이익을 적게 보고 많이 파는 일

我们的商品薄利多销后很受欢迎。
우리의 상품을 박리다매한 후 사람들의 환영을 많이 받았다.
百姓喜欢薄利多销的商品。
백성들은 박리다매의 상품을 좋아한다.

★★
박인방증
(韓) 博人旁證
(中) 旁征博引
páng zhēng bó yǐn

널리 예를 인용하도 두루 증거를 보이어 논함

文章旁征博引，进一步说明想象的作用。
이 문장은 널리 예를 인용하여 증거를 통해 논술하고, 한 걸음 나아가 상상의 작용을 설명한다.
想写好议论文要有充分旁征博引。
의론문을 잘 쓰고 싶으면 충분한 '박인방증'이 있어야 한다.

★
반포지효
(韓) 反哺之孝
(中) 反哺之情
fǎn bǔ zhī qíng

반포하는 효성

身为子女，怎么能忘记反哺之情？
자녀로서 어떻게 부모에 대한 효를 잊을 수가 있느냐?
他很孝顺，尽管已成家，但仍然不忘反哺之情。
그는 매우 효자이며, 비록 결혼을 했지만 부모에 대한 은혜를 잊지 않고 있다.

* 孝顺 xiàoshùn : 효성스럽다

★★
박학다식
(韓) 博學多識
(中) 博学多才
bó xué duō cái

학문이 넓고 식견이 많음

这位历史学家博学多才，著作等身。
이 역사학가는 박학다식하고 저작이 많다.
祖冲之博学多才尤其擅长历法数学。
조총지는 박학다식해며 특히 역법과 수학에 능하다.

* 著作等身 zhùzuòděngshēn : 저서가 많다 / 擅长 shàncháng : 뛰어나다

★★★
방휼지쟁
(韓) 蚌鷸之爭
(中) 鹬蚌相争
yù bāng xiāng zhēng

서로 적대하여 버티고 양보하지 않음

鹬蚌相争，渔人得利。
도요새와 조개가 싸우다가 둘 다 어부에게 잡히다.
"鹬蚌相争渔人得利"你该听过吧?
"방휼지쟁, 어부지리"라는 말, 너는 당연히 들어 봤겠지?

★★
배은망덕
(韓) 背恩忘德
(中) 忘恩负义
wàng ēn fù yì

남한테 입은 은덕을 저버림

你怎么能忘恩负义，恩将仇报呢?
당신은 어떻게 배은망덕하게도 운혜를 원수로 갚을 수 있는가?
原来你是个忘恩负义的人我看错你了。
원래 너는 배은 망덕한 사람이구나, 내가 너를 잘못 봤다.

* 恩将仇报 ēn jiāng chóu bào : 은혜를 원수로 갚다

★★★
배중사영
(韓) 杯中蛇影
(中) 杯弓蛇影
bēi gōng shé yǐng

쓸데없이 의심하고 걱정한다

杯弓蛇影恍惚无凭。
쓸데없이 의심하고 걱정하며 아무런 근거가 없다.
你不要杯弓蛇影疑神疑鬼。
너는 쓸데없이 걱정하며 함부로 이것저것 의심하지 말아라.

* 恍惚 huǎnghu : 얼떨떨하다 / 疑神疑鬼 yí shén yí gǔi : 함부로 이것저것 의심하다

고사 有人请客吃饭，挂在墙上的弓映在酒杯里有蛇，回去疑心中了蛇毒，就生病了。比喻疑神疑鬼，妄自惊慌。

* 妄自惊慌 wàngzìjīnghuāng : 분별없이 놀라다

★★★

백년해로

(韓) 百年偕老

(中) 白头偕老

bái tóu xié lǎo

부부가 화락하게 함께 늙음

祝你们恩爱相敬，白头偕老。

두 분이 서로 사랑하고 공경하며 백년해로하길 바랍니다.

白头偕老毕世同欢。

백년해로하며 일생동안 같이 기쁘게 지내다.

★

백세지후

(韓) 百歲之後

(中) 百年之后

bǎi nián zhī hòu

남을 높이어 그의 「죽은 뒤」를 일컫는 말

百年之后你还是一条好汉。

죽은 후에도 너는 대장부라고 할 수 있다.

百年之后我想好好休息。

죽은 후에는 정말 잘 쉬고 싶다.

★

백옥무하

(韓) 白玉無瑕

(中) 白璧无瑕

bái bì wú xiá

(백옥에 아무런 티가 없다는 뜻) 조금도 결점이 없는 사람의 비유

这块玉白璧无瑕。

이 구슬은 '백옥무하'라고 할 수 있다.

世界上怎么会有白璧无瑕的人呢?

세상에 어떻게 조금의 결점도 없는 사람이 있을 수 있겠는가?

★★★
백절불굴
(韓) 百折不屈
(中) 百折不挠
bái zhé bù náo

수없이 꺾어도 굽히지 않음

实现四个现代化，需要全国人民以百折不挠的精神进行几十年的艰苦奋斗。
"四个现代化"를 실현하기 위하여 전국 인민들이 백절불굴의 정신으로 수십 년간의 힘든 투쟁을 하고 있다.
要做一番英雄事业就要有百折不挠的精神。
위대한 사업을 이루고 싶다면 백절불굴의 정신이 있어야 한다.

★
백중지세
(韓) 伯仲之勢
(中) 伯仲之间
bó zhòng zhī jiān

서로 어금지금한 형세

伯仲之间，难分高下。
백중지세라 고하를 나누기 어렵다.
他们的水平于伯仲之间。
그들의 수준은 백중지세이다.

★
번문욕례
(韓) 繁文縟禮
(中) 繁文缛节
fán wén rú jié

번거롭게 형식만 차려서 까다롭게 만든 예문

要去掉繁文缛节，提高行政效率。
번거롭고 까다로운 형식이나 예문을 없애 행정 효율을 높이다.
朋友之间哪来这么多繁文缛节。
친구사이에 어디 이런 번거롭고 까다로운 형식이 필요한가?

★
벽항궁촌
(韓) 僻巷窮村
(中) 穷乡僻壤
qióng xiáng pì rǎng

벽지에 있는 가난한 마을

过去的穷乡僻壤现在成了烟囱林立的工业城市。
과거에 벽항궁촌이 지금은 굴뚝이 빽빽이 들어선 공업도시로 변했다.
想起在自己在穷乡僻壤度过三年的战斗岁月。
자기가 벽지산간에서 3년 동안 투쟁의 세월을 보낸 것이 기억났다.

★★
복거지계
(韓) 覆車之戒
(中) 前车之鉴
qián chē zhī jiàn

남의 실패를 거울삼아 자기를 경계함

前车之鉴不可忽视。
남의 실패를 거울삼아 자기를 경계로 삼는 것을 소홀히 해서는 안 된다.
要记住上次因为错误导致数据分析失败的前车之鉴。
지난번의 잘못으로 통계분석의 실패를 초래한 것을 기억해 거울삼아 자기를 경계해야 한다.

＊ 数据 shùjù : 데이터

★★★
복수불반
(韓) 覆水不返
(中) 覆水难收
fù shǔi nán shōu

일단 저지른 일은 되돌릴 수 없다

说出去的话就覆水难收了。
이미 내뱉은 말은 되돌릴 수 없다.
覆水难收再难受也无济于事。
이미 엎질러진 물이라 아무리 괴로워도 소용이 없다.

★
본말전도
(韓) 本末顚倒
(中) 本末倒置
běn mò dào zhì

일의 원줄기를 잊고 사소한 부분에만 사로잡힘

不作调查研究，工作中有时难免本末倒置。
조사와 연구를 하지 않으면 간혹 본말이 전도되는 경우를 피할 수 없다.
基础知识不认真学而学些课外的真是本末倒置。
기초지식을 열심히 공부하지 않고 학과 이외의 것만 배우면 정말 본말전도이다.

★
봉두난발
(韓) 蓬頭亂髮
(中) 披头散发
pī tóu sàn fà

쑥대강이같이 흐트러진 머리털

晚上她披头散发地走出来吓了大家一跳。
밤에 그녀가 흐트러진 머리로 나와서 사람들이 깜짝 놀랐다.
现在在做运动披头散发的多难受啊!
봉두난발로 운동을 하면 얼마나 불편하지 모른다.

★
부귀영화
(韓) 富貴榮華
(中) 荣华富贵
róng huá fù gùi

부귀와 영화

享尽了荣华富贵。부귀영화를 다 누렸다.
谁救了我我一定报答他使他终身荣华富贵。
누구든지 나를 구해준다면 나는 꼭 그에게 보답하고 또 그에게 부귀영화를 누리게 해주겠다.

＊ 享尽 xiǎngjìn : 다 누리다

★
부전자전
(韓) 父傳子傳
(中) 父子相传
fù zǐ xiāng chuán

대대로 아버지가 아들에게 전함

父子相传，他遗传了他父亲的艰苦奋斗的精神。
그 아버지에 그 아들이라고, 그는 그의 아버지의 각고분투 하는 정신을 이어받았다.
你们真是父子相传言行举止都那么像。
당신들의 말과 행동이 너무 닮아서 정말 부전자전이라고 할 수 있다.

★
부중지어
(韓) 釜中之魚
(中) 釜底游鱼
fǔ dǐ yóu yú

솥 안의 물고기

好似釜底游鱼日暮途穷。
그는 지금 '부중지어'로 궁지에 몰렸다.
封建社会如釜底游鱼即将灭亡。
봉건사회는 '부중지어'처럼 소멸될 것이다.

＊ 日暮途穷 rìmùtúqióng : 날은 저물고 갈길은 막히다

★★

부지기수

(韓) 不知其數

(中) 不计其数

bù jì qí shù

너무 많아서 그 수효를 알 수가 없음

每天到展览馆参观的人不计其数。

매일 전람관에 참관오는 사람이 부지기수이다.

曹军着枪中箭火焚水溺者不计其数。

조나라 군사 중에 총과 화살에 맞은 사람들과 불에 타고 물에 빠진 사람들이 부지기수이다.

★★★

부화뇌동

(韓) 附和雷同

(中) 随声附和

súi shēng fù hè

일정한 견식이 없이 남의 말에 찬성해 같이 행동함

要养成独立思考的习惯，不能人云亦云，随声附和。

독립적으로 사고하는 습관을 길러야 하며, 부화뇌동해서는 안 된다.

朝中的百官都惧怕他的权势也随声附和。

조정에 있는 관료들이 모두 그의 권력을 두려워해 부화뇌동했다.

* 人云亦云 rén yún yì yún : 남이 말하는 대로 자기도 따라 말하다

★★★

분골쇄신

(韓) 粉骨碎身

(中) 粉身碎骨

fěn shēn sùi gǔ

목숨을 내놓고 있는 힘을 다하여 싸움

为革命粉身碎骨也甘心。

혁명을 위하여 기꺼이 분골쇄신하다.

只要是为了人们的利益粉身碎骨赴汤蹈火在所不惜。

단지 백성들의 이익을 위해서라면 분골쇄신하며 끓는 물과 불에 들어간다 해도 조금도 아까워하지 않을 것이다.

* 赴汤蹈火 fù tāng dǎo huǒ : 물불을 가리지 않다

★★★
불구대천
(韓) 不俱戴天
(中) 不共戴天
bù gòng dài tiān

한 하늘에서 더불어 살 수 없는 원수를 비유

誓不与卖国贼共戴天。
맹세코 매국노와 한 하늘에서 더불어 살지 않겠다.
我一定要回去报这个不共戴天之仇。
내가 꼭 돌아가서 이 불구대천의 원수를 갚아야 한다.

★★
불로소득
(韓) 不勞所得
(中) 不劳而获
bù láo ér huò

근로하지 않고 얻는 소득

应该以自食其力为荣，以不劳而获为耻。
마땅이 자기 힘으로 먹고사는 것을 영광으로 여기고 불로소득하는 것을 수치로 알아야 한다.
科学不是可以不劳而获的。
과학이란 노력하지 않고는 얻을 수 없는 것이다.

★★
불로장생
(韓) 不老長生
(中) 长生不老
cháng shēng bù láo

늙지 않고 오래 삶

谁也不能长生不老。
누구도 불로장생할 수 없다.
古代许多帝王都想找到长生不老的药。
고대의 많은 황제들이 다 불로장생의 약을 찾고 싶어 했다.

★★★
불요불굴
(韓) 不撓不屈
(中) 不屈不挠
bù qū bù náo

휘어지지 않고 굽히지도 않음

他们为革命事业不屈不挠，奋斗到底。
그는 혁명사업을 위하여 불요불굴 끝까지 분투하고 있다.
他一贯不屈不挠地与封建势力作斗争。
그는 계속 굴하지 않고 봉건세력과 투쟁을 하고 있다.

★
불철주야
(韓) 不撤晝夜
(中) 不分昼夜
bù fēn zhòu yè

밤낮을 가리지 않음

不分昼夜地学习。
불철주야 학습하다.
你这样不分昼夜的工作，身体会垮的。
이렇게 불철주야 일을 하니 몸이 망가질 것이다.

* 垮 kuǎ : 망가지다

★★
불편부당
(韓) 不偏不黨
(中) 不偏不倚
bù piān bù yǐ

어느 편으로나 치우치지 않음

你应该不偏不倚，公平合理地处理问题。
당신은 결코 어느 한 쪽으로 기울어서는 안되며 공평하고 합리적으로 문제를 처리해야 한다.
他不偏不倚，正中下怀。
그의 공정함은 제 마음에 꼭 듭니다.

* 正中下怀 zhèng zhōng xià huái : 바로 내가 생각하는 바와 꼭 들어 맞다

★
불학무식
(韓) 不學無識
(中) 不学无术
bù xué wú shù

배우지 못해 아는 것이 없음

这个人不学无术，恐难当此大任。
이 사람은 불학무식이라 이 일을 맡기에는 어려울 것 같다.
你整天不学无术的，将来怎么办？
너는 하루종일 배우지 않으니 장래에 어찌하려고 하느냐?

★
불협화음
(韓) 不協和音
(中) 不和谐音
bù hé xié yīn

서로 뜻이 맞지 않아서 일어나는 충돌

最近两国之间有了不和谐音。
최근 두 나라 사이에 불협화음이 일고 있다.
就算国家之间有了不和谐音，也不应该动武。
국가간에 불협화음이 있다고 하여 전쟁을 해서는 안 된다.

★★★
비몽사몽
(韓) 非夢似夢
(中) 似梦非梦
sì mèng fēi mèng

꿈인지 생시인지 어렴풋한 상태

一整天都是似梦非梦度过的。
하루 종일을 비몽사몽간에 보냈다.
你为什么会有似梦非梦的感觉?
너는 어찌하여 비몽사몽한 감각을 가지고 있느냐?

★★★
비일비재
(韓) 非一非再
(中) 比比皆是
bǐ bǐ jiē shì

흔히 있음

家乡的变化真大，乡镇企业比比皆是。
고향이 많이 변했다, 향진기업이 도처에 있다.
市场里，卖水果的地摊比比皆是。
시장에는 과일을 파는 노점상이 흔하다.

＊ 地摊 dìtān : 노점

★★★
사고무친
(韓) 四顧無親
(中) 举目无亲
jǔ mù wú qīn

의지할 데가 도무지 없음

举目无亲的孤儿。
사고무친의 고아.
她来到这个地方举目无亲。
그녀가 이곳에 왔지만 의지할 데가 없다.

★★
사방팔방
(韓) 四方八方
(中) 四面八方
sì miàn bā fāng

모든 방면

人们从四面八方来到北京。
사람들이 사방팔방에서 북경을 찾아오다.
今天是庙会，人从四面八方涌来。
오늘은 장날이라 사람들이 곳곳에서 몰려온다.

＊ 庙会 miàohùi : 장／涌 yǒng : 쏟아지다

★★
사상누각
(韓) 砂上樓閣
(中) 空中楼阁
kōng zhōng lóu gé

기초가 약하여 자빠질 염려가 있거나 오래 유지 못할 일

你这样推导出来的结论，其实是空中楼阁!
네가 이렇게 추론한 결론은 사실은 사상누각이다!
你的想法如空中楼阁，不切实际。
당신의 생각은 사상누각과 같고 실재적이지 못하다.

★
사시장춘
(韓) 四時長春
(中) 四季如春
sì jì rú chūn

사철 어느 때나 늘 봄과 같음

天气要是四季如春该有多好!
날씨가 사시장춘이면 얼마나 좋을까!
这个地方四季如春，很美!
이곳은 사시사철 봄과 같아 매우 아름답다!

★
산자수명
(韓) 山紫水明
(中) 山明水秀
shān míng shǔi xiù

산수의 경치가 썩 좋음

我又回到了山明水秀，鸟语花香的江南。
나는 또 산수가 수려하고 새소리 들리고 꽃내음 나는 강남에 돌아왔다.
我的家乡山明水秀。나의 고향은 경치가 매우 좋다.

★★★
산해진미
(韓) 山海珍味
(中) 山珍海味
shān zhēn hǎi wèi

산과 바다의 산물을 다 갖추어 썩 잘 차린 진귀한 음식

他天天吃山珍海味。그는 매일 맛있고 비싼 음식을 먹는다.
山珍海味，也会把人吃坏。
산해진미의 음식도 많이 먹으면 배탈 날 수 있다.

★★
삼고초려
(韓) 三顧草廬
(中) 三顾茅庐
sān gù máo lú

유비가 제갈량의 초려를 세 번이나 방문하여 세 번 만에 마침내 그를 군사로 삼은 일

三顾茅庐，老先生才答应做我们的学术顾问。
세 번을 방문해서 비로소 노선생이 우리들의 학술고문이 되어주겠다는 답변을 했다.

刘备三顾茅庐，请诸葛亮。
유비의 삼고초려는 제갈량을 모셨다.

고사 东汉末年，刘备请隐居在隆中草舍的诸葛亮出来运筹划策，去了三次才见到。后用来泛指诚心诚意一再邀请。

* 运筹划策 yùn chóu huà cè : 계략을 세우다

★
삼삼오오
(韓) 三三五五
(中) 三三两两
sān sān liǎng liǎng

삼사인 또는 오륙인이 떼를 지어 다니거나 무슨 일을 하는 모양

青年们三三两两地下地干活儿。
청년들이 삼삼오오 짝을 이뤄 밭에서 일을 한다.

看完电影后，同学三三两两地回家了。
영화를 다 본 후 친구들과 같이 집으로 돌아갔다.

★
삼십육계
(韓) 三十六計
(中) 三十六计，走为上策
sān shí liù jì, zǒu wéi shàng cè

어려운 때에는 도망하여 몸을 보전함이 상책임

三十六计，走为上策，我还是离开这儿的好。
어려운 때는 도망가는 것이 최고다. 나는 아무래도 여기를 떠나는 것이 좋겠다.

孙子兵法中三十六计，走为上策很实用。
손자병법 36계 줄행랑은 매우 실용적이다.

★★
상궁지조
(韓) 傷弓之鳥
(中) 惊弓之鸟
jīng gōng zhī niǎo

한 번 혼이 난 일로 인하여 늘 두려운 마음을 품는 일

现在他犹如惊弓之鸟。
현재 그는 두려움의 후유증이 있는 것 같다.
他现在已经是惊弓之鸟。
그는 현재 이미 예전의 일에 대해 컴플렉스가 생겼다.

★★★
상전벽해
(韓) 桑田碧海
(中) 沧海桑田
cāng hǎi sāng tián

세상 일이 덧없이 변천함이 심함을 비유하는 말

改革开放以来，穷乡僻壤也呈现一遍兴旺景象，真是沧海桑田，变化极大。
개혁개방 이후 가난하던 시골 마을도 두루 발전하는 모습을 보이고 있다. 참으로 큰 변화이다.
他离乡多年，回乡后感叹沧海桑田。
그가 오래전에 고향을 떠났다가 돌아온 후 세상일의 덧없음을 한탄했다.

* 呈现 chéngxiàn : 나타나다

★★
새옹지마
(韓) 塞翁之馬
(中) 塞翁失马
sài wēng shī mǎ

모든 것이 전전하여 무상하므로 인생의 길흉·화복을 예측할 수 없다는 뜻

塞翁失马，安知非福?
인생의 길흉화복은 무상하여 예측할 수 없다.
我们都知道塞翁失马的道理。
우리는 모두 새옹지마의 이치를 알고 있다.

* 安 ān : 어찌

고사 边塞上一个老头儿 丢了一匹马，别人来安慰他，他说：'怎么知道这不是福呢?' 后来这匹马竟带着一匹好马回来了。比喻坏事在一定条件下可以变为好事。

* 安慰 ānwèi : 위로하다

★

생사관두

(韓) 生死關頭
(中) 生死攸关

shēng sǐ yōu guān

죽느냐 사느냐의 위태위태한 고비

在这生死攸关的时候，他铤而走险。

생사의 갈림길에서 그는 굳건히 위험을 향해 걸어간다.

现在是生死攸关，马虎不得。

현재 생사의 갈림길에서 소홀히 해서는 안된다.

* 铤而走险 tǐngérzǒuxiǎn : 궁지에 몰려 위험을 무릅쓰다 / 马虎不得 mǎhubùdé : 소홀히 해서는 안된다

★

서절구투

(韓) 鼠竊狗偸
(中) 鼠窃狗盗

shǔ qiè gǒu dào

좀도둑을 욕으로 이르는 말

你都这么大了，怎么还做鼠窃狗盗的事情。

너는 이렇게 다 큰사람이 어째 도둑질을 했느냐?

现在要提防身边的人做鼠窃狗盗之事。

요즘 주변의 좀도둑질을 조심해야 한다.

* 提防 dīfang : 조심하다

★

석고대죄

(韓) 席藁待罪
(中) 负荆请罪

fù jīng qǐng zùi

거적을 깔고 엎드려 처벌을 기다림

我知道错了，特来负荆请罪。

내 잘못을 알고 죄를 용서받으러 특별히 왔다.

今日得罪之处，改日负荆请罪。

오늘 지은 죄를 다음에 용서를 구하렵니다.

고사 战国时， 廉颇和蔺相如同在赵国做官。蔺相如因功大，拜为上卿，位在廉颇之上。廉颇不服，想侮辱蔺相如。蔺相如为了国家的利益， 处处退让。后来廉颇知道了，感到很惭愧，就脱了上衣，背着荆条，向蔺相如请罪，请他责罚。后用来表示认罪赔礼。

* 侮辱 wǔrǔ : 모욕하다／退让 tùiràng : 양보하다／惭愧 cánkùi : 부끄럽다／荆条 jīngtiáo : 가시나무 가지 ／请罪 qǐngzùi : 용서을 빌다／认罪赔礼 rènzùipéilǐ : 죄를 인정하고 사죄하다

★★
선남선녀
(韓) 善男善女
(中) 善男信女
shàn nán xìn nǚ

착한 남자와 여자, 일반 사람

欺骗善男信女。
착한 사람들을 속이다.
这些善男信女打算去花市。
선남선녀들은 꽃시장에 갈 작정이다.

★
소탐대실
(韓) 小貪大失
(中) 贪小失大
tān xiǎo shī dà

작은 것을 탐하다가 큰 것을 잃음

贪小失大，你适可而止吧。
작은 것을 탐내다 큰 것을 잃을 수도 있으니 적당한 선에서 멈춰야 한다.
为人切不可做那种贪小失大，贪小便宜的苟且之事。
사람다워지기 위해 작은 것을 탐내다 큰 것을 잃는 일과 쫀쫀하고 쓸데없는 것에 신경 써서는 안 된다.

* 适可而止 shì kě ér zhǐ : 적당한 정도에서 그만두다／苟且gǒuqiě : 소홀히 하다

★★
수구초심
(韓) 首丘初心
(中) 狐死首丘
hú sǐ shǒu qiū

고향을 그리워하는 마음을 일컫는 말

虽然爷爷是华侨，但狐死首丘，晚年回到中国。
비록 할아버지는 화교이시지만 고향을 그리워 하셔서 늘그막에 중국으로 돌아가셨다.
人到了老年，大都狐死首丘。
사람이 늙으면 대부분 모두 고향을 그리워한다.

★
숙맥불변
(韓) 菽麥不辨
(中) 不辨菽麦
bù biàn shú mài

어리석은 사람의 비유

他是个书呆子，只背书上的道理，那样会不辨菽麦。
그는 책벌레인데 단지 책의 이론만 알고 있어 분별력이 없다.
现在许多公司不要不辨菽麦的人。
현재 많은 회사는 분별력이 없는 사람을 원하지 않는다.

★★
승승장구
(韓) 乘勝長驅
(中) 长驱直入
cháng qū zhí rù

싸움에 이긴 여세를 몰아 계속 몰아침

我军长驱直入，攻战城池。
우리 군은 승리의 여세를 몰아 성지를 공격한다.
军队长驱直入，终于到达目的地。
군대는 승리의 여세를 몰아서 마침내 목적지에 도달했다.

★
시약불견
(韓) 視若不見
(中) 视若无睹
shì ruò wú dǔ

보고도 보지 못한 체함

你对什么事情都视若无睹，好象不在意。
너는 그 무엇을 보고도 못 본체하니 주의하지 않는 것 같다.
看到他被人欺辱，而你却视若无睹。
그가 치욕을 당하는 것을 보고 너는 도리어 못 본체 한다.

★
식자우환
(韓) 識字憂患
(中) 识字为忧
shí zì wéi yōu

학식이 있는 것이 도리어 근심을 사게 됨

古云"女子无才便是德，" 识字为忧。
옛 말에 "여자가 재능이 없으면 덕"이라고 했다. 글을 알면 근심이 된다.
识字无忧之意就是人生识字便有忧。
글을 알고 근심이 없다는 뜻은 인생에 글을 아는 것은 곧 근심이 있다는 것이다.

★
신묘불측
(韓) 神妙不測
(中) 神妙莫测
shén miào mò cè

신기하고 묘해서 미리 헤아릴 수 없음

他有股神妙莫测的力量。
그는 신기하고 오묘한 능력을 가지고 있다.
他的魔术是神妙莫测的力量。
그의 마술은 신기하고 오묘한 능력이다.

★★★
심사숙고
(韓) 深思熟考
(中) 深思熟虑
shēn sī shú lǜ

깊히 잘 생각함

他说, 这个问题, 一定进一步深思熟虑, 找出一个具体的办法。
그는 이 문제는 반드시 더욱 더 심사숙고하여 구체적인 방법을 찾아야 한다고 말했다.
在如何处理这件事上, 他深思熟虑地作出了回答。
이 일을 어떻게 처리 할 것인가 그는 심사숙고하여 대답을 하였다.

★
십시일반
(韓) 十匙一飯
(中) 集腋成裘
jí yè chéng qiú

여럿이 힘을 합하면 한 사람을 돕기 쉽다는 비유

一个人捐一块钱, 全国人民都来捐, 集腋成裘, 数目就很可观了。
한사람에 1원씩 전 국민이 기부를 하면 십시일반이라고 큰돈이 된다.
道边的雪集腋成裘, 现在看上去像一个个小山。
길가에 쌓인 눈이 점점 쌓여서 지금은 하나하나 작은 산이 되었다.

* 捐 juān : 기부하다

★★★
십중팔구
(韓) 十中八九
(中) 十之八九
shí zhī bā jiǔ

거의 다 됨을 가리키는 말

他十之八九会迟到。그는 십중팔구 늦을 것이다.
小美十之八九在玩电脑。
소미는 십중팔구 컴퓨터를 가지고 놀고 있다.

★★
십한일폭
(韓) 十寒一暴
(中) 一暴十寒
yī pù shí hán

일이 중간에 많이 끊임을 비유한 말

一暴十寒, 没有恒心, 是不能成就大事的。
일이 이렇게 자주 끊기고 일관성이 없어 큰 일을 할 수 없다.
他由于学习上的一暴十寒, 没有取得好成绩。
그는 학업을 하는데 있어 꾸준함이 없어 좋은 성적을 얻지 못했다.

* 恒心 héngxīn : 변함없는 마음

★★★
안거위사
(韓) 安居危思
(中) 居安思危
jū ān sī wēi

편안할 때에도 앞으로의 우환을 염려하다

这个厂在产品畅销的时候能居安思危，不断开发新产品。
이 공장은 상품이 잘 팔리는 때에도 "거안사위"정신으로 부단히 새 상품 개발에 주력하고 있다.

虽然现在生活好了，但我们也要居安思危。
비록 현재의 생활이 편안하지만, 앞으로 어려울지 모름을 염려해야 한다.

* 畅销 chàngxiāo : 잘 팔리다

★
안고수비
(韓) 眼高手卑
(中) 眼高手低
yǎn gāo shǒu dī

마음은 크고 눈은 높으나 재주 없어 따르지 못함

年轻人往往眼高手低，自己没本事，倒瞧不起别人。
젊은 사람들은 왕왕 눈만 높고 재주는 없으면서 오히려 다른 사람을 깔보기도 한다.

既然做事眼高手低，就应该听取别人的劝告。
기왕 일을 하는데 이상은 높고 재주는 없지만 다른 사람의 충고를 귀담아야 한다.

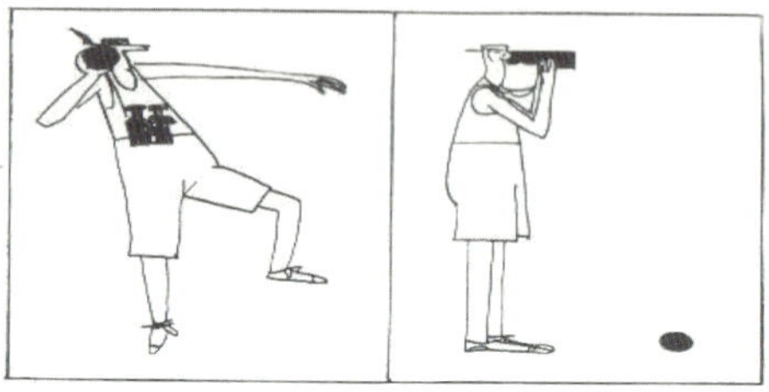

★★
안토중천
(韓) 安土重遷
(中) 故土难离
gù tǔ nán lí

고향을 떠나기를 싫어함

要移民了，看这家乡的山山水水，故土难离的感觉涌上心头。
이민을 하려고 하는데 고향의 아름다운 경치를 보니 고향을 떠나고자 하는 마음이 약해져만 간다.

他在这生活了40多年，故土难离，让他搬走谈何容易。
그는 여기서 40여년을 살았는데, 고향을 떠나기란 어려운 일, 그 보고 이사 가라고 얘기하기가 어렵다.

★★★
안하무인
(韓) 眼下無人
(中) 目中无人
mù zhōng wú rén

사람을 업신여기고 교만함

他自从当了官，就目中无人了。
그는 관료가 되고부터 안하무인이 되었다.
他一向目中无人，我行我素。
그는 늘 안하무인이고, 누가 뭐라고 해도 평소 자기방식으로 한다.

＊ 我行我素 wǒ xíng wǒ sù : 누가 뭐라고 해도 평소 자기방식으로 하다

★
야불폐문
(韓) 夜不閉門
(中) 夜不闭户
yè bù bì hù

세상이 태평하여 인심이 순박함

夜不闭户，路不拾遗。
사회가 안정되고 인심이 좋다.
这个村子夜不闭户，大家都和睦相处。
이 마을은 평안하고 인심이 순박하여 모두들 화목하고 잘 지낸다.

★★
야이계주
(韓) 夜以繼晝
(中) 夜以継日
yè yǐ jì rì

밤낮의 구별 없이 쉬지 아니하고 계속함

他夜以継日的工作，身体终于坚持不住了。
그는 밤낮 없이 일을 하더니 결국 몸을 지탱할 수가 없게 되었다.
科学家们夜以継日地研究，令人佩服!
과학자들은 밤낮 없이 연구에 몰두하니 참 대단하구나!

★★
양두구육
(韓) 羊頭狗肉
(中) 挂羊头卖狗肉
guà yáng tóu mài gǒu ròu

겉으론 훌륭하게 내세우나 속은 변변찮음

那一伙人，挂羊头，卖狗肉，千万不要上当受骗。
저 녀석들은 겉과 속이 다르니 절대로 당하지 마라.
他改邪归正，不再挂羊头卖狗肉。
그가 나쁜 마음을 고쳐먹고 다시는 남을 속이지 않는다.

挂羊头 卖狗肉　　图/王真 新华社发

★★
양약고구
(韓) 良藥苦口
(中) 良药苦口 利于病
liáng yào kǔ kǒu lì yú bìng

좋은 약은 입에 쓰다

良药苦口利于病，忠言逆耳利于行。
좋은 약은 입에는 쓰나 병에는 좋고, 충언은 귀에는 거슬리나 행동에는 좋다.
虽然这些药很苦，但所谓"良药苦口利于病"，对你有百利无一害。
비록, 이 약들이 쓰지만, "좋은 약은 입에 쓰다"라고 한다, 너에게 이로운 약이지 해로운 것은 없다.

★
양입계출
(韓) 量入計出
(中) 量入为出
liáng rù wéi chū

수입을 헤아려 보고 지출을 계획함

我们要学会量入为出。
우리는 수입을 헤아려 지출하는 계획을 배워야 한다.
如能量入为出，这就是俭。
만약 수입을 헤아려 보고 지출을 짜는 것이 곧 근검이다.

★
어부지리
(韓) 漁父之利
(中) 渔人之利
yú rén zhī lì

쌍방이 다투는 틈을 타서 제3자가 애쓰지 않고 가로챈 이득

坐收渔人之利。
앉아서 어부지리의 이익을 보다.
每人都喜欢渔人之利。
모든 사람은 어부지리를 좋아한다.

★
어불성설
(韓) 語不成說
(中) 言不成理
yán bù chéng lǐ

조리가 맞지 아니하여 도무지 말이 되지 아니함

你说的话言不成理。
당신이 한말은 이치에 맞지 않다.
说话切忌言不成理。
말을 할 때 이치에 어긋나는 말은 절대 삼가시오.

* 切忌 qièjì : 절대 삼가다

★
언중유골
(韓) 言中有骨
(中) 话中有刺
huà zhōng yǒu cì

예사로운 말 속에 단단한 속뜻이 들어 있음

我听出来他话中有刺。
나는 그의 말속에 가시가 있음을 알 수 있다.
你话中有刺，出口伤人。
너의 말속에 가시가 있어 말을 하면 사람을 다치게 한다.

★★★
언청계용
(韓) 言聽計用
(中) 言听计从
yán tīng jì cóng

남을 깊이 믿어 그의 말대로 함

我对妈妈的话，言听计从。
나는 엄마의 말은 모두 믿고 따른다.
他是一个好学生，对老师总是言听计从。
그는 모범학생이라 선생님의 말은 모두 잘 듣는다.

★
엄동설한
(韓) 嚴冬雪寒
(中) 数九寒天
shǔ jiǔ hán tiān

눈이 오고 몹시 추운 계절

数九寒天，可不安好?
엄동설한에 안녕하시겠지요?
虽然是数九寒天，但他仍然坚持跑步。
비록 추운 날씨이지만 그는 여전히 굳건히 달린다.

★
여좌침석
(韓) 如坐針席
(中) 如坐针毡
rú zuò zhēn zhān

(바늘 방석에 앉은 것 같다는 뜻) 몹시 거북하고 불안함

我在前女友的婚礼上，如坐针毡。
나는 옛 여자친구 결혼식에서 거북하고 불안했다.
听到这个消息，如坐针毡，再也平静不下了。
이 소식을 듣고 난 후 불안하여 더 이상 마음이 평온할 수 없었다.

★★★
역지사지
(韓) 易地思之
(中) 设身处地
shè shēn chǔ dì

처지를 바꾸어 생각함

他总会为他人设身处地着想。
그는 언제나 타인을 위해 역지사지하여 생각한다.
我设身处地地想过，他说的对。
나는 역지사지해서 생각해 본적이 있는데 그 의 말이 옳다.

★
연락부절
(韓) 連絡不絶
(中) 络绎不绝
luò yì bù jué

왕래가 잦아 끊이지 않음

旅游旺季，开往名胜景点的车辆络绎不绝。
여행 성수기라 경치가 좋은 곳으로 향하는 차량이 끊이지 않는다.
来庙上香的人，络绎不绝。
절간에 와서 향을 올리는 사람이 끊이지 않다.

★★★
염량세태
(韓) 炎涼世態
(中) 世态炎凉
shì tài yán liáng

권세가 있을 때는 붙잡고, 권세가 없어지면 푸대접하는 세속의 인심

人走茶凉，世态炎凉。
사람이 떠나면 차가 식고, 권세가 있으면 쫓고, 없으면 푸대접이다.
他退休后，就在也没有人来看他，真是世态炎凉。
그가 퇴직 하니 그를 찾는 사람이 없다. 정말 염량세태구나!

★
염치불고
(韓) 廉恥不顧
(中) 不顾廉耻
bù gù lián chǐ

부끄러움도 모르고

在大街上骂人，你也不顾廉耻。
큰길에서 심한 욕을 하다니 당신은 부끄러움도 모르는구료!
不顾廉耻的人，也谈不上尊严。
부끄러움을 모르는 사람은 존엄은 말할 것노 없다.

★
오불관언
(韓) 吾不關焉
(中) 事不关己
shì bù guān jǐ

나는 상관하지 않음. 또, 그러한 태도

抱着事不关己的态度。
일이 자기와는 상관없다는 태도를 취하다.
事不关己，你走吧。
상관없는 일이니 당신은 가세요!

★★
오비이락
(韓) 烏飛梨落
(中) 瓜田李下
guā tián lǐ xià

어떤 우연한 일치로 억울하게 혐의를 받거나 난처한 입장에 서게 됨

遇日暮，瓜天李下之讥。
날이 저물어 오비이락의 비방을 듣게 되었다.
不要到瓜田李下不安全的地方。
억울한 혐의를 받을 수 있는 곳은 가지 마세요.

★★
오십보백보
(韓) 五十步百步
(中) 五十步笑百步
wǔ shí bù xiào bǎi bù

차이가 있기는 있으나, 본질적으로 매일반이라는 뜻

他俩是五十步笑百步。그들은 둘 다 오십보백보다.
自己还没有做好，就学会五十步笑百步。
자신이 아직 완성 못하는 것이 곧 오십보백보라는 것을 배웠다.

고사 战国时候，孟子跟梁惠王谈话，打了一个比方，有两个兵士在前线上败下来，一个退了五十步，另一个退了一百步。退了五十步的就讥笑退了一百步的，说他不中用。其实两个人都是在退却，只是跑得远近不同罢了。比喻自己跟别人有同样的缺点或错误，只是程度上轻一些，却讥笑别人。

★★★
오합지졸
(韓) 烏合之卒
(中) 乌合之众
wūhé zhī zhòng

규율도 통일성도 없는 군중

他纠合了一群乌合之众。그는 오합지졸을 규합했다.

★
완전무결
(韓) 完全無缺
(中) 完美无缺
wán měi wú quē

완전하여 결점이 없음

他的论文完美无缺。그의 논문은 완벽하다.
人总有缺点不足，不能要求完美无缺。
사람은 항상 결점과 부족함이 있기 마련이다. 완전함을 요구할 수 없다.

★★
왈가왈부
(韓) 曰可曰否
(中) 说东道西
shuō dōng dào xī

어떤 일에 대하여 옳다거니 그르다거니 말함

我家的事用不着你说东道西。
우리 집안일을 네가 왈가왈부하지 마라.
一篇散文，一些人欣赏，一些人只会说东道西。
한편의 산문을 두고 어떤 사람들은 감상을 하고, 어떤 사람들은 옳고 그름을 논한다.

* 欣赏 xīnshǎng : 감상하다

★
요령부득
(韓) 要領不得
(中) 不得要领
bù dé yào lǐng

말이나 글의 요령을 잡을 수 없음

老师讲了半天，我还是不得要领。
선생님이 한참을 말했지만 무슨 말인지 모르겠다.
由于不得要领的学习考试失利。
공부할 때 요점을 파악하지 못했기 때문에 시험을 실패했다.

★
요지부동
(韓) 搖之不動
(中) 雷打不动
léi dǎ bù dòng

흔들어도 꿈쩍 아니함

既然要做就得雷打不动，不能三天打鱼两天晒网。
기왕에 하겠다고 했으면 흔들리지 말고 해야 한다. 이랬다 저랬다 해서는 안 된다.
他下定决心，雷打不动。그가 결심을 하면 흔들림이 없습니다.

★★
욕속부달
(韓) 欲速不達
(中) 欲速则不达
yù sù zé bù dá

일을 서두르면 되레 이루지 못함

做事要循序渐进，要知道欲速则不达这个道理。
일을 할 때는 순서에 따라서 천천히 해야 하며, 일을 서두르면 되레 이루지 못한다는 것을 알아야 한다.
俗语说"欲速则不达"，所以做事不要心急。
속담에 "일을 서두르면 오히려 일을 그르친다"고 했다. 그러므로 일을 할 때는 서둘지 마라.

★★★
용두사미
(韓) 龍頭蛇尾
(中) 虎头蛇尾
hǔ tóu shé wěi

小巨人征战NBA，火箭虎头蛇尾客场不敌马刺。

처음은 좋으나 끝이 좋지 않음의 비유

做事不要虎头蛇尾。
일은 용두사미가 되어서는 안 된다.
他总是虎头蛇尾。
그는 하는 일이 항상 용두사미이다.

★★★
용왕매진
(韓) 勇往邁進
(中) 勇往直前
yǒng wǎng zhí qián

거리낌 없이 용감하게 나아감

大学生要有勇往直前的精神。
대학생은 용감하게 앞으로 전진하는 정신이 필요하다.
勇往直前，决不后退。
용감하게 전진하고 결코 후퇴하지 않는다.

★★
용호상박
(韓) 龍虎相搏
(中) 龙争虎斗
lóng zhēng hǔ dòu

두 강자가 서로 싸운다는 뜻

两支足球队经过九十分钟的龙争虎斗，结果踢成平局，握手言和。
두 개의 축구팀은 90분간의 치열한 공방전을 벌였지만 비기고 말았다.
我看过<<龙争虎斗>>这部电影。
나는 영화 <용쟁호투>을 본 적이 있다.

* 握手言和 wò shǒu yán hé : 비기다

★
우여곡절
(韓) 迂餘曲折
(中) 迂回曲折
yū húi qū zhé

사정이 뒤얽혀 몇 번이고 변화함. 또, 뒤얽힌 복잡한 사정

经受了各种迂回曲折，勇敢地克服了难关。
우여곡절 끝에 용감하게 난관을 극복했다.
巫峡简直像江上一条迂回曲折的画面。
巫峡은 마치 강 위에 얽히고 뒤엉킨 한 가닥의 화면 같다.

★★★
우유부단
(韓) 優柔不斷
(中) 优柔寡断
yōu róu guǎ duàn

어물어물하며 딱 잘라 결단을 못하다

他是个软弱无能，优柔寡断的人。
그는 연약하고 무능하며 우유부단한 사람이다.
这位统领最是胆小，遇事请，优柔寡断。
이 부대장님은 소심하여 일에 직면해서 우유부단하다.

★★
우순풍조
(韓) 雨順風調
(中) 风调雨顺
fēng tiáo yǔ shùn

농사에 알맞게 기후가 순조로움

今年风调雨顺，农作物长得很好。
올해 날씨가 좋아 농작물이 잘 자랐다.
风调雨顺能够带来农民的丰收。
좋은 날씨는 농민에게 풍년을 가져다 준다.

★★★
우이독경
(韓) 牛耳讀經
(中) 对牛弹琴
dúi niú tán qín

쇠귀에 경 읽기

说了也是对牛弹琴，你也不懂。
말해도, 역시 소귀에 경 읽기라 너는 이해하지 못한다.
对牛弹琴这句话，含有讥笑对象的意思。
'소귀에 경 읽기'란 말은 상대방을 비웃는 뜻을 가지고 있다.

★★★
우후죽순
(韓) 雨後竹筍
(中) 雨后春笋
yǔ hòu chūn sǔn

비가 온 뒤에 많이 솟는 죽순처럼, 어떤 일이 한 때에 많이 일어남의 비유

地方工业工厂像雨后春笋般建立起来。
지방공업공장이 우후죽순처럼 건설되기 시작했다.
城市建设犹如雨后春笋。도시건설이 마치 우후죽순과 같다.

雨后春笋 图/谢正军 新华社发

★
욱일승천
(韓) 旭日昇天
(中) 旭日东升
xù rì dōng shēng

아침해가 하늘로 떠오름, 또 그 기세

我喜欢旭日东升的景色。
나는 아침 해가 떠오르는 모습을 좋아한다.
在海边看旭日东升，让人心旷神怡。
해변에서의 일출구경은 사람의 마음과 정신을 상쾌하게 한다.

* 心旷神怡 xīn kuàng shén yí : 마음이 트이고 기분이 유쾌하다

★
운도시래
(韓) 運到時來
(中) 时来运转
shí lái yùn zhuǎn

무슨 일을 이룰 좋은 운수와 시기가 한때에 옴

他时来运转，官升三级。
그에게 운이 찾아와 3급이나 진급했다.
人人都想时来运转。
사람마다 모두 운수대통을 바란다.

★★
위기일발
(韓) 危機一髮
(中) 千钧一发
qiān jūn yī fà

위태로움이 몹시 절박한 순간

在这千钧一发时刻，突然他吓倒了。
위기일발일 때 갑자기 그가 놀라 넘어졌다.
他总在千钧一发的时候冲在最前头。
그는 언제나 위기에 직면하여 앞으로 달려나갔다.

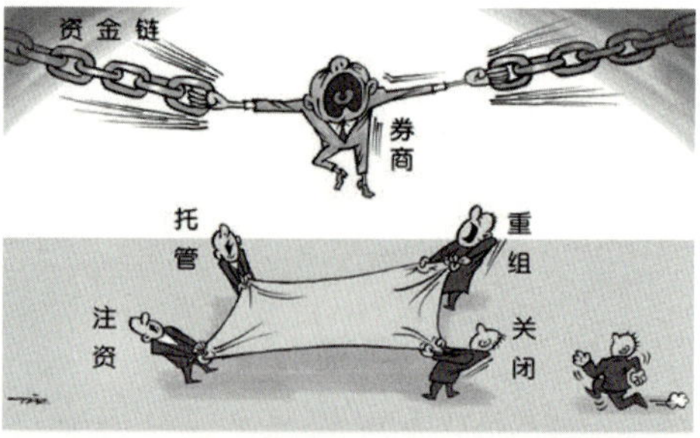

题目: 千钧一发　作者: 万永　通联: 030001太原煤矿设计院

★
위재조석
(韓) 危在朝夕
(中) 危在旦夕
wēi zài dàn xī

아주 위험하여 하루 동안을 지내기가 몹시 어려운 형편

那些被困的同志危在旦夕。
그 어려움에 처한 동지들은 몹시 위험한 상황이다.
他被车撞了，危在旦夕。
그는 자동차에 치어서 매우 위험한 상황에 처해 있다.

★
유구무언
(韓) 有口無言
(中) 有口难辩
yǒu kǒu nán biàn

입은 있으나 할 말이 없다는 뜻으로, 변명이나 항변할 말이 없음

这事儿我是有口难辩。
이 일에 대하여는 나는 입이 있어도 할 말이 없다.
这都是官吏的所做所为，百姓有口难辩。
이것은 모두 관료들이 하는 일들이라 백성은 항변할 수가 없다.

★
유무상통
(韓) 有無相通
(中) 互通有无
hù tōng yǒu wú

있는 것과 없는 것을 서로 융통함

互通有无，有利于中韩两国经济发展。
서로 절충보완하여 한중양국의 경제발전에 유리하게 한다.
为了共同发展，互通有无。
공동발전을 위해서 서로서로 절충보완 해야 한다.

★
유수도식
(韓) 遊手徒食
(中) 游手好闲
yóu shǒu hào xián

아무 일도 하지 아니하고 빈둥빈둥 놀고 먹음

他以为茶馆是游手好闲者的养成所。
그는 찻집은 무위도식하는 사람들의 양성소라고 생각한다.
你整天游手好闲，什么都不做。
그는 종일 무위도식하며 어떠한 일도 안 한다.

★★★
유야무야
(韓) 有耶無耶
(中) 不了了之
bù liǎo liǎo zhī

흐지부지한 모양

这件事拖了半年未能解决，最后只好以**不了了之**了。
이 일은 반년을 끌었지만 해결되지 않자 결국 흐지부지해졌다.
老师也没有见到外星人，无法说明，只好**不了了之**。
선생님도 외계인을 본 적이 없어 설명할 방법이 없어 흐지부지해 버렸다.

★
유예미결
(韓) 猶豫未決
(中) 犹豫不决
yóu yù bù jué

망설이어 결정을 짓지 못함

没有时间了，不能**犹豫不决**，快做决定。
시간이 없다, 망설이지 말고 빨리 결정하자.
在他**犹豫不决**中失去了最后的机会。
그는 주저주저 망설이다 마지막 기회를 놓쳤다.

★
유유상종
(韓) 類類相從
(中) 物以类聚
wù yǐ lèi jù

동류끼리 서로 내왕하며 사귐

物以类聚说的就是你们这些人。
유유상종이라 더니 너희들을 말하는구나.
这些纨绔子弟吃喝玩乐，真是**物以类聚**。
이 돈 많은 오렌지족들은 먹고 마시고 노는 것밖에 모르니, 정말로 유유상종이다.

* 纨绔 wánkù : 귀족의 자식

★
유유자적
(韓) 悠悠自適
(中) 悠悠自居
yōu yōu zì jū

속세를 떠나 아무 속박 없이 자기 멋대로 마음 편히 삶

父亲退休后，过着**悠悠自居**的日子。
부친은 퇴직후 유유자적한 나날을 보내고 있다.
小王的工作很轻松，整天过着**悠悠自居**的生活。
소왕의 일은 매우 가벼운 일이라 하루종일 날을 편안하게 보낸다.

★★★
유일무이
(韓) 唯一無二
(中) 独一无二
dú yī wú èr

오직 하나 뿐으로 둘도 없다

小王的歌唱得特好，在全校是独一无二的。
소왕은 노래를 특별히 잘하는데 전교에서도 유일무이하다.
这是世界上独一无二的花瓶，很名贵。
이것은 세상에서 하나밖에 없는 꽃병인데 매우 귀하다.

* 名贵 mínggùi : 유명하고 진귀하다

★
의기양양
(韓) 意氣揚揚
(中) 意气风发
yì qì fēng fā

득의한 마음이 얼굴에 나타나는 모양

意气风发地走过来了。의기양양하게 걸어 왔다.
他做什么事都意气风发。
그는 무슨 일을 하더라도 언제나 의기양양하다.

★
이문목견
(韓) 耳聞目見
(中) 耳听目睹
ěr tīng mù dǔ

실지로 듣고 봄

这是我耳听目睹的，你还说什么？
이것은 내가 직접 목격한 것인데 무슨 말이냐?
耳听目睹不代表是事实。
실지로 듣고 보고 했다고 해도 사실을 대표하지 않는다.

★
이실직고
(韓) 以實直告
(中) 如实相告
rú shí xiāng gào

사실 그대로 고함

事情是怎么搞的，你不能如实相告吗?
일이 어떻게 된 것인지 사실대로 말해줄 수 없니?
你必须把这件事如实相告。
너는 반드시 이일을 이실직고해야 한다.

★★
이심전심
(韓) 以心傳心
(中) 心心相印
xīn xīn xiāng yìn

말·글에 의하지 않고, 마음에서 마음으로 전달됨

他们两个情投意合心心相印，不久就要结为终身伴侣了。
그들 둘은 의기투합하고 마음이 서로 통하여 곧 결혼하여 평생의 반려가 되었다.

数年相交，久已心心相印。
수년을 사귀어서 이미 마음과 마음이 통한다.

★
이현령비현령
(韓) 耳懸鈴鼻懸鈴
(中) 随方就圆
súi fāng jiù yuán

어떤 사실이 이렇게도 저렇게도 해석됨을 이르는 말

这个新产品，可谓是'随方就圆'怎么使用都可以。
이 신상품은 '이현령비현령'이라 할까, 어떤 용도로든 모두 사용이 가능하다.

他总是有很多理由，'随方就圆'。
그는 항상 이유가 많아 '이현령비현령'이다.

★★
인과응보
(韓) 因果應報
(中) 因果报应
yīn guǒ bào yìng

사람이 짓는 선악의 인업에 응하여 과보가 있음

因果报应，有施必有报，有感必有应。
인과응보는 베풀어주면 반드시 보답이 있고 정이 있으면 반드시 응보가 있다.

这本书，内容绝大部分是宣扬封建道德，因果报应。
이 책은 내용의 대부분이 봉건도덕과 인과응보를 찬양하고 있다.

★★★
인사불성
(韓) 人事不省
(中) 不省人事
bù xǐng rén shì

정신을 잃고 의식을 모름

妈妈赶到医院时，孩子已经不省人事了。
엄마가 병원에 달려갔을 때 아이는 이미 인사불성이었다.

她被这起凶杀案吓得不省人事。
그녀는 이 살인사건에 놀라 정신을 잃었다.

★★
인순고식
(韓) 因循姑息
(中) 因循守旧
yīn xún shǒu jiù

낡은 습관이나 폐단을 벗어나지 못하고 당장의 편안함을 취함

现代社会，不能因循守旧，顽固不化。
현대사회에서 낡은 폐단과 완고함은 통하지 않는다.
这些老古董，因循守旧。
이 골동품들은 낡은 것을 답습하고 있다.

★
일거수일투족
(韓) 一擧手一投足
(中) 一举一动
yī jǔ yī dòng

조그만 일에 이르기까지의 동작 하나하나

你的一举一动，都被监视。
당신의 일거수일투족은 모두 감시당한다.
在这种场合，一举一动都非常关键。
이러한 상소에서 일거수일투족이 매우 중요하다.

★
일고삼장
(韓) 日高三丈
(中) 日上三竿
rì shàng sān gān

아침해가 높이 떴음

日上三竿，他才懒洋洋的起床。
아침해가 높이 떠서야 그는 느긋하게 기상한다.
他喜欢晚上行动，所以日上三竿，还在呼呼大睡。
그는 밤에 움직이는 것을 좋아해서 대낮에도 잠을 잔다.

* 懒洋洋 lǎnyángyáng : 게으르다

★
일구난설
(韓) 一口難說
(中) 一言难尽
yī yán nán jìn

한 마디로 다 말하기 어려움

经历了这么多的事情，真是一言难尽啊!
이런 많은 일을 경험한 후에 정말로 한마디로 말하기 힘들다.
我有我的苦衷，总之一言难尽。
내 나름대로의 고충을 아무튼 한마디로 말하기는 어렵다.

★
일구월심
(韓) 日久月深
(中) 日久天长
rì jiǔ tiān cháng

세월이 갈수록 더하여짐

日久天长，养成习惯就不好了。
세월이 갈수록 습관이 되면 좋지 않다.
他们在一起，日久天长，就产生了感情。
그들은 함께 지내면서 세월이 갈수록 정이 깊어졌다.

★★★
일기당천
(韓) 一騎當千
(中) 以一当百
yǐ yī dāng bǎi

무예나 능력이 아주 뛰어남을 이르는 말

我方军队以一当百，打退敌人。
우리 아군은 일당백으로 적을 물리쳤다.
这次战役，我军以一当百。
이번 전쟁에서 아군은 일당백이었다.

★
일맥상통
(韓) 一脈相通
(中) 一脉相承
yī mài xiāng chéng

어떠한 점에서 서로 통함

孟子与孔子的思想是一脉相承的。
맹자와 공자의 사상은 일맥상통한다.
这个手艺是一脉相承，不传外人的。
이 수예는 한 계통으로 전해져 내려와 다른 사람에게 전수하지 않는다.

★
일면여구
(韓) 一面如舊
(中) 一见如故
yī jiàn rú gù

처음 만났으면서 오래 사귄 것처럼 친밀함

他们一见如故，谈得很投机。
그들은 오랜 친구같이 의기투합이 된다.
虽然是第一次见面，但是一见如故。
비록 처음 만났지만 오래 사귄 친구 같다.

★

일면지분

(韓) 一面之分

(中) 一面之交

yī miàn zhī jiāo

일면식의 친분

我与令尊有一面之交。나는 너의 아버님과 일면식이 있다.

就凭这一面之交，就相信他。

단지 일면식이 있는 친분이지만 그를 믿는다.

★

일벌백계

(韓) 一罰百戒

(中) 惩一儆百

chéng yī jǐng bǎi

타(他)의 경각심을 불러일으키기 위하여 본보기로 중한 처벌을 하는 일

这次绝不能轻饶，要惩一儆百。

이번에는 절대로 용서할 수 없고 일벌백계로 삼겠다.

为了杜绝这种事情再发生，我们要惩一儆百。

이런 일의 재발을 막기 위해 우리는 일벌백계로 하겠다.

* 轻饶 qīngráo : 가볍게 봐주다

★★

일석이조

(韓) 一石二鳥

(中) 一箭双雕

yī jiàn shuāng diāo

일거양득

通过溜弯儿，既恢复了健康，又找到了配偶，真可谓一箭双雕。

산책을 통해서 건강도 회복하고 배우자도 만났으니 정말 일석이조라 할 수 있다.

他想要一箭双雕，但失望罢了。

그는 일거양득을 바랬으나 실망을 했다.

* 溜弯儿 liūwār : 산책하다

★

일언가파

(韓) 一言可破

(中) 一言道破

yī yán dào pò

한 마디로 진상을 밝히다

你一言道破我心里所想的。

너는 내 속사정을 바로 안다.

这么复杂的问题，却被他一言道破。

이렇게 복잡한 문제를 오히려 그가 한번에 알아차렸다.

★★
일언반구
(韓) 一言半句
(中) 只言片语
zhī yán piàn yǔ

극히 짧은 말의 비유

只言片语，受千辛万苦。
짧은 말 한마디에 고생을 심하게 하다.
他的只言片语便化解了这个恩怨。
그의 말 한마디에 은혜와 원한이 풀렸다.

★★★
일일여삼추
(韓) 一日如三秋
(中) 一日三秋
yī rì sān qiū

하루가 삼 년 같음

一日三秋，他焦急地等待跟恋人见面。
하루가 삼년같이 그는 초급하게 연인과 만날 날을 기다리고 있다.
他想快点见到他的亲生父母，这种心情一日三秋。
그는 빨리 그의 친 부모님을 보고 싶은데 이러한 마음은 하루가 3년과도 같을 것이다.

★
일자무식
(韓) 一字無識
(中) 目不识丁
mù bù shí dīng

일자무식

他因为家里穷，没钱上学，所以目不识丁。
그는 집이 가난했기 때문에 학교 다닐 돈이 없었다. 그래서 아무것도 모른다.
现代社会，目不识丁的人很少了。
현대사회에는 일자무식한 사람이 거의 없다.

★
일장일단
(韓) 一長一短
(中) 有利有弊
yǒu lì yǒu bì

장점도 있고 단점도 있음

任何人都有利有弊，这是规律。누구나 다 일장일단이 있다.
做每件事都有利有弊，要一分为二的看问题。
모든 일을 하는데 있어 이로움과 폐단이 있어 하나를 둘로 나누어 보아야 한다.

★★★
일취월장
(韓) 日就月將
(中) 日新月异
rì xīn yuè yì

날로 달로 진보함

改革开放使得中国的面貌日新月异。
개혁개방은 중국의 모습을 날로 진보케 하고 있다.
现在，大连每天都有日新月异的变化。
현재, 중국대련은 매일 같이 변화하고 있다.

★
일필휘지
(韓) 一筆揮之
(中) 一挥而就
yī hūi ér jiù

단숨에 흥취있고 줄기차게 글씨를 써 내림

几千字的文章，他一挥而就。
몇 천자나 되는 글을 그는 단숨에 써 내려갔다.
他是著名的画师，无论什么画，他都能一挥而就。
그는 유명한 화가이므로 무슨 그림이든 그는 일필휘지로 그린다.

★★
일호백락
(韓) 一呼百諾
(中) 一呼百应
yī hū bǎi yìng

한 사람이 소리내어 외치면 여러 사람이 이에 따름

爷爷说话，总能让人一呼百应。
할아버님이 말씀하시면 언제나 많은 사람이 호응한다.
他平时爱说谎，所以没有人对他一呼百应。
그는 평소에 거짓말을 좋아해서 그의말에 호응하는 사람이 없다.

★★★
일확천금
(韓) 一攫千金
(中) 一获千金
yī huò qiān jīn

단번에 많은 재물을 얻음

放弃一获千金的美梦吧。일확천금 하려는 꿈에서 깨어나라.
一获千金的美梦是不能实现的。
일확천금의 꿈은 실현될 수가 없는 것이다.

★★★
임기응변
(韓) 臨機應變
(中) 随机应变
súi jī yìng biàn

그때 그때 그 시기에 임하여 적당히 일을 처리함

要善于随机应变。임기응변에 능해야 한다.
考试的时候，要随机应变。
시험 볼 때 유통성 있게 하여야 한다.

★★★
입향순속
(韓) 入鄕循俗
(中) 入乡随俗
rù xiāng súi sú

다른 지방에 들어가서는 그 지방의 풍속을 좇음

要入国问禁，入乡随俗。
로마에 가면 로마의 법을 따라라.
既然来到韩国，就要入乡随俗。
이왕에 한국에 왔으니 한국의 풍속을 따라야 한다.

★
자가당착
(韓) 自家撞着
(中) 自相矛盾
zì xiāng máo dùn

같은 사람의 말이나 행동이 앞뒤가 맞지 아니함

他的发言自相矛盾。
그의 발언은 앞뒤가 맞지 않다.
你说的这么多，不觉得你的话，自相矛盾吗？
말을 많이 하는데 말의 앞뒤가 맞지 않다고 생각하지 않습니까?

★
자수성가
(韓) 自手成家
(中) 白手起家
bái shǒu qǐ jiā

물려 받은 재산이 없는 사람이 제 힘으로 한 살림을 이룩함

他们白手起家办起了家庭托儿所。
그는 자수성가하여 가정탁아소를 세웠다.
爷爷从年轻的时候，就白手起家，才会有今天的成就。
할아버지는 젊었을 때 자수성가하여 오늘의 이런 성공이 있게 되었다.

★★
자승자박
(韓) 自繩自縛
(中) 作茧自缚
zuò jiǎn zì fù

자신이 한 말과 행동에 자신이 구속되어 괴로움을 당함

你这样做，简直是作茧自缚。
네가 이렇게 하는 것은 그야말로 스스로를 구속하는 것에 불과하다.
你不要在作茧自缚了。
당신은 스스로 자신의 말과 행동에 구속되지 말아요.

★★
자업자득
(韓) 自業自得
(中) 自作自受
zì zuò zì shòu

제가 저지른 일의 과보를 스스로 받음

他这次受处分，真是自作自受。
그가 이번에 처분을 당한 것도 다 자업자득이다.
这些人是自作自受，我们也帮不了。
이러한 사람은 자업자득이므로 우리가 도와 줄 수 없다.

★
자중자애
(韓) 自重自愛
(中) 自爱自重
zì ài zì zhòng

스스로 존중하고 스스로 아끼다

女孩子要自爱自重。
여자는 스스로를 아끼고 존중해야 한다.
要学会自爱自重。
스스로를 존중하고 아끼는 것을 배워야 한다.

★
자초지종
(韓) 自初至終
(中) 自始至终
zì shǐ zhì zhōng

처음부터 끝까지 이르는 동안

谈判自始至终洋溢着友好的气氛。
담판은 처음부터 끝까지 우호적인 분위기로 넘쳤다.
宴会中，自始至终没有说话，生病了么？
연회 중에 처음부터 끝까지 말이 없는데 병이 났나요?

* 洋溢 yángyì : 넘치다

★★
자화자찬
(韓) 自畵自讚
(中) 自吹自擂
zì chūi zì léi

제가 한 일을 자기 스스로 자랑함

他爱自吹自擂。그는 자화자찬을 좋아한다.
这些人太不谦虚了，总爱自吹自擂。
이 사람들은 그다지 겸손하지 않아 항상 자화자찬한다.

★
작사도방
(韓) 作舍道傍
(中) 作舍道边
zuò shè dào biān

무슨 일에 여러 사람의 의견이 서로 달라서 얼른 결정하지 못함을 일컫는 말

这项工程没有通过，就是因为作舍道边。
이 프로젝트는 통과되지 못했는데 원인은 의견이 분분하고 결정에 이르지 못했기 때문이다.
你若想成功，就不要作舍道边。
당신이 만약 성공하고 싶다면 '작사도방'하지 말아라.

★
장두은미
(韓) 藏頭隱尾
(中) 藏头露尾
cáng tóu lù wěi

일의 전말을 똑똑히 밝히지 아니함

他总是藏头露尾，让人琢磨不透。
그는 항상 전말을 밝히지 않아 사람들을 어리둥절하게 한다.
薛蟠本是个心直口快的人，见不得这样藏头露尾。
설반본은 매우 직설적인 사람이라 그렇게 전말을 감추고 숨기는 사람으로 볼 수 없다.

* 琢磨 zhuómo : 음미하다

★★★
적반하장
(韓) 賊反荷杖
(中) 贼喊捉贼
zéi hǎn zhuō zéi

잘못한 사람이 도리어 잘한 사람을 나무라는 경우에 쓰는 말

他这种做法是贼喊捉贼。
그의 이러한 행위는 적반하장에 다름 아니다.
你贼喊捉贼，大家都知道。
너의 적반하장을 모두 알고 있다.

★
적소성대
(韓) 積小成大
(中) 积少成多
jī shǎo chéng duō

작은 것이나 적은 것도 쌓이면 크게 되거나 많아짐

知识是积少成多的。
지식은 조금씩 쌓여서 많아지는 것이다.
只有积少成多，才能有质的飞跃。
'적소성대'만이 질적인 비약을 가져올 수 있다.

★
적재적소
(韓) 適材適所
(中) 适得其所
shì dé qí suǒ

알맞은 인재를 알맞은 자리에 씀

说过的话，却适得其所。
전에 했던 말이 뜻밖에 '적재적소' 했다.
做事必须适得其所。
일을 할 때는 반드시 적재적소 해야 한다.

★★★
전대미문
(韓) 前代未聞
(中) 前所未闻
qián suǒ wèi wén

이제까지 들은 적이 없음

前所未闻的奇迹。전대미문의 기적.
这是前所未闻的发明。이것은 전대미문의 발명이다.

★★★
전력투구
(韓) 全力投球
(中) 全力以赴
quán lì yǐ fù

모든 힘을 다 기울임

为了父亲，我会全力以赴的去比赛。
아버지를 위해 저는 전력투구하여 시합을 하겠습니다.
大家全力以赴，打败敌人。
여러분 모두 전력투구하여 적을 무찌릅시다.

★★★
전무후무
(韓) 前無後無
(中) 空前绝后
kōng qián jué hòu

전에도 없었고 앞으로도 없다

这种盛况是空前绝后的。
이러한 성황은 전무후무할 것이다.
这场轰轰烈烈的战役，空前绝后。
기세와 기백이 드높은 이번 전쟁은 전무후무하다.

* 轰轰烈烈 hōng hōng liè liè : 장렬하다

★
전심전력
(韓) 全心全力
(中) 全心全意
quán xīn quán yì

온 마음과 옴 힘

全心全意为人民服务。
전심전력을 다하여 인민을 위하여 봉사하다.
全心全意的为人民服务，就是这个军队的唯一宗旨。
전심전력하여 국민을 위해 봉사하는 것은 군대의 유일한 주지(목적)이다.

* 宗旨 zōngzhǐ : 주지

★
전차후옹
(韓) 前遮後擁
(中) 前呼后拥
qián hū hòu yōng

많은 사람이 앞뒤로 보호하여 따름

前呼后拥，复出了咸阳城，向东进发。많은 사람들이 앞뒤로 따르며 함양성을 탈환하고 동쪽으로 진격한다.

他很受爱戴，大家前呼后拥地把他拥进车。

그는 매우 존경을 받아서 모두들 앞뒤로 그를 호위하며 차안으로 안내한다.

★
전첨후고
(韓) 前瞻後顧
(中) 瞻前顾后
zhān qián gù hòu

일에 부닥쳐 결단을 내리지 못하고 앞뒤를 재며 어물거림

你要瞻前顾后的好好想想。

당신은 앞뒤를 살피면서 잘 생각해 보세요.

他做事很小心，总是瞻前顾后。

그는 일을 할 때 조심스러워 항상 앞뒤를 잘 살핀다.

★
절세가인
(韓) 絶世佳人
(中) 绝代佳人
jué dài jiā rén

이 세상에서는 견줄 사람이 없을 정도로 뛰어나게 아름다운 여자

那位女人被称为绝代佳人。

그 여인은 절세가인으로 불린다.

这个穷山村竟然出了一个绝代佳人。

오지마을에서 마침내 절세가인이 났다.

★★
절장보단
(韓) 截長補短
(中) 取长补短
qǔ cháng bǔ duǎn

장점으로 단점이나 부족한 것을 보충함

我们要学会取长补短。

우리는 장점으로 부족함을 채우는 것을 배워야 한다.

学习上就要有取长补短的精神。

공부에서 '절장보단'의 정신이 있어야 한다.

★
절치부심
(韓) 切齒腐心
(中) 切齿痛恨
qiè chǐ tòng hèn

몹시 분하여 이를 갈고 속을 썩임

他切齿痛恨这种行径。
그는 이러한 행위에 절치부심하고 있다.
对这伙强盗，老百姓无不切齿痛恨。
이 강도에 대해서 백성들은 분하여 이를 갈고 속이 상하지 아니한 사람이 없다.

★★
정금단좌
(韓) 正襟端坐
(中) 正襟危坐
zhèng jīn wēi zuò

옷매무시를 고치고 단정히 앉음

正襟危坐，不歪身，也不翘腿。
옷매무시를 단정히 하고 바른 자세로 다리도 꼬지 않는다.
刚到他家的时候，我还是正襟危坐。
그의 집에 막 도착했을 때 나는 역시 엄숙하고 딱딱한 표정이었다.

* 翘腿 qiáotǔi : 다리를 꼬다

★
정문일침
(韓) 頂門一鍼
(中) 当头一棒
dāng tóu yī bàng

따끔한 충고를 이르는 말

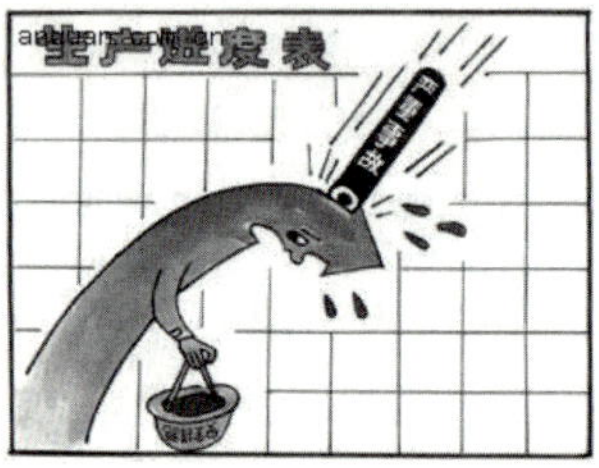

当头一棒，读者无不俯首皈依。
따끔한 충고에 독자들은 고개 숙여 귀의하지 않는 이가 없다.
这突如其来的消息，如当头一棒。
이런 갑작스런 소식은 따끔한 충고와도 같다.

* 俯首皈依 fǔ shǒu gūi yī : 고개를 숙이고 귀의하다

★★★
정정당당
(韓) 正正堂堂
(中) 堂堂正正
táng táng zhèng zhèng

태도나 수단이 공정하고 떳떳하다

堂堂正正地做人。정정당당한 사람이 되어라.
我们要做堂堂正正的韩国人。우리는 정정당당한 한국인이 되어야 한다.

★★
조령모개
(韓) 朝令暮改
(中) 朝令夕改
zhāo lìng xī gǎi

법령을 자주 뒤바꿈

政策要相对稳定，不能朝令夕改。
정책은 상대적으로 안정적이어야 하며 수시로 바뀌어서는 안 된다.
军阀混战时期，朝令夕改。
군벌들이 혼전을 벌일 때 법령이 자주 바뀌었다.

★
조불려석
(韓) 朝不慮夕
(中) 朝不保夕
zhāo bù bǎo xī

당장을 걱정할 뿐 앞일을 미리 생각할 겨를이 없음

现在朝不保夕，快逃吧。
지금 상황이 급박하니 빨리 도망가라.
在逃的罪犯朝不保夕。 도망중인 범인은 언제 잡힐 줄 모른다.

★★★
종심소욕
(韓) 從心所欲
(中) 随心所欲
súi xīn suǒ yù

자기하고 싶은 대로 함

你做什么事情，都随心所欲，不顾后果。
당신은 무슨 일을 하든 하고 싶은 대로 하고 결과는 생각 안 한다.
就算你是王宫子弟，也不能随心所欲。
당신은 왕국의 자녀라고는 하지만 하고 싶은 대로는 할 수 없다.

★
종횡무진
(韓) 縱橫無盡
(中) 纵横驰骋
zòng héng chí chěng

자유자재하여 거침없이 마음대로 하는 상태

爷爷纵横驰骋商场数十年，从来没有失败过。
할아버지는 종횡무진으로 사업을 한지 수 십년 이지만 실패해 본적이 없다.
李自成在战场上纵横驰骋，所向无敌。
이자성은 전쟁에서 종횡무진하여 가는 곳마다 당할 자가 없다.

★

좌고우면

(韓) 左顧右眄

(中) 左顾又盼

zuǒ gù yòu pàn

이리저리 돌아봄

他走得很慢，左顾右盼，像在寻找什么。

그는 매우 더디게 걷는데, 이리저리 돌아보는 것이 뭔가를 찾는 것 같다.

吃饭的时候，不要左顾右盼。

식사할 때 이리저리 돌아보지 마라.

★

좌불안석

(韓) 坐不安席

(中) 坐卧不宁

zuò wò bù níng

불안·근심 등으로 한 군데에 오래 앉아 있지를 못함

哥哥因车祸住院后，母亲天天心惊肉跳，坐卧不宁。

형이 교통사고로 입원한 후, 어머니는 매일 가슴이 뛰고 앉으나 서나 불안해하고 있다.

我每天晚上做恶梦，使我坐卧不宁。

나는 매일 저녁 악몽을 꾸어 매우 불안한 날을 보내고 있다.

* 心惊肉跳 xīn jīng ròu tiào : 몹시 놀라고 겁에 질려 떨다

★★★

주마가편

(韓) 走馬加鞭

(中) 快马加鞭

kuài mǎ jiā biān

닫는 말에 채찍질을 더한다는 뜻으로, 정진하는 사람을 한층 권장함을 이르는 말

咱们要快马加鞭，更上一层楼。

우리는 박차를 가하여 한층 더 나아가야 한다.

快马加鞭，越快越好。

더욱 박차를 가해 빠르면 빠를수록 좋다.

★★★

주마간산

(韓) 走馬看山

(中) 走马看花

zǒu mǎ kàn huā

달리는 말 위에서 산천을 구경한다는 뜻으로, 바쁘고 어수선하여 되는대로 홱홱 지나쳐 봄의 비유

这次参观是名副其实地走马看花。

이번 참관은 그야말로 주마간산이었다.

梦中看美人，如走马看花。

꿈속에서 미녀를 보니 주마간산과 같다.

★
주시행육
(韓) 走尸行肉
(中) 行尸走肉
xíng shī zǒu ròu

몸은 비록 살아 있어도 아무런 쓸모가 없는 사람을 이르는 말

他现在已经是没有灵魂的行尸走肉。
그는 현재 영혼이 없는 쓸모없는 사람이 되어 버렸다.
如果不想成为行尸走肉，就振作起来。
만약에 '주시행육'이 되고 싶지 않으면 정신을 바짝 차려야 한다.

★
주이계야
(韓) 晝而繼夜
(中) 夜以継日
yè yǐ jì rì

낮・밤을 쉬지 아니하고 일함

我们废寝忘食，夜以継日的工作。
우리는 먹고 자는 것도 잊고 밤낮으로 일한다.
他夜以継日的忙着这个草案。
그는 밤낮으로 쉬지 않고 기안을 하느라 바쁘다.

★
주야불식
(韓) 晝夜不息
(中) 昼夜不停
zhòu yè bù tíng

밤낮으로 쉬지 아니함

他昼夜不停的往家赶。
그는 밤낮으로 쉬지 않고 집으로 향했다.
因听见家里的喜讯，遂昼夜不停的前进。
집안의 기쁜 소식을 듣고 밤낮으로 쉬지 않고 전진했다.

* 遂 sùi : 마침내

★
죽마고우
(韓) 竹馬故友
(中) 青梅竹马
qīng méi zhú mǎ

어렸을 때부터의 친한 벗

这对情人从小在一起，青梅竹马，两小无猜。
이 쌍의 연인은 어려서부터 함께한 죽마고우로 허물없이 지낸다.
他们一开始就青梅竹马，亲密无间。
그들은 처음부터 죽마고우로 매우 친하게 지낸다.

★★★

중과부적

(韓) 衆寡不敵
(中) 寡不敌众

guǎ bù dí zhòng

적은 수효가 많은 수효를 대적하지 못함

他们人多，我们人少，寡不敌众，快走吧!

그들은 사람이 많고 우리는 적다. 중과부적이다. 빨리 가자!

只是你一人，寡不敌众，如何是好？

너 혼자만으로는 중과부적이니 어떻게 하면 좋겠니?

★★★

중도이폐

(韓) 中道而廢
(中) 半途而废

bàn tú ér fèi

일을 하다가 중간에서 그침

你半途而废，不后悔吗？

당신은 중도하차해서 후회하지 않느냐?

你不要做什么事都半途而废的，让人无法相信你。

너는 무슨 일을 해도 중도하차하지 마라, 사람들이 너를 믿지 않게 된다.

★★

종두지미

(韓) 從頭至尾
(中) 从头到尾

cóng tóu dào wěi

처음부터 끝까지

从头到尾，我都不知道发生了什么事。

처음부터 끝까지 나는 무슨 일이 일어났는지 모르겠다.

他从头到尾都在说慌。

그는 처음부터 끝까지 거짓말을 한다.

★

중목소시

(韓) 衆目所視
(中) 众目睽睽

zhòng mù kúi kúi

여러 사람이 보고 있는 바

在众目睽睽之下，他竟然如此无理。

여러 사람이 보고 있는데도 그는 뜻밖에 경우없이 행동했다.

在众目睽睽之下，他吓了一跳。

여러 사람이 보고 있는 상황에서 그는 깜짝 놀랐다.

★
중소공지
(韓) 衆所共知
(中) 众所周知
zhòng suǒ zhōu zhī

많은 사람이 모두 아는 바

众所周知，中国现在越来越富强。
모든 사람이 알다시피, 중국은 현재 점점 부강해 지고 있다.
这件事大家众所周知。이 일은 다 알고 있는 사실이다.

★
중원축록
(韓) 中原逐鹿
(中) 逐鹿中原
zhú lù zhōng yuán

서로 경쟁하여 어떤 지위를 얻고자 하는 일

为了逐鹿中原，他不惜牺牲自己的亲人。
천하를 다투기 위해 그는 자신의 친척을 희생하는 것도 애석해 하지 않는다.
无数英雄逐鹿中原，都没有实现。
무수한 영웅들이 천하를 얻으려 했지만 모두 실현하지 못했다.

★
지독지정
(韓) 舐犢之情
(中) 舐犊情深
shì dú qíng shēn

자녀에 대한 어버이의 지극한 정

老夫妻俩暮年守着个独子，未免舐犊情深。
늙은 부부는 황혼기에 외아들을 돌보는데 부모님의 자애는 비할 길이 없다.
她对子女舐犊情深，别人很是羡慕。
그녀의 자녀에 대한 자애를 다른 사람이 매우 흠모한다.

★★★
지리멸렬
(韓) 支離滅裂
(中) 支离破碎
zhī lí pò suì

갈가리 흩어지고 찢기어 갈피를 잡을 수 없이 됨

好端端一篇文章给改得支离破碎，面目全非。
좋던 한 편의 글이 잘못 고쳐서 지리멸렬해지더니 전혀 다른 글이 되었다.
他用才学的支离破碎的韩语，做了自我介绍。
그는 막 배우기 시작한 완전하지 못한 한국어로 자기를 소개했다.

★
지성감천
(韓) 至誠感天
(中) 精诚所至, 金石为开
jīng chéng suǒ zhì, jīn shí wéi kāi

정성이 지극하면 하늘도 감동한다

我相信精诚所至, 金石为开。
나는 지성이면 감천이라는 말을 믿는다.
精诚所致, 金石为开, 你一定能找到失散的女儿。
지성이면 감천이다, 당신은 반드시 잃어버린 딸을 찾을 수 있을 것이다.

★
지지부진
(韓) 遲遲不進
(中) 停滞不前
tíng zhì bù qián

매우 더뎌 잘 나아가지 않음

扭转生产停滞不前的局面。
생산이 지지부진한 국면을 개선하다.
虽然现在有了一点成果, 也不要停滞不前。
비록 현재 약간의 성과가 있지만 멈추지 말고 계속 나아가야 한다.

* 扭转 niǔ zhuǎn : 전환시키다

★★★
지피지기
(韓) 知彼知己
(中) 知己知彼
zhī jǐ zhī bǐ

적의 내정과 나의 내정을 잘 앎

知己知彼, 百战百胜。
자신을 알고 적을 알면 백전백승할 수 있다.
为了知己知彼, 厂长亲自到那个工厂去考察。
지피지기를 위해서 공장장은 몸소 공장에 가서 시찰했다.

★★★
직왕매진
(韓) 直往邁進
(中) 勇往直前
yǒng wǎng zhí qián

주저함이 없이 곧장 힘차게 나아감

要做一番英雄事业, 就得不怕千难万险, 勇往直前, 百折不挠。
영웅적 사업을 할 때는 어려움과 위험을 무서워하지 말고 용감하게 앞으로 나아가 백절불굴의 정신으로 임해야 한다.
他无论做什么事都勇往直前。
그는 무슨 일을 하든 용감히 나아간다.

★
진인사대천명
(韓) 盡人事待天命
(中) 尽人事听天命
jìn rén shì tīng tiān mìng

최선을 다하고 천명을 기다린다

我也没有办法，尽人事听天命吧。
나도 방법이 없으니 진인사대천명이올시다.
他失职后，就尽人事听天命吧。
그는 실직 후 최선을 다하면서 천명을 기다리고 있다.

★
천경지위
(韓) 天經地緯
(中) 天经地义
tiān jīng dì yì

영원히 변하지 아니할 진리나 법칙

牛顿的万有引力学说，已经确立很久，地动学说成了天经地义的了。
뉴톤의 만유인력 학설은 이미 확립된지 오래이며, 지동학설은 불변의 진리가 되었다.
他学习刻苦，考上大学，是天经地义的事。
그는 열심히 공부했기 때문에 대학에 합격한 것은 당연한 일이다.

★
천고마비
(韓) 天高馬肥
(中) 秋高气爽
qiū gāo qì shuǎng

하늘이 높고 말이 살찐다는 뜻으로, 가을이 썩 좋은 절기임을 일컫는 말

汉城的十月，秋高气爽，景色宜人。
서울의 10월은 천고마비의 계절, 경치가 너무 아름답다.
我们都喜欢秋高气爽的秋天。
우리는 모두 천고마비의 가을을 좋아한다.

★★★
천공해활
(韓) 天空海闊
(中) 海阔天空
hǎi kuò tiān kōng

도량이 크고 넓은 것을 비유하여 일컫는 말

两人很健谈，海阔天空，聊起来没个完。
두 사람은 다 능변이라 어떤 주제라도 얘기를 시작하면 끝이 없다.
他很有意思，想像总是海阔天空。
그는 재미가 있어 항상 크고 넓게 상상한다.

* 健谈 jiàntán : 입담이 좋다

★

천부당만부당

(韓) 千不當萬不當

(中) 千不该万不该

qiān bù gāi wàn bù gāi

조금도 가당치 않음

千不该万不该的想法。말도 안 되는 생각.

你千不该万不该自己出走。너는 제멋대로 외출해서는 안된다.

★

천붕지괴

(韓) 天崩地壞

(中) 天崩地裂

tiān bēng dì liè

하늘이 무너지고 땅이 꺼짐

一阵轰隆隆的响声，如天崩地裂。

한바탕 천둥소리는 하늘이 무너지고 땅이 꺼지는 것과 같았다.

一声响亮，就如天崩地裂，台倾柱倒。

우렁찬 소리는 하늘이 무너지고 땅이 꺼지는 것과 같고 기둥이 기울어 넘어지는 것 같다.

* 轰隆隆 hōng lōng long : 우르르

★★★

천양지차

(韓) 天壤之差

(中) 天壤之别

tiān rǎng zhī bié

하늘과 땅 사이와 같이 엄청난 차이

两个人的实力有天壤之别。

두 사람의 실력 차는 하늘과 땅 사이이다.

虽然在这里，很厉害，但是出去后，天壤之别。

비록 여기서는 대단해 보이지만 나가서보면 천양지차이다.

★

천인공노

(韓) 天人共怒

(中) 天怒人怨

tiān nù rén yuàn

누구나 분노할 만큼 증오스러움

天怒人怨的罪行。

천인공노할 죄행.

我是不能容忍这天怒人怨的事。

나는 천인공노할 일을 용인 할 수 없다.

★
천일야화
(韓) 千一夜話
(中) 天方夜谭
tiān fāng yè tán

아라비안나이트

他刚才说的，简直是天方夜谭。
그가 좀 전에 한 말은 그야말로 허무맹랑하다.
这简直就是天方夜谭。이것은 정말로 허무맹랑하다.

★★★
천재일우
(韓) 千載一遇
(中) 千载一时
qiān zǎi yī shí

좀처럼 만나기 어려운 기회

这种机会真是千载一时，你怎么舍得放弃呢?
이런 기회는 천년에 한 번 올까 말까 하는데, 너는 어떻게 그렇게 쉽게 포기하니?
现在他们都走了，真是千载一时的好机会。
지금 그들이 모두 가버려서, 정말로 천재일우의 기회이다.

* 舍得 shěde : 아깝지 않다

★
천지개벽
(韓) 天地開闢
(中) 开天辟地
kāi tiān pì dì

하늘과 땅이 처음으로 열림

这件事在我国还是开天辟地第一回。
이런 일은 우리나라에서는 유사이래 처음이다.
千千万万的人好象变成了一个挥动着铁臂的巨人， 正在做着开天辟地的工作。
수많은 사람들이 마치 강인한 팔뚝을 휘두르는 거인으로 변모하여 유사이래 처음 있는 일을 하고 있다.

★
천진무구
(韓) 天眞無垢
(中) 天真无邪
tiān zhēn wú xié

아무 흠이 없이 천진함

园中的那些女孩，是天真无邪的。
정원에 있는 그 여자아이들은 천진무구하다.

★
청산유수
(韓) 青山流水
(中) 滔滔不绝
tāo tāo bù jué

막힘없이 썩 잘하는 말의 비유

他讲起话来，滔滔不绝。
그 사람이 말을 시작하면 청산유수다.
他说话滔滔不绝如流水。그가 하는 말은 정말 청산유수다.

★
청렴결백
(韓) 淸廉潔白
(中) 清白廉洁
qīng bái jié lián

성품이 고결하고 탐욕이 없으며 깨끗하다

包公是个清白廉洁的人。포공은 청렴결백한 사람이다.
做人就要清白廉洁。사람이 되려면 청렴결백해야한다.

★
초근목피
(韓) 草根木皮
(中) 草根树皮
cǎo gēn shù pí

풀뿌리와 나무의 껍질

以草根树皮活命。초근목피로 목숨을 부지하다.
他已经没有食物可吃，只能吃草根树皮。
그는 이미 먹을 것이 없어 단지 초근모피로 연명하고 있다.

★★★
초미지급
(韓) 焦眉之急
(中) 燃眉之急
rán méi zhī jí

눈썹에 불이 붙은 것과 같이 매우 위급함을 이르는 말

汛期即将来临，修好大堤已是燃眉之急。
증수기가 곧 다가옵니다. 댐을 건설하는 것이 초미지급한 일입니다.
现在的燃眉之急是冲出包围圈。
현재 위급한 것은 포위권을 벗어나는 것이다.

★★
촉목상심
(韓) 觸目傷心
(中) 触目惊心
chù mù jīng xīn

사물이 눈에 보이는 대로 마음이 아픔

他刚经历了那触目惊心的世事。
그는 보기만 해도 몸서리치는 세상일을 경험했다.
他刚看完恐怖片，那触目惊心的画面仍然出现在他脑海里。
그는 방금 공포물을 보았는데, 그 보기만 해도 몸서리치는 장면이 여전히 뇌리에 남아 있다.

★★
최후발악
(韓) 最後發惡
(中) 垂死挣扎
chúi sǐ zhēng zhá

마지막으로 있는 힘을 다 내어 하는 발악

老猴快死了，仍在做垂死挣扎。
늙은 원숭이가 곧 죽게 생겼는데, 최후의 발악을 하고 있다.
两眼露出垂死挣扎的凶光。
두 눈에 최후발악의 흉악한 빛이 표출되었다.

★
추풍낙엽
(韓) 秋風落葉
(中) 秋风扫落叶
qiū fēng sǎo luò yè

세력 등이 낙엽처럼 시들어 우수수 떨어짐의 비유

对待封建思想要像秋风扫落叶一样。
봉건사상을 추풍낙엽과 같이 일소해야 한다.
对待封建势力，他决定秋风扫落叶。
봉건세력을 그는 완전히 일소하기로 결정했다.

★
추호불범
(韓) 秋毫不犯
(中) 秋毫无犯
qiū háo wú fàn

매우 청렴하여 남의 것을 조금도 건드리지 아니함

他在城外住了三天，秋毫无犯，赈济饥寒。
그는 교외에서 3일을 묵으며 청렴결백하게 춥고 굶주린 사람들을 구했다.
军队战士具有秋毫无犯的精神。
군인들은 청렴결백한 정신으로 무장되어 있다.

* 赈济 zhènjì : 구제하다

★
출몰무쌍
(韓) 出沒無雙
(中) 出没无常
chū mò wú cháng

나타났다가 없어졌다가 하는 것이 비길 데 없이 심함

他总是出没无常。그는 항상 나타났다 없어졌다 한다.
我军的游击战术更加出没无常。
우리군의 게릴라작전은 더욱 더 출몰무쌍하다.

★
칠전팔기
(韓) 七顚八起
(中) 百折不挠
bǎi zhé bù náo

여러 번 실패해도 재기하여 분투함

百折不挠的精神。칠전팔기의 정신.
他有着百折不挠的英雄气概。
그는 칠전팔기의 영웅적 기개가 있다.

★★★
칠종칠금
(韓) 七縱七擒
(中) 欲擒故纵
yù qín gù zòng

일곱 번 놓아주고 일곱 번 사로잡는다는 뜻으로, 마음대로 잡았다 놓아주었다 함의 비유

他主要采用了逐步铺垫, 层层映衬, 欲擒故纵的写法。
그는 단계적으로 복선을 깔고, 층층으로 비추어 대조하며, 마음대로 밀고 당기는 필법을 사용했다.
战争中, 他使用了欲擒故纵的方法。
전쟁 중에 그는 칠종칠금의 방법을 사용했다.

* 铺垫 pūdiàn : 복선을 깔다 / 映衬 yìngchèn : 서로 잘 어울리다

★
침소봉대
(韓) 針小棒大
(中) 夸大其词
kuā dà qí cí

작은 일을 크게 허풍떨어 말함

他夸大其词地奢谈自己的勇武。
그는 자신의 용맹을 침소봉대하여 시끄럽게 떠들었다.
必须实事求是, 不能夸大其词。
반드시 사실에 입각하여 진리를 구해야 하며 침소봉대해서는 안 된다.

* 奢谈 shētán : 시끄럽게 떠들다

★★★
쾌도난마
(韓) 快刀亂痲
(中) 快刀斩乱麻
kuài dāo zhǎn luàn má

어지럽게 뒤얽힌 사물을 명쾌하게 처리함

迅雷不及掩耳, 快刀斩乱麻, 一点不错。
일이 갑자기 생겨 미처 손쓸 틈이 없었으나 일을 명쾌하게 처리해 문제가 전혀 없다.
这样的感情还不如快刀斩乱麻。
이런 감정은 역시 빨리 명쾌하게 처리하는 것이 좋다.

★★★
탁상공론
(韓) 卓上空論
(中) 纸上谈兵
zhǐ shàng tán bīng

현실성이 없는 허황한 이론이나 논의

现有这样的能人帮助，还纸上谈兵。
현재 이러한 능인의 도움이 있다고 하는 데 아직도 탁상공론이다.
他只会纸上谈兵。그는 단지 탁상공론으로 일관하고 있다.

★
탄탄대로
(韓) 坦坦大路
(中) 康庄大道
kāng zhuāng dà dào

장래가 아무 어려움이나 괴로움 없이 수월함을 이르는 말

经过崎岖小路走上康庄大道。
울퉁불퉁한 길을 지나 탄탄대로에 들어섰다.
不要畏惧，前面的路，都是康庄大道。
두려워마라, 걱정하지마라 앞의 길은 탄탄대로이다.

* 崎岖 qíqū : 울퉁불퉁하다 / 畏惧 wèijù : 무서워하고 두려워하다

★★
탐다무득
(韓) 貪多務得
(中) 贪得无厌
tān dè wú yàn

욕심이 많아서 많은 것을 탐냄

不要在贪得无厌了。많은 욕심을 내지 마라.
他是个贪得无厌的小人。그는 욕심을 내는 소인배이다.

★★★
토영삼굴
(韓) 兎營三窟
(中) 狡兔三窟
jiǎo tù sān kū

자신의 안전을 위하여 미리 몇 가지의 피할 술책을 짜놓음을 이르는 말

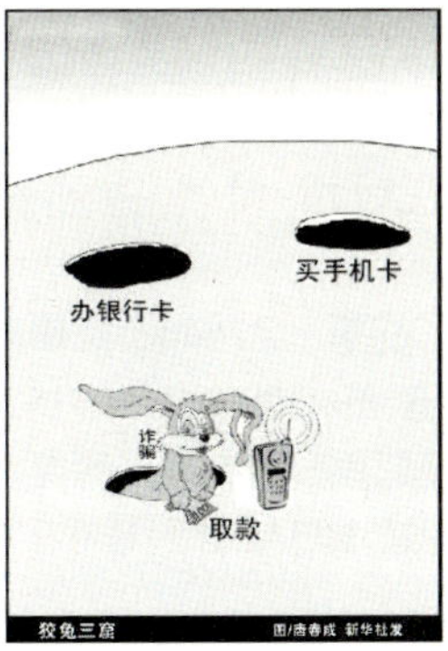

稍稍了解兔子底细的人，就知道有"狡兔三窟"的说法。
조금이라도 토끼의 내막을 이해하는 사람은 '토영삼굴'의 의미를 잘 안다.
他用狡兔三窟的方法躲避，很难有人发现他。
토영삼굴의 방법으로 숨어버리자 그를 찾기가 매우 어려웠다.

* 底细 dǐ xì : 내막 / 躲避 duǒbì : 피하다

★
투현질능
(韓) 妬賢嫉能
(中) 嫉贤妒能
jì xián dù néng

어질고 재주 있는 사람을 시기하며 미워함

心怀大志的人，不能嫉贤妒能。
큰 뜻을 품은 사람은 현능한 자를 시기하고 미워하지 않는다.
嫉贤妒能的人，没有什么发展前途。
현능한 자를 시기하고 미워하는 사람은 미래의 발전이 없다.

★
파란만장
(韓) 波瀾萬丈
(中) 千难万阻
qiān nán wàn zǔ

생활이나 일의 진행에서 여러 가지 곡절이 많고 변화가 심함

千难万阻的艰苦道路。
파란만장한 고난의 길.
他经历千难万阻，终于成功了。
그는 파란만장한 경험을 통해서 결국은 성공했다.

★★
파부침선
(韓) 破釜沈船
(中) 破釜沉舟
pò fǔ chén zhōu

죽음을 무릅쓰고 싸움에서 반드시 이기겠다는 굳은 뜻을 이르는 말

就算破釜沉舟，也要干。결사적으로 하겠다.
决一死战，破釜沉舟。결사항전하겠다.

★
파안대소
(韓) 破顔大笑
(中) 眉开颜笑
méi kāi yán xiào

얼굴빛을 부드럽게 하여 크게 웃음

一说到孩子的事，老妈妈不觉眉开颜笑。
아이들 얘기를 하자 할머니는 자기도 모르게 환하게 웃었다.
面对一场及时雨，老农眉开颜笑。
제때 오는 비를 보면서 늙은 농부가 환하게 웃는다.

★★★
파죽지세
(韓) 破竹之勢
(中) 势如破竹
shì rú pò zhú

대적을 거침없이 물리치고 쳐들어가는 당당한 기세

屡创新高，势如破竹

势如破竹，所向无敌。
파죽지세로, 향하는 곳마다 대적할 자가 없다.
我军现在已势如破竹了。
우리 군은 현재 이미 파죽지세이다.

★
패가망신
(韓) 敗家亡身
(中) 家破人亡
jiā pò rén wáng

집안의 재산을 다 써 없애고 몸을 망침

地震后，他被弄得家破人亡。
지진 후 그는 패가망신하였다.
因为他的顽固，弄得家破人亡。
그의 완고함 때문에 집과 몸을 모두 망쳤다.

★
편의종사
(韓) 便宜從事
(中) 便宜行事
biàn yí xíng shì

가서 형편에 따라 좋을 대로 하도록 맡기는 일

崇祯帝赐他这把尚方宝剑，听他便宜行事。
숭정황제는 그에게 상방보검을 하사하고 그가 알아서 할 수있도록 했다.
他善于便宜行事。그는 융통성 있게 하는 일에 능숙하다.

＊ 赐 cì : 하사하다 / 善于 shànyú : 능하다

★
평화공존
(韓) 平和共存
(中) 和平共处
hé píng gòng chǔ

사회 체제가 다른 자본주의 국가와 사회주의 국가가 평화적으로 공존할 수 있다는 이론 및 정책

和平共处五项原则。평화공존 5항 원칙.
现在这两个国家还能和平共处。
현재 이 두 국가는 아직도 평화공존 할 수 있다.

★★★
폐침망찬
(韓) 廢寢忘餐
(中) 废寝忘食
fèi qǐn wàng shí

침식을 잊고 일에 몰두함

夜以継日，废寝忘食，为加速我们的革命事业而不知疲倦。
밤낮으로 침식을 잊고 우리의 혁명사업을 가속화하기 위하여 피로도 잊고 있다.

他总是废寝忘食地工作。그는 항상 침식을 잊고 일을 한다.

★
포복절도
(韓) 抱腹絶倒
(中) 捧腹大笑
pěng fù dà xiào

배를 그러안고 넘어질 정도로 몹시 웃음

一个精彩的节目，弄得全场捧腹大笑。
재미있는 프로그램이 전체 관객들을 포복절도하게 만들었다.

大家莫名其妙地看着他捧腹大笑。
모두들 그가 포복절도하는 모습을 이상하게 보고 있다.

* 精彩 jīngcǎi : 훌륭하다 / 莫名其妙 mò míng qí miào : 영문을 모르다

★★★
표리부동
(韓) 表裏不同
(中) 表里不一
biǎo lǐ bù yī

마음이 음충맞아서 겉과 속이 다름

当面说得好听，背后又在捣鬼，这不是表里不一吗?
앞에서는 듣기 좋은 말만 하고 뒤에서는 또 음모를 꾸미니, 이것이야말로 표리부동이 아니겠습니까?

当面一套，背面又一套，真是表里不一。
앞에서는 이 말하고 뒤에서는 저 말하니 정말로 '표리부동'이다.

* 捣鬼 dǎoguǐ : 음모를 꾀하다

表里不一　　图/李肖扬 新华社发

★
풍비박산
(韓) 風飛雹散
(中) 支离破碎
zhī lí pò suì

사방으로 날아 흩어짐

西欧和北美可是屡受张力而支离破碎的区域。
서유럽과 북미는 여러 차례의 장력으로 '풍비박산'된 지역이다.
他用支离破碎的外语与别人交谈。
그는 새는 외국어로 다른 사람과 대화한다.

★
풍전등화
(韓) 風前燈火
(中) 风中之烛
fēng zhōng zhī zhú

매우 위급한 자리에 놓여 있음을 가리키는 말

我们年老的人，风中之烛。
우리 늙은 사람들은 풍전등화와 같다.
他已经到了风中之烛的年龄。
그는 이미 풍전등화와 같은 나이가 되었다.

★
피골상접
(韓) 皮骨相接
(中) 皮包骨头
pí bāo gǔ tóu

살가죽과 뼈가 맞붙을 정도로 썩 마름

他瘦得皮包骨头。
그는 말라서 피골이 상접해 있다.
老班长只剩下皮包骨头，还一直用饱满的情绪鼓励着我们。
옛 반장은 피골이 상접해 있지만 아직도 계속해서 충만한 정서로 우리를 고무시키고 있다.

★★★
필마단창
(韓) 匹馬單槍
(中) 单枪匹马
dān qiāng pǐ mǎ

혼자 간단한 무장을 하고 한 필의 말을 탄 사람

他喜欢单枪匹马的行动。
그는 남의 도움을 받지 않고 혼자 하는 것을 좋아한다.
难道你就单枪匹马，就可以把人给救了么？
설마 당신 혼자 힘으로 하더라도 그 사람을 구할 수 있다고 생각하는 것은 아니겠지요?

★★
학수고대
(韓) 鶴首苦待
(中) 翘首以待
qiáo shǒu yǐ dài

몹시 기다림

翘首以待的信来了。학수고대하던 편지가 왔다.
那些没买到的人，有的失望而归，有的翘首以待。
그것들을 사지 못한 사람들 중 어떤 이는 실망해서 돌아가고 어떤 이는 학수고대하고 있다.

★★
한단지보
(韓) 邯鄲之步
(中) 邯郸学步
hán dān xué bù

멋대로 남을 흉내냄

邯郸学步，最终失去自己本来的技能。
멋대로 남을 흉내내다 마침내 자신만의 기능을 잃어버렸다.

고사 战国时有个燕国人 到赵国都城邯郸去，看到那里的人走路的姿势很美，就跟着人家学，结果不但没有学会，连自己原来的走发法也忘掉了， 只好爬着回去。后用来比喻模仿别人不成，反而丧失了原有的技能。

★
한인물입
(韓) 閑人勿入
(中) 闲人免进
xián rén miǎn jìn

일없는 사람은 들어오지 말라는 뜻

工厂重地，闲人免进！
공장 중요한 곳 출입금지!
哥哥在实验室工作的时候，习惯挂一个"闲人免进"的牌子。
형은 실험실에서 일을 할 때 습관적으로 "출입금지"라는 팻말을 건다.

★
한출첨배
(韓) 汗出沾背
(中) 汗流浃背
hàn liú jiā bèi

부끄럽거나 무서워서 흐르는 땀이 등을 적심

弟弟刚锻炼身体体回来，汗流浃背。
동생은 방금 운동을 해서 등에 땀이 흐른다.
他惶恐万分，汗流浃背。 그는 너무 놀라 등에 땀이 흐른다.

★
함구무언
(韓) 緘口無言
(中) 缄口不语
jiān kǒu bù yǔ

입을 다물고 말이 없음

当时有些同志在歪风邪气面前，缄口不语，充当好人。
당시에 몇 명의 동지들은 부정한 분위기 앞에서 함구무언하여 좋은 사람 역할을 했다.
需要他发言时，却缄口不语。
그의 발언이 필요할 때 그는 오히려 입을 봉했다.

★
함포고복
(韓) 含哺鼓腹
(中) 含哺而熙，鼓腹而游
hán bǔ ér xī, gǔ fù ér yóu

잔뜩 먹고 배를 두드리며 즐김

他们在动乱之中，想要创立一个含哺而熙，鼓腹而游的世界。
그들은 전쟁 중에도 함포고복하는 세상을 만들고 싶어했다.
他为躲避世事，向往能到一个含哺而熙，鼓腹而游的地方。
그는 세상일을 떠나서 함포고복하는 세상을 동경했다.

★★
합종연횡
(韓) 合從連横
(中) 纵横捭合
zòng héng bǎi hé

수완을 부려 연합·분열·이간·포섭을 하다

他们的关系纵横捭合。 그들은 합종연횡의 관계이다.
你在这方面要学会纵横捭合。
당신은 이쪽방면에서 합종연횡을 배워야 한다.

★★
항다반사
(韓) 恒茶飯事
(中) 家常便饭
jiā cháng biàn fàn

일상 있는 일, 일반 가정집에서 먹는 평범한 밥

来我家吃顿家常便饭吧。 우리 집에서 식사나 합시다.
处理这样的事，对他来说就像家常便饭一样容易。
이런 일은 늘 있는 일이라 아주 쉽다.

★
향우지탄
(韓) 向隅之歎
(中) 向隅而泣
xiàng yú ér qì

좋은 기회를 만나지 못한 것을 한탄함

他是被人抛弃，变成向隅而泣的可怜虫。
그는 사람들에게 버려져서 고독과 절망 속에서 지내는 가련한 사람이 되어 버렸다.
剩下的只有向隅而泣了。
남은 것은 고독과 절망 속에서 지내는 것 뿐이다.

★★
해인이목
(韓) 駭人耳目
(中) 骇人听闻
hài rén tīng wén

해괴한 짓으로 남을 놀라게 함

听到这个骇人听闻的消息，他竟然无动于衷。
이런 해괴한 소식을 듣고도 그는 뜻밖에 동요하지 않았다.
这可骇人听闻了，让大家好好反省一下。
이는 듣기만 해도 소름이 끼쳐 우리들로 하여금 반성케 합니다.

＊ 无动于衷 wú dòng yú zhōng : 조금도 동요하지 않다

★★★
허기평심
(韓) 虛氣平心
(中) 心平气和
xīn píng qì hé

기(气)를 가라앉히고 마음을 고요히 함

教育孩子要心平气和。
아이를 가르칠 때는 마음이 평온하고 태도가 온화해야 한다.
大家心平气和地坐下来好好谈谈吧。
모두들 진정하고 차분하게 얘기합시다.

★
허무맹랑
(韓) 虛無孟浪
(中) 虚无缥缈
xū wú piāo miǎo

터무니없이 허황하고 실속이 없음

虚无缥缈的话。
허무맹랑한 이야기.
我现在记得并不是虚无缥缈的海市，而是真实的海市。
결코 허황된 바다도시가 아니라 실제 바다도시로 나는 지금도 기억하고 있다.

★

허송세월

(韓) 虛送歲月

(中) 虚度光阴

xū dù guāng yīn

하는 일 없이 세월만 헛되이 보냄

他虚度光阴。그는 허송세월하고 있다.

一些青年人总是胸无大志，虚度光阴。

일부 청년들은 항상 큰 뜻이 없고 허송세월하고 있다.

★★

허심탄회

(韓) 虛心坦懷

(中) 开怀相见

kāi huái xiāng jiàn

아무런 사념이 없이 마음이 고요함

开怀相见的忠告。허심탄회한 충고.

只有开怀相见的说，才能使人信服。

허심탄회하게만 말한다면, 사람을 믿고 따르게 할 수 있다.

★★

허장성세

(韓) 虛張聲勢

(中) 装腔作势

zhuāng qiāng zuò shì

실속 없이 허세만 떠벌림

他们这样做不过是装腔作势而已。

그들이 이렇게 하는 것은 허장성세에 불과하다.

装腔作势不过是骗人的把戏。

허장성세는 사람을 속이는 짓에 불과하다.

* 把戏 bǎxì : 속임수, 농간

★

현모양처

(韓) 賢母良妻

(中) 贤妻良母

xián qī liáng mǔ

어진 어머니이면서 또한 착한 아내

她是贤妻良母型的女子。그녀는 현모양처형의 여자이다.

他的妻子是贤妻良母类型的。그의 아내는 현모양처형이다.

贤妻良母 ●宁夏刘昌海作

★

현인안목

(韓) 眩人眼目
(中) 眩人心目

xuàn rén xīn mù

남의 눈을 어지럽히고 정신을 아득하게 함

这个产品的广告做得眩人心目。

이 상품의 광고는 남의 눈을 현혹시키게 만들어졌다.

这家公司设计不少眩人心目的产品。

이 회사는 사람들의 눈을 현혹시키는 많은 상품을 설계했다.

★★★

현하구변

(韓) 懸河口辯
(中) 口若悬河

kǒu ruò xuán hé

현하와 같이 거침없이 잘하는 말

他讲起话来口若悬河，滔滔不绝。

그는 말을 시작하면 '현하구변'으로 청산유수와도 같이 막힘이 없다.

他口若悬河，一说就是一大套。

그는 거침없이 말을 하는데 한번 말하면 엄청나다.

★

혈혈단신

(韓) 孑孑單身
(中) 孑然一身

jié rán yī shēn

의지할 곳이 없는 외로운 홀몸

他从小到大都孑然一身，让人捉摸不透。

그는 어릴 때부터 어른이 될 때까지 혈혈단신이라 어떤 사람인지 알 수가 없다.

在这个社会，他还会孑然一身，真不容易。

이 사회에서 그는 아직도 혈혈단신으로 지낼 수 있다니 참으로 대단하다.

★

형설지공

(韓) 螢雪之功
(中) 囊萤映雪

náng yíng yìng xuě

고생을 하면서 공부하다

囊萤映雪苦读。

형설지공의 노력으로 어렵게 공부하다.

许多成功人士都囊萤映雪。

많은 성공한 인사들은 모두 고생을 하면서 학문을 닦았다.

★
호각지세
(韓) 互角之勢
(中) 势均力敌
shì jūn lì dí

서로 비슷비슷한 위세

进行一场势均力敌的比赛。호각지세의 경기를 하다.
比赛进行到此，双方是势均力敌。
시합이 여기까지 이르렀는데 양 팀은 호각지세이다.

★★★
호미난방
(韓) 虎尾難放
(中) 骑虎难下
qí hǔ nán xià

위험한 일에 손을 대어 그만두기도 어렵고 계속하기도 어려움

事已如此，骑虎难下。
일이 이 지경에 이르렀으니 이러지도 저러지도 못하겠다.
我现在实在是没有办法，真是骑虎难下。
저로서는 현재 방법이 없습니다. 정말 이러지도 저러지도 못하고 '호미난방'입니다.

骑虎难下　图/冯印澄 新华社发

★★★
호사유피
(韓) 虎死留皮
(中) 豹死留皮
bào sǐ liú pí

호랑이는 죽어서 가죽를 남긴다는 뜻

豹死留皮，人死留名。
호랑이는 죽어서 가죽을 남기고, 사람은 죽어서 이름을 남긴다.
豹死留皮，又何况是人呢？
호랑이도 죽어서 가죽을 남기는데 하물며 사람은 어떻겠느냐?

★★
호사토읍
(韓) 狐死兎泣
(中) 兔死狐悲
tù sǐ hú bēi

동료의 불행을 슬퍼함

兔死狐悲，物伤其类。
동료의 불행을 슬퍼하다.
岂不兔死狐悲，物伤其类。
어찌 동료의 불행을 슬퍼하지 않겠느냐?

★★★
호언장담
(韓) 豪言壯談
(中) 豪言壮语
háo yán zhuàng yǔ

분수에 맞지 않은 말을 희떱게 지껄임

光有一些豪言壮语不去实干还是不中用。
호언장담만 하고 실제로 하지 않으면 역시 헛일이다.
光有豪言壮语是不行的，还要脚踏实地地去干。
호언장담으로 일관하면 안되고, 역시 현실에 맞게 가서 행하여야 한다.

★★★
호형호제
(韓) 呼兄呼弟
(中) 称兄道弟
chēng xiōng dào dì

매우 가까운 친구 사이를 일컫는 말

和他称兄道弟，叙旧忆往。
그와 호형호제하며 옛일을 이야기하는 사이이다.
他们假情假意地称兄道弟。그들은 거짓으로 호형호제한다.

* 叙旧忆往 xù jiù yì wǎng : 옛일을 이야기하다

★
혹세무민
(韓) 惑世誣民
(中) 谣言惑众
yáo yán huò zhòng

세상을 어지럽히고 백성을 미혹시키어 속임

说他诡密，真是谣言惑众。
그 사람보고 궤변이 심하다니 그야말로 헛소문으로 대중을 미혹시키고 있다.
这个巫婆谣言惑众，大家都不听她的。
이 무당은 헛소문으로 사람들을 현혹시키고 있지만, 모두들 그녀의 말을 듣지 않는다.

* 诡密 guǐmì : 행동이 은밀하다

★
혼정신성
(韓) 昏定晨省
(中) 晨昏定省
chén hūn dìng xǐng

아침저녁으로 부모의 안부를 물어 살핌

虽然工作很忙，但也能晨昏定省。
비록 일이 매우 바쁘지만 부모님에게 조석으로 문안드린다.
他很孝顺，对父母晨昏定省，令人羡慕。
그는 매우 효자로 부모에게 조석으로 문안드리는데 사람들은 그런 그를 흠모한다.

★
홍로점설
(韓) 紅爐點雪
(中) 杯水车薪
bēi shǔi chē xīn

크나큰 일에 작은 힘이 아무 보람이 없음의 비유

他欠债太多，父亲给的这三百元钱犹如杯水车薪，起不了什么作用。
그는 빚이 많아서 아버지가 주신 3백원도 '홍로점설'에 불과하며 아무런 도움이 안된다.
它犹如杯水车薪，对我们毫无帮助。
그것은 마치 한 잔의 물을 한 달구지의 장작에 붙은 불위에 끼얹은 것과 같아서 우리에게 아무런 도움이 되지 않는다.

???

★
화기애애
(韓) 和氣靄靄
(中) 一团和气
yī tuán hé qì

온화한 기색이 넘쳐 흐르는 모양

会议始终是在一团和气的气氛中进行的。
회의는 시종 화기애애한 분위기에서 진행되었다.
他们出现一团和气的样子。
그들은 화기애애한 모습으로 나타났다.

★
화용월태
(韓) 花容月態
(中) 花容月貌
huā róng yuè mào

아름다운 여인의 얼굴과 맵시를 일컫는 말

这个女子花容月貌。
이 여인은 꽃같이 아름답고 달같이 환한 얼굴을 하고 있다.
他被她的花容月貌所骗。
그는 그녀의 아름다운 미모에 당했다.

★★★
화중지병
(韓) 畵中之餠
(中) 画饼充饥
huà bǐng chōng jī

그림의 떡

如果不劳动，那只是画饼充饥了。
만약 노동하지 않으면 그것은 단지 그림에 떡이다.
决不可画饼充饥徒成话柄。
결코 그림의 떡과 같이 공연히 이야깃거리가 되어서는 안된다.

★★
화호불성
(韓) 畵虎不成
(中) 画虎类狗
huà hǔ lèi gǒu

서투른 솜씨로 어려운 일을 하려다가 도리어 잘못됨

他不甚聪明，恐画虎类狗。
그는 그다지 총명하지 못해서 혹 서투른 솜씨로 어려운 일을 하려다가 잘못될 수 있다.
不要弄得画虎类狗。
서투른 솜씨로 흉내내려다 망태기 되지 마라.

★
확철부어
(韓) 涸轍鮒魚
(中) 涸辙之鲋
hé zhé zhī fù

매우 위급한 경우에 처하거나 몹시 고단하고 옹색한 사람을 이르는 말

他们像是涸辙之鲋。
그들은 마치 물마른 수레 바퀴자국 속의 붕어와 같다.
他现在是涸辙之鲋，只有等待。
그는 지금 궁지에 빠져 간절히 도움을 필요로 하는 사람이라 기다리는 수밖에 없다.

★★★
환골탈태
(韓) 換骨脫胎
(中) 脱胎换骨
tuō tāi huàn gǔ

사상, 입장, 관점을 철저하게 바꾸다

经过了严峻的考验和锻炼，他已经脱胎换骨。
준엄한 시련과 단련을 통해, 그는 이미 완전히 바뀌었다.
他脱胎换骨，努力工作，进步很快。
그는 환골탈태하여 열심히 일한 결과 진보가 매우 빠르다.

★★
환난상구
(韓) 患難相救
(中) 患难与共
huàn nán yǔ gòng

환난이 생겼을 때 서로 도와줌

无论发生什么事，我们都患难与共。
무슨 일이 발생하든 간에 우리들은 모두 고난을 함께 한다.
我们是患难与共的好兄弟。
우리들은 고난을 함께 하는 좋은 형제이다.

★
환호작약
(韓) 歡呼雀躍
(中) 雀跃欢呼
què yuè huān hū

기뻐서 소리를 치며 날뜀

毕业了，同学在教室里雀跃欢呼。
졸업이다! 반 친구들은 교실에서 기뻐 소리치며 날뛰었다.
胜利了，战士们雀跃欢呼起来。
이겼다! 전우들은 기뻐 소리치며 날뛰었다.

★
황당무계
(韓) 荒唐無稽
(中) 荒诞无稽
huāng dàn wú jī

황당하고 무안하다

荒诞无稽之谈。황당무계한 이야기.
这简直是荒诞无稽。이것은 참말로 황당무계하다.

★
황연대각
(韓) 晃然大覺
(中) 恍然大悟
huǎng rán dà wù

환하게 모두 깨달음

听了你的一席话，我恍然大悟。
너의 일장 연설을 듣고 나는 문득 크게 깨달았다.
这时他才恍然大悟。이때서야 그는 문득 크게 깨달았다.

★
황음무도
(韓) 荒淫無道
(中) 荒淫无耻
huāng yín wú chǐ

주색에 깊이 빠져 사람으로서의 도리를 돌아보지 아니함

他是个荒淫无耻之徒。
그는 주색에 빠져 방탕한 생활을 하는 한심한 사람이다.
竟用如此卑鄙的手段，真是荒淫无耻。
뜻밖에도 이런 비천한 수단을 쓰다니 정말로 사람으로서의 도리가 아니다.

★★
회과자책
(韓) 悔過自責
(中) 悔过自新
hǔi guò zì xīn

잘못을 뉘우쳐 스스로 꾸짖음

他悔过自新，重新做人。
그는 잘못을 뉘우치고 다시 새사람이 되었다.
许多罪犯出狱后，悔过自新。
많은 죄인들이 출옥 후 새 사람이 되었다.

★★
횡설수설
(韓) 橫說竪說
(中) 胡言乱语
hú yán luàn yǔ

조리가 없는 말을 함부로 지껄임

痴人说梦，胡言乱语！헛소리로 횡설수설하다!
不要再胡言乱语了。다시는 헛소리를 하지 말아라.

★
효수경중
(韓) 梟首警衆
(中) 枭首示众
xiāo shǒu shì zhòng

죄인의 목을 베어 높은 곳에 매달라서 사람들을 경계함

他已经受到法律制裁，为何仍枭首示众。
그는 이미 법률의 제재를 받았는데 어찌 여전히 '효수경중'하는 겁니까?
他们为警告众人，竟枭首示众。
그들은 사람들을 경고하는 차원에서 결국 '효수경중'하게 되었다.

★★
흥미진진
(韓) 興味津津
(中) 津津有味
jīn jīn yǒu wèi

흥취가 넘칠 만큼 많다

这些作品读起来津津有味。
이 작품은 읽어보면 흥미진진하다.
他津津有味地给我们讲故事。
그는 흥미진진하게 우리들에게 이야기를 해 주었다.

★
흥진비래
(韓) 興盡悲來
(中) 乐极生悲
lè jí shēng bēi

즐거운 일이 다하면 슬픈 일이 옴

乐极生悲，你还是小心点。
'흥진비래'라고 했다. 아무래도 조심하거라.
他们不听劝告，终究还是乐极生悲。
그들은 충고를 듣지 않더니 결국은 역시 좋은 일이 다하여 슬픈 일이 찾아 온 것이다.

★★
희색만면
(韓) 喜色滿面
(中) 满面春风
mǎn miàn chūn fēng

기쁜 빛이 얼굴에 가득함

他认识小张后，最近满面春风。
그는 소장을 알고부터 요즘 매일 웃는 얼굴이다.
他今天满面春风。 그는 오늘 희색만면이다.

강화연습 1

※ 다음 괄호 안에 적당한 성어를 써보세요.

01. 길거리나 항간에 떠도는 소문 / 人们在大街小巷里的谈话和议论 (　　　　　)

02. 세금을 혹독하게 징수하고, 강제로 재물을 빼앗음 / 强行大量地徵收苛捐杂税, 不顾人民的负担能力 (　　　　　)

03. 비밀히 그 집안에만 대대로 전하여 내려오는 약의 처방 / 祖传秘方 (　　　　　)

04. 은혜가 뼈에 새겨져 잊혀지지 않음 / 一辈子不会忘记 (　　　　　)

05. 남의 비위에 맞도록 꾸민 달콤한 말과 이로운 조건을 내세워 꾀는 말 / 甜蜜的言语；为了讨好或哄骗而说些好听的话 (　　　　　)

06. 과분한 듯이 아주 고맙게 여기는 모양 / 对别人所给的恩德表示感激 (　　　　　)

07. 평범한 사람들을 일컫는 말 / 信仰佛教的一般人 (　　　　　)

08. 지나간 허물을 고치고 착하게 됨 / 改正错误, 重新做起 (　　　　　)

09. 시체를 관에 넣고 뚜껑을 덮은 후에야 비로소 그 사람의 살아있을 때의 가치를 알 수 있다는 말 / 指一个人的是非功过到死后做出结论 (　　　　　)

10. 문을 열어 도둑을 들어오게 한다는 뜻으로 제 스스로 화를 만듦 / 比喻引进坏人来危害自己 (　　　　　)

11. 손이 도리어 주인이 됨 / 比喻变被动为主动 (　　　　　)

12. 앞뒤의 잔사설은 빼고 요점만 말함 / 比喻除去不重要的或无用的部分 (　　　　　)

13. 운명과 흥망을 걸고 당판결이로 승부나 성패를 겨룸 / 比喻在危急时投入全部力量进行冒险活动 (　　　　　)

14. 물건을 보면 가지고 싶은 욕심이 생김 / 看到有利可图就忘掉了正义 (　　　　　)

15. 나라가 위급할 때 제 몸을 나라에 바침 / 在危亡关头勇于献出生命 (　　　　　)

16. 맺은 자가 풀어야 한다는 뜻으로, 자기가 저지른 일은 자기가 해결해야 한다는 말 / 比喻由谁惹出来的事情还得由谁去解决 (　　　　　)

17. 집안의 재산을 모두 떨어 없앰 / 把全部家产丧失净尽 (　　　　　)

18. 나라 안에 으뜸가는 미인 / 形容女子容貌美得无以复加；也指绝代佳人 (　　　　　)

19. 놀라고 두려워 어찌할 줄을 모름 / 害怕张慌，不知怎么办好 (　　　　　)

20. 홀로 여럿을 상대로 싸움 / 孤立无援摘军队奋勇作战 (　　　　　)

21. 근심이 없이 편안히 잘 지냄 / 形容无所顾虑，不知警惕 (　　　　　)

22. 남의 학식이나 재주가 놀랄 만큼 갑자기 는 것을 일컬음 / 指别人已经进步，不能再用老眼光看他 (　　　　　)

23. 여럿 가운데서 가장 뛰어난 사람 / 比喻一个人的才能或仪表才一群人里头显得很突出 (　　　　　)

24. 금옥과 같이 귀중히 여기어 신봉하는 법칙이나 규정 / 比喻不可变更摘法令或信条 (　　　　　)

25. 비단 같이 아름다운 산과 강 / 美好的山和河 (　　　　　)

26. 출세를 하고 고향에 돌아옴 / 古时指在外做官后，穿了锦绣衣服，回家乡显示荣耀 (　　　　　)

27. 보통 사람이 쉽게 짐작할 수 없을 정도로 엉뚱하고 기발한 생각 / 形容想法离奇, 不切实际 (　　　　)

28. 배고픈 사람은 음식을 가리지 아니하고 맛있게 먹는다는 말 / 比喻急需的时候顾不得选择 (　　　　)

29. 기운과 의지력이 다하여 스스로 가누지 못할 지경이 됨 / 形容非常疲劳, 一点力气也没有了 (　　　　)

30. 책이 유명하여 잘 팔림 / 比喻著作广泛流传, 风行一时 (　　　　)

31. 공격하기 어려워 좀처럼 함락되지 않음 / 非常坚固, 不能摧毁 (　　　　)

32. 겉으로는 강직해 보이나 속으로는 부드럽다 / 外表上好像很强大, 实际上很空虚 (　　　　)

33. 몹시 성이 나서 노기가 얼굴에 가득함 / 非常愤怒的样子 (　　　　)

34. 애를 써 속을 태움 / 挖空心思, 想尽办法 (　　　　)

35. 몹시 위험한 형세 / 形容危险到了极点 (　　　　)

36. 여러 가지로 일이 많은 데다 어려움도 많다 / 事变不断或事故很多 (　　　　)

37. 재주가 많고 능력이 풍부하다 / 具有多方面摘艺术才能或技艺才能 (　　　　)

38. 단병으로 적과 맞부딪쳐 싸움 / 比喻面对面地进行针锋相对的斗争 (　　　　)

39. 제 분수도 모르고 강적에게 반항함 / 比喻不自量力去做办不到摘事情或抗拒强大的力量 (　　　　)

40. 특히 드러나게 큰 글자로 씀 / 大力宣传和介绍 (　　　　)

41. 문제로 삼지 아니하고 도외시하여 내버려 둠 / 不(把生死, 利害等)放在心上 (　　　　)

42. 같이 고생하고 같이 고생함 / 有福同享, 有苦同当 (　　　　)

43. 동양이나 서양에 있어서의 예나 지금 / 从古代到现代，从中国到外国（　　　　　）

44. 우열의 차가 없음 / 分不出高低上下，程度相当（　　　　　）

45. 힘이 미치지 못할 때에 하는 탄식 / 比喻因大开眼界而惊奇；或要做某事而力量不够，感到无可奈何（　　　　　）

46. 바쁜 가운데에 한가한 짬을 얻어 마음을 즐김 / 在紧张繁忙的情况下挤出一点儿空闲时间（　　　　　）

47. 돈이나 재물을 받고 벼슬을 시킴 / 收钱出售官职（　　　　　）

48. 말없이 서로 얼굴만 물끄러미 바라봄 / 形容大家因惊惧或无可奈何而互相望着，都不说话（　　　　　）

49. 표면으로는 복종하는 체하면서 내심으로는 배반함 / 表面上遵从，暗地里违背（　　　　　）

50. 사를 버리고 공을 위하여 힘써 일함 / 严格约束自己，忠实执行公务（　　　　　）

51. 이름이 청사에 길이 빛남 / 好的名声和事迹载入史籍永远流传（　　　　　）

52. 불을 보는 것처럼 분명함 / 形容看得清楚明白（　　　　　）

53. 눈으로 차마 볼 수 없음 / 参得不能睁眼睛看（　　　　　）

54. 별천지 / 指不受外界影响的生活安定，环境幽雅的处所或幻想中的美好世界（　　　　　）

55. 재미나 취미가 없고 메마름 / 枯燥无味（　　　　　）

56. 의지하고 의탁할 곳이 없음 / 完全没有依靠（　　　　　）

57. 잠자코 말이 없음 / 安静无声的样子（　　　　　）

58. 권세가나 부자가 되어 집 앞이 방문객으로 시장을 이루다시피 함 / 门口或庭院里像市场一样，形容来往的人众多，非常热闹（　　　　）

59. 이익을 적게 보고 많이 파는 일 / 以很小的利润多卖出去（　　　　）

60. 널리 예를 인용하도 두루 증거를 보이어 논함 / 为了表示论证充足而广泛地引用材料（　　　　）

61. 서로 적대하여 버티고 양보하지 않음 / 比喻双方争持不下，让第三者钻了空子得到好处（　　　　）

62. 남한테 입은 은덕을 저버림 / 忘记别人对自己的恩德，辜负别人对自己的情义（　　　　）

63. 쓸데없이 의심하고 걱정한다 / 比喻疑神疑鬼，妄自惊慌（　　　　）

64. 부부가 화락하게 함께 늙음 / 夫妇共同生活直到老年（　　　　）

65. 조금도 결점이 없는 사람의 비유 / 比喻人或事物完美无缺（　　　　）

66. 수없이 꺾어도 굽히지 않음 / 比喻意志坚强，无论受到多少次挫折也不屈（　　　　）

67. 남의 실패를 거울삼아 자기를 경계함 / 比喻当做鉴戒的前人的失败教训（　　　　）

68. 솥 안의 물고기 / 比喻处在极端危险境地的人（　　　　）

69. 너무 많아서 그 수효를 알 수가 없음 / 无法计算其数目，形容数量极多（　　　　）

70. 정한 견식이 없이 남의 말에 찬성해 같이 행동함 / 怎么说，就跟着怎么说(含贬义)（　　　　）

71. 한 하늘에서 더불어 살 수 없는 원수를 비유 / 不与仇敌在一个天底下生活，形容仇恨极深（　　　　）

72. 근로하지 않고 얻는 소득 / 自己不劳动而取别人劳动的成果 (　　　　　)

73. 늙지 않고 오래 삶 / 不衰老而永远存在或生存 (　　　　　)

74. 미리 의논한 적이 없어도 의견이 서로 같음 / 没有事先商量而彼此见解或行动完全一致 (　　　　　)

75. 휘어지지 않고 굽히지도 않음 / 不屈服不低头 (　　　　　)

76. 어느 편으로나 치우치지 않음 / 原指中庸之道, 现指保持公正, 不偏袒任何一方 (　　　　　)

77. 배우지 못해 아는 것이 없음 / 指既没有学问, 又没有解决问题的办法和办事能力 (　　　　　)

78. 꿈인지 생시인지 어렴풋한 상태 / 表示又像梦又不像梦的意思 (　　　　　)

79. 흔히 있음 / 到处都是 (　　　　　)

80. 의지할 데가 도무지 없음 / 抬起眼睛看也没有亲人 (　　　　　)

81. 기초가 약하여 자빠질 염려가 있거나 오래 유지 못할 일 / 建筑在空中的楼阁；比喻脱离实际的虚幻的事物或构想 (　　　　　)

82. 산과 바다 산물을 다 갖추어 썩 잘 차린 진귀한 음식 / 山野和海洋里出产的各种珍贵食品, 特指丰盛的菜肴 (　　　　　)

83. 중국 삼국 시대에, 유비가 제갈량의 초려를 세 번이나 방문하여 마침내 그를 군사로 삼은 일 / 泛指对人诚心诚意地一再邀请 (　　　　　)

84. 삼사인 또는 오륙인이 떼를 지어 다니거나 무슨 일을 하는 모양 / 形容三两成群地在一起 (　　　　　)

85. 어려운 때에는 도망하여 몸을 보전함이 상책임 / 处于困境, 无法可想, 只能一走了事 (　　　　　)

86. 한 번 혼이 난 일로 인하여 늘 두려운 마음을 품는 일 / 比喻受过惊恐见到一点动静就特别害怕的人 (　　　　　)

87. 뽕나무 밭이 변하여푸른 바다가 됨 / 大海变成农田, 农田变成大海, 比喻世事变化很大 (　　　　　)

88. 좀도둑을 욕으로 이르는 말 / 指小偷小摸, 也比喻进行不光明的活动 (　　　　　)

89. 착한 남자와 여자 / 指一般男女 (　　　　　)

90. (열흘 춥고 하루 볕이 쬔다는 뜻) 일이 중간에 많이 끊임을 비유한 말 / 比喻时而勤奋, 时而懈怠, 没有恒心 (　　　　　)

91. 편안할 때에도 앞으로의 우환을 염려하다 / 处在安稳平定的环境而想到可能产生的艰难和危险 (　　　　　)

92. 사람을 업신여기고 교만함 / 什么人都不放在眼里；形容高傲自大 (　　　　　)

93. 밤낮의 구별 없이 쉬지 아니하고 계속함 / 日夜不停 (　　　　　)

94. 겉으론 훌륭하게 내세우나 속은 변변찮음 / 店门前挂着羊头, 里面卖的却是狗肓；讽刺名不符实的欺骗行为 (　　　　　)

95. 좋은 약은 입에 쓰다 / 好的药虽苦, 但有利于病 (　　　　　)

96. 수입을 헤아려 보고 지출을 계획함 / 根据收人的多少来定支出的限度 (　　　　　)

97. 쌍방이 다투는 틈을 타서 제3자가 애쓰지 않고 가로챈 이득 / 趁机谋取的不应得的利益 (　　　　　)

98. 남을 깊이 믿어 그의 말대로 함 / 说的话, 出的主意, 都听从照办。形容对某个人非常信任 (　　　　　)

99. 처지를 바꾸어 생각함 / 设想自己处在别人的地位或处境中 (　　　　　)

100. 왕래가 잦아 끊이지 않음 / 形容来来往往，接连不断(多指人，车，马等)
(　　　　　)

101. 권세가 있을 때는 붙좇고, 권세가 없어지면 푸대접하는 세속의 인심 / 指有钱有势时，人就巴结，无钱无势时，人就冷淡 (　　　　　)

102. 규율도 통일성도 없는 군중 / 像乌鸦一样聚集起来的无组织无纪律的一群人
(　　　　　)

103. 말이나 글의 요령을 잡을 수 없음 / 抓不住要点或关键 (　　　　　)

104. 일을 서두르면 되레 이루지 못함 / 指性急图快，反而达不到目的 (　　　　　)

105. 처음은 좋으나 끝이 좋지 않음의 비유 / 比喻咒事或学习开始时劲头很大，后来劲头变小，有始无终 (　　　　　)

106. 거리낌 없이 용감하게 나아감 / 勇敢地一直往前走 (　　　　　)

107. 두 강자가 서로 싸운다는 뜻 / 比喻各方势均力敌，斗争或竞争激烈 (　　　　　)

108. 어물어물하며 딱 잘라 결단을 못하다 / 办事迟疑不决 (　　　　　)

109. 농사에 알맞게 기후가 순조로움 / 指风雨适合农时 (　　　　　)

110. 쇠귀에 경 읽기 / 讥笑说话的人不看对象 (　　　　　)

111. 비가 온 뒤에 많이 솟는 죽순처럼, 어떤 일이 한 때에 많이 일어남 의 비유 / 春雨之后快速成长的竹笋，比喻大梁涌现的新生事物 (　　　　　)

112. 무슨 일을 이룰 좋은 운수와 시기가 한때에 옴 / 时机来了，运气有了好转
(　　　　　)

113. 위태로움이 몹시 절박한 순간 / 比喻极其危险 (　　　　　)

114. 입은 있으나 할 말이 없다는 뜻으로, 변명이나 항변할 말이 없음 / 虽然有嘴却难以说话，话不便说或不敢说 (　　　　　)

115. 아무 일도 하지 아니하고 빈둥빈둥 놀고 먹음 / 游荡成性，不好劳动 (　　　　　)

116. 흐지부지한 모양 / 把该办而没有办完的事情放在一边不管，就算了结 (　　　　　)

117. 동류끼리 서로 내왕하며 사귐 / 同类的人或事物常聚合在一起 (　　　　　)

118. 오직 하나뿐으로 둘도 없다 / 唯一的；没有相同或可以相比的 (　　　　　)

119. 사실 그대로 고함 / 直截了当，毫不隐讳地说出来 (　　　　　)

120. 사람이 짓는 선악의 인업에 응하여 과보가 있음 / 善因者善果，恶因者恶果 (　　　　　)

121. 질서 정연하여 조금도 어지러운 데가 없음 / 形容条理分明 (　　　　　)

122. 아침 해가 높이 떴음 / 太阳升起来离地已有三根竹竿那么高。多用来形容人起床晚 (　　　　　)

123. (혼자서 천 명을 당한다는 뜻) 무예나 능력이 아주 뛰어남을 이르는 말 / 一个人抵挡一百个人。形容军队勇敢善战 (　　　　　)

124. 어떠한 점에서 서로 통함 / 由一个血统或一个派别传下来 (　　　　　)

125. 처음 만났으면서 오래 사귄 것처럼 친밀함 / 初次见面就很相投，像老朋友一样 (　　　　　)

126. 타(他)의 경각심을 불러일으키기 위하여 본보기로 중한 처벌을 하는 일 / 惩罚少数人警戒多数人 (　　　　　)

127. 일거양득 / 比喻一举两得 (　　　　　)

128. 하루가 삼 년 같음 / 一天不见面，就好像过了三年；形容思念的心情极其殷切 (　　　　　)

129. 날로 달로 진보함 / 每天每月都有新的变化，形容进步，发展很快 (　　　　　)

130. 단숨에 홍취있고 줄기차게 글씨를 써 내림 / 一挥动笔杆就完成了，形容写字，作文章或画画非常熟练 (　　　　　)

131. 한 사람이 소리 내어 외치면 여러 사람이 이에 따름 / 形容响应的人很多 (　　　　　)

132. 그때 그때 그 시기에 임하여 적당히 일을 처리함 / 随着情况的变化而灵活机动地应付 (　　　　　)

133. 다른 지방에 들어가서는 그 지방의 풍속을 좇음 / 一个地方，就要遵从那里的生活习惯和风俗礼义 (　　　　　)

134. 물려 받은 재산이 없는 사람이 제 힘으로 한 살림을 이룩함 / 形容在基础或条件很差的情况下艰苦奋斗 (　　　　　)

135. 자신이 한 말과 행동에 자신이 구속되이 괴로움을 당함 / 比喻自己立规束缚自己，自己给自己制定麻烦 (　　　　　)

136. 제가 저지른 일의 과보를 제가 받음 / 自己做下了蠢事，坏事，自己承受不良后果 (　　　　　)

137. 제가 한 일을 자기 스스로 자랑함 / 比喻自己吹嘘自己 (　　　　　)

138. 도둑이 도리어 매를 든다는 뜻으로, 잘못한 사람이 도리어 잘한 사람을 나무라는 경우에 쓰는 말 / 坏人干了坏事后，假装成好人，而混淆视听，逃脱罪责 (　　　　　)

139. 이제까지 들은 적이 없음 / 以前从来没有听到过，形容极为罕见，极不平常的事情 (　　　　　)

140. 전에도 없었고 앞으로도 없다 / 以前不曾有过，以后也不会有 (　　　　　)

141. 일에 부닥쳐 결단을 내리지 못하고 앞뒤를 재며 어물거림 / 形容过滤过多，犹豫不决 (　　　　　)

142. 장점으로 단점이나 부족한 것을 보충함 / 吸取长处弥补短处 (　　　　　)

143. 몹시 분하여 이를 갈고 속을 썩임 / 咬牙表示愤怒，形容非常痛恨（　　　　）

144. 옷 매무시를 고치고 단정히 앉음 / 理好衣襟端端正正地坐着。形容严肃或拘谨的样子（　　　　）

145. 따끔한 충고를 이르는 말 / 给人以警告，促人猛醒的比喻（　　　　）

146. 법령을 자주 뒤바꿈 / 早上发布的命令，晚上又变了；形容政策，法令不稳定，使人们无所适从（　　　　）

147. (아침에 저녁 일을 헤아리지 못한다는 뜻) 당장을 걱정할 뿐 앞일을 미리 생각할 겨를이 없음 / 保得住早上，不一定保得住晚上。形容情况危急（　　　　）

148. 자기 하고 싶은대로 함 / 一切都由着自己的心意，想怎么做就怎么做（　　　　）

149. 닫는 말에 채찍질을 더한다는 뜻으로, 정진하는 사람을 한층 권장함을 이르는 말 / 给快跑的马再抽上几鞭，使跑得更快；形容疾走飞奔，快上加快（　　　　）

150. 달리는 말 위에서 산천을 구경한다는 뜻으로, 바쁘고 어수선하여 되는 대로 홱홱 지나쳐 봄의 비유 / 骑在跑着的马上观看花卉；比喻浮光掠影地观察事物（　　　　）

151. 몸은 비록 살아 있어도 아무런 쓸모가 없는 사람을 이르는 말 / 比喻不动脑筋，无所作为，胡里胡涂过日子的人（　　　　）

152. 어렸을 때부터의 친한 벗 / 形容男女小时候在一起玩耍，天真无邪（　　　　）

153. 적은 수효가 많은 수효를 대적하지 못함 / 双方较量，人数少的敌不过人数多的（　　　　）

154. 여러 사람이 보고 있는 바 / 大家的眼睛都注视着（　　　　）

155. 서로 경쟁하여 어떤 지위를 얻고자 하는 일 / 比喻争夺天下（　　　　）

156. 갈가리 흩어지고 찢기어 갈피를 잡을 수 없이 됨 / 形容零碎残缺，不成整体（　　　　）

157. 적의 내정과 나의 내정을 잘 앎 / 指正确地估计自己并准确地了解对方
( )

158. 한 사람을 징계하여 여러 사람을 격려함 / 惩罚少数人以警戒多数人 ( )

159. 영원히 변하지 아니할 진리나 법칙 / 指非常正确不容置疑的道理 ( )

160. 하늘과 땅 사이와 같이 엄청난 차이 / 比喻差距极大 ( )

161. 좀처럼 만나기 어려운 기회 / 一千年才有这么一次时机, 形容机会非常难得
( )

162. 아무 흠이 없이 천진함 / 心地单纯, 没有不正当的念头(多用来形容少年儿童)
( )

163. 막힘 없이 썩 잘하는 말의 비유 / 言语连续不断的样子 ( )

164. 눈썹에 불이 붙은 것같이, 매우 위급함의 비유 / 比喻事情紧迫如同火烧眉毛一样
( )

165. 사물이 눈에 보이는 대로 마음이 아픔 / 看到某种严重的情况引起内心的震动
( )

166. 세력 등이 낙엽처럼 시들어 우수수떨어짐의 비유 / 比喻强大的力量迅速摧毁了腐朽衰败的势力 ( )

167. 일곱 번 놓아주고 일곱 번 사로잡는다는 뜻으로, 마음대로 잡았다 놓아 주었다 함의 비유 / 比喻为了进一步控制, 故意先放松一步, 使之充分暴露 ( )

168. 작은 일을 크게 허풍떨어 말함 / 说话或写文章时, 不尊重客观事实, 故意用些夸大事物原有程度的词句 ( )

169. 어지럽게 뒤얽힌 사물을 명쾌하게 처리함 / 比喻用果断的办法迅速解决复杂的问题 ( )

170. 현실성이 없는 허황한 이론이나 논의 / 比喻不联系实际情况，发空议论 (　　　　)

171. 자신의 안전을 위하여 미리 몇 가지의 피할 술책을 짜놓음을 이르는 말 / 比喻藏身的地方多 (　　　　)

172. 침식을 잊고 일에 몰두함 / 顾不得睡觉，忘记吃饭。形容非常专心努力 (　　　　)

173. 마음이 음충맞아서 겉과 속이 다름 / 比喻言行与思想不一致 (　　　　)

174. 살가죽과 뼈가 맞붙을 정도로 썩 마름 / 瘦得很励害 (　　　　)

175. 혼자 간단한 무장을 하고 한 필의 말을 탄 사람 / 比喻单独行动，没有别人帮助 (　　　　)

176. 멋대로 남을 흉내냄 / 比喻模仿别人不成，反而丧失了原有的技能 (　　　　)

177. 부끄럽거나 무서워서 흐르는 땀이 등을 적심 / 汗水湿透了背上的衣服 (　　　　)

178. 수완을 부려 연합, 분열, 이간, 포섭을 하다 / 指在政治和外交上运用手段对有关方面进行拉拢联合和分化瓦解 (　　　　)

179. 하는 일 없이 세월만 헛되이 보냄 / 徒然地度过时间 (　　　　)

180. 어진 어머니이면서 또한 착한 아내 / 对丈夫是贤惠的妻子，对子女是慈善的母亲 (　　　　)

181. 현하와 같이 거침없이 잘하는 말 / 形容能说会道，滔滔不绝 (　　　　)

182. 고생을 하면서 공부하다 / 形容刻苦读书 (　　　　)

183. 위험한 일에 손을 대어 그만두기도 어렵고 계속하기도 어려움 / 比喻事情中途遇到困难，为形势所迫，又难以中止 (　　　　)

184. 표범은 죽어서 모피를 남긴다는 뜻 / 比喻人死后当留美名于后世 (　　　　)

185. 동료의 불행을 슬퍼함 / 比喻因同类的灭亡而感到悲伤 (　　　　)

186. 매우 가까운 친구 사이를 일컫는 말 / 朋友间以兄弟相称，表示关系亲密 (　　　　)

187. 크나큰 일에 작은 힘이 아무 보람이 없음의 비유 / 比喻力量太小或钱物太少，无济于事 (　　　　)

188. 그림의 떡 / 比喻借空想来安慰自己 (　　　　)

189. 서투른 솜씨로 어려운 일을 하려다가 도리어 잘못됨 / 比喻模仿得不到家，反而弄得不伦不类 (　　　　)

190. 매우 위급한 경우에 처하거나 몹시 고단하고 옹색한 사람을 이르는 말 / 比喻处在困境中急待救援的人 (　　　　)

191. 사상, 입장, 관점을 철저하게 바꾸다 / 比喻彻底改变思想，立场，观点等，重新做人 (　　　　)

192. 인생이 덧없고 영화(荣华)가 허망함을 비유한 말 / 比喻想要实现的好事落得一场空 (　　　　)

193. 조리가 없는 말을 함부로 지껄임 / 没有根据，毫无道理地随意乱说 (　　　　)

194. 흥취가 넘칠 만큼 많다 / 形容特别有兴味 (　　　　)

195. 즐거운 일이 다하면 슬픈 일이 옴 / 快乐到了极点的时候，发生悲痛的事情 (　　　　)

강화연습 2

※ 괄호 안에 다음 고사의 내용과 부합되는 고사성어를 쓰시오.

(고사 1 : ________)

法眼和尚问大家：‘老虎脖子上的金铃谁能解下来?’ 大家回答不出。正好泰钦禅师来了，法眼又问这个问题。泰钦禅师说：‘系上去的人能解下来.’

(고사 2 : ________)

传说几个瞎子摸一只大象，摸到腿的说大象像一根柱子，摸到身躯的说大象像一堵墙，摸到尾巴的说大象像一条蛇，各执己见，争论不休。比喻对事物了解不全面，固执一点，乱加揣测。

(고사 3 : ________)

晋代左思≪三都赋≫写成以后，抄写的人非常多，洛阳的纸都因此涨价了。比喻著作广泛流传，风行一时。

(고사 4 : ________)

杨子的邻居把羊丢了，没有找着，杨子问：‘为什么没找着?’ 邻人说：‘岔路很多，岔路上又有岔路，不知道往哪儿去了’。比喻因情况夏杂多变而迷失方向，误人歧途。

(고사 5 : ________)

有人请客吃饭，挂在墙上的弓映在酒杯里有蛇，回去疑心中了蛇毒，就生病了。比喻疑神疑鬼，妄自惊慌。

(고사 6 : ________)

东汉末年，刘备请隐居在隆中草舍的诸葛亮出来运筹划策，去了三次才见到。后用来泛指诚心诚意一再邀请。

(고사 7 : ________)

边塞上 一个老头儿丢了一匹马，别人来安慰他，他说：‘怎么知道这不是福呢?’ 后来这匹马竟带着一匹好马回来了。比喻坏事在一定条件下可以变为好事。

(고사 8 : ________)

战国时，廉颇和蔺相如同在赵国做官。蔺相如因功大，拜为上卿，位在廉颇之上。廉颇不服，想侮辱蔺相如。蔺相如为了国家的利益，处处退让。后来廉颇知道了，感到很惭愧，就脱了上衣，背着荆条，向蔺相如请罪，请他责罚。后用来表示认罪赔礼。

(고사 9 : ________)

经过瓜田，不弯下身来提鞋，免得人家怀疑摘瓜；走过李树下面，不举起手来整理帽子，免得人家怀疑摘李子。后用来比喻容易引起嫌疑的地方。

(고사 10 : ________)

战国时候，孟子跟梁惠王谈话，打了一个比方，有两个兵士在前线上败下来，一个退了五十步，另一个退了一百步。退了五十步的就讥笑退了一百步的，说他不中用。其实两个人都是在退却， 只是跑得远近不同罢了。比喻自己跟别人有同样的缺点或错误，只是程度上轻一些，却讥笑别人。

(고사 11 : ________)

战国时有个燕国人到赵国都城邯郸去，看到那里的人走路的姿势很美，就跟着人家学，结果不但没有学会，连自己原来的走发法也忘掉了，只好爬着回去。后用来比喻模仿别人不成，反而丧失了原有的技能。

Part 3

韓國熟語中國成語

(한국숙어이면서 중국성어)

추파(秋波)를 던지다 - 暗送秋波
백일몽(白日夢)을 꾸다 - 白日做梦
만감(萬感)이 교차(交叉)하다 - 百感交集
불청객(不請客) - 不速之客
전철(前轍)을 밟다 - 重蹈覆辙

·
·
·

3. 韓國熟語中國成語 (한국숙어이면서 중국성어)

(韓) 추파(秋波)를 던지다

(中) 暗送秋波 àn sòng qiū bō

他对她暗送秋波。그는 그녀에게 추파를 던졌다.
暗送秋波，表达着爱意。추파를 보내는 것은 사랑을 표현하는 것이다.

(韓) 조장(助長)하다

(中) 拔苗助长 bá miáo zhù zhǎng

对孩子进行教育，要善于引导，不要拔苗助长。
아이들에 대한 교육은 잘 인도해야지, 성급한 나머지 일을 그르쳐서는 안 된다.
你们可不要犯拔苗助长的错误。
너희들은 급히 서두르다 일을 그르치는 착오를 일으켜서는 안 된다.

(韓) 백일몽(白日夢)을 꾸다

(中) 白日做梦 bái rì zuò mèng

你也想当总经理，真是白日做梦。사장님이 되고 싶어하다니 꿈도 야무지다.
这真是白日做梦，河水怎么会流到山上来?
황당한 소리를 하는 구나, 강물이 어떻게 산 위로 흐를 수 있단 말이냐?

(韓) 만감(萬感)이 교차(交叉)하다

(中) 百感交集 bǎi gǎn jiāo jí

想到快要见到阔别三年的母亲，他真是百感交集，思绪万千。
헤어진 지 3년이나 된 어머니를 곧 만난다고 생각하니 만감이 교차했고 여러 가지 생각으로 복잡했다.
我百感交集，思潮翻滚。나는 만감이 교차하고 여러 가지 생각이 용솟음쳤다.

* 阔别 kuòbié : 오랫동안 이별하다

(韓) 희비(喜悲)가 엇갈리다
(中) 悲喜交集 bēi xǐ jiāo jí

一家骨肉重逢，悲喜交集。일가의 혈육이 상봉하니 희비가 엇갈린다.
姊妹们一朝相见，悲喜交集。자매가 하루 아침에 만나니 희비가 엇갈린다.

* 重逢 chóngféng : 다시 만나다

(韓) 배신(背信)하다
(中) 背信弃义 bèi xìn qì yì

你们单方面撕毁合同，这完全是一种背信弃义的行为。
당신들은 일방적으로 계약을 파기했으니 이것은 완전히 배신행위입니다.
对这种背信弃义的行为，我们决不允许。
이런 배신행위에 대해 우리는 결코 용납하지 않는다.

* 撕毁 sīhǔi : 파기하다

(韓) 숙맥(菽麥)이다
(中) 不辨菽麦 bù biàn shú mài

只知道读死书，不辨菽麦，这样的人没有什么大用。
죽은 책 읽는 것만 알고 숙맥인 사람은 쓸모가 없다.
现在许多学生，只知读书，不辨菽麦。
요즘은 많은 학생들이 공부만 할 줄 알지 숙맥이다.

(韓) 불모지(不毛地)
(中) 不毛之地 bù máo zhī dì

地质队常年在野外活动，所到之处多是不毛之地。
지질탐사대는 일년내내 야외에서 활동하는데, 가는 곳마다 대부분 불모지이다.
这已经成为不毛之地了。이것은 이미 불모지가 되었다.

(韓) 불청객(不請客)
(中) 不速之客 bù sù zhī kè

大家正在聊天，忽然来了一位不速之客。
모두들 마침 잡담을 하고 있는데, 갑자기 불청객이 찾아 왔다.
我们不欢迎不速之客的到来。
우리들은 불청객이 오는 것을 환영하지 않는다.

(韓) 목숨을 초개(草芥)같이 여기다
(中) 草菅人命 cǎo jiān rén mìng

在旧社会，草菅人命的事到处都有。
구사회에서는 목숨을 초개같이 여기는 일들이 흔히 있었다.
这是草菅人命的案件。
이것은 목숨을 초개와 같이 여긴 사건이다.

(韓) 발호(跋扈)하다
(中) 飞扬跋扈 fēi yáng bá hù

这个飞扬跋扈的大恶霸，今天终于被镇压了。
이 방약무인하게 날뛰는 악질은 결국 오늘 진압되었다.
他们飞扬跋扈，不可一世。그들은 세도를 부리며 안하무인이다.

* 恶霸 èbà : 악질

(韓) 기우(杞憂)
(中) 杞人忧天 qǐ rén yōu tiān

你这不是杞人忧天，自找烦恼吗?
이것은 기우이고 성가신 일을 사서하는 것이 아니냐!
还不是很糟糕，不要杞人忧天。아직 큰 재앙은 아니니 사서 걱정하지 말아라.

(韓) 백안시(白眼視)하다
(中) 白眼看人 bái yǎn kàn rén

他习惯于白眼看人，很不礼貌。
그는 사람을 백안시하는 습관이 있는데 예의가 없다.
她很高傲，总喜欢白眼看人。
그녀는 매우 오만해서 항상 사람을 백안시한다.

* 高傲 gāoào : 거만하다

(韓) 수단(手段)을 가리지 않다
(中) 不择手段 bù zé shǒu duàn

他对自己不利，就开始不择手段地攻击人家。
그는 자기에게 불리하면 곧 수단을 가리지 않고 다른 사람을 공격하기 시작한다.
为了完成任务，就要不择手段。
임무를 완성하기 위해서 수단을 가리지 않아야 한다.

(韓) 사이비(似而非)
(中) 似是而非 sì shì ér fēi

这些观点，似是而非，切不可盲目接受。
이러한 관점은 사실인 것 같지만 그렇지 않다. 절대로 맹목적으로 받아들여서는 안 된다.
他对这些概念似是而非。
그는 이러한 관념에 대해서는 사이비이다.

(韓) 선입견(先入見)
(中) 先入之见 xiān rù zhī jiàn

我们常不免有先人之见。
우리는 항상 선입견을 피할 수 없다.
我们不要只凭先入之见，而作判断。
우리는 선입견에만 의지하지 말고 판단을 해야 한다.

(韓) 선제(先制)

(中) 先发制人 xiān fā zhì rén

我们只有先发制人了。
우리는 오로지 선제제압하여야 한다.
要考虑清楚，是否有必要先发制人。
선제를 필요로 하는지 확실히 고려해야 한다.

(韓) 전철(前轍)을 밟다

(中) 重蹈覆辙 chóng dǎo fù zhé

要认真历史教训，以免重蹈覆辙。
역사의 교훈을 진지하게 받아들여 전철을 밟지 말아야 한다.
你不要再重蹈覆辙了。
당신은 다시 전철을 밟아서는 안 된다.

(韓) 두각(頭角)을 나타내다

(中) 崭露头角 zhǎn lù tóu jiǎo

他虽然年轻，科研成绩突出，已经崭露头角。
그는 비록 젊지만 과학 연구 성적이 특출나 이미 두각을 나타내고 있다.
杜甫少年在文坛崭露头角。
두보는 어릴 때 문단에서 두각을 나타냈다.

(韓) 태연(泰然)하다

(中) 处之泰然 chǔ zhī tài rán

这是有关国计民生的大事，岂能不闻不问，处之泰然!
이것은 국민의 생계에 관련한 중대사입니다. 어찌 무관심하고 태연하게 처리할 수 있습니까?
既然没有什么心虚的，就要处之泰然。
기왕에 어떠한 거리낌도 없다면 태연하게 처리합시다.

* 岂能 qǐnéng : 어찌 ...할 수 있는가
* 心虚 xīnxū : 뒤가 켕기다

(韓) 등한시(等閑視)하다
(中) 等闲视之 děng xián shì zhī

那问题不能等闲视之。
그 문제는 등한시할 수 없다.
你身为领导，不能对什么问题都等闲视之。
당신은 임원진으로서 어떠한 문제점에 대해서도 등한시 할 수 없다.

(韓) 흑백(黑白)이 전도(顚倒)되다
(中) 颠倒黑白 diān dǎo hēi bái

颠倒黑白，认敌为友。흑백이 전도되어 적을 친구로 여기다.
他总是颠倒黑白。그는 항상 시비선악을 전도시킨다.

(韓) 급선무(急先務)
(中) 当务之急 dāng wù zhī jí

眼下的当务之急是编一部实用性的中韩词典。
현재 급선무는 실용적인 중한사전을 한 권 편집하는 것이다.
现在眼前的当务之急是如何度过这个难关。
현재 눈앞의 급선무는 어떻게 이 난관을 헤쳐 나가느냐 하는 것이다.

(韓) 미연(未然)에 방지(防止)하다
(中) 防患未然 fáng huàn wèi rán

雨季到来之前要筑坝培堤，防患未然。
우기가 오기 전에 둑을 쌓고 댐을 막아 미연에 방지해야 한다.
要有改革之意，防患未然。
개혁의지가 있다면 우려의 발생을 미연에 방지해야한다.

＊ 筑坝培堤 zhúbàpéidī : 댐과 제방을 쌓다

(韓) 비명(非命)에 가다
(中) 死于非命 sǐ yú fēi mìng

这起车祸，使五个人死于非命。
이번 교통사고로 다섯 명이 비명에 갔다.
听说这些人死于非命。
듣자하니 이 사람들은 비명에 갔다고 한다.

(韓) 침식(寢食)을 전폐(全廢)하다
(中) 废寝忘食 fèi qǐn wàng shí

废寝忘食地工作。
침식을 전폐하고 일을 한다.
他学习起来总是废寝忘食。
그는 공부하기시작하면 항상 침식을 전폐한다.

(韓) 답지(沓至)하다
(中) 纷至沓来 fēn zhì tà lái

各种消息纷至沓来，叫人不知谁的好。
여러 가지 소식이 답지했다. 누구의 것이 좋은지 모르겠다.
各路人马从四面八方纷至沓来。
여러 지방의 군사들이 사방팔방에서 끊임없이 많이 오고 있다. 사방팔방으로 답지한다.

(韓) 감정적(感情的)으로 처리(處理)하다
(中) 感情用事 gǎn qíng yòng shì

处理问题要冷静，不能感情用事。
문제를 처리할 때는 냉정해야 하며 감정적으로 처리해서는 안 된다.
你总是感情用事，怎么会成功呢？
너는 항상 감정적으로 일을 처리하니 어떻게 성공 할 수 있느냐?

(韓) 할애(割愛)하다

(中) 忍痛割爱 rěn tòng gē ài

姐姐喜欢我的手表，我就忍痛割爱地送给她。
누이는 내 손목시계를 좋아해서 나는 누이에게 그것을 아깝지만 주었다.
您不必忍痛割爱，这还有一个呢？
또 하나 더 있으니, 너는 아끼는 걸 줄 필요없어.

(韓) 신기루(蜃氣樓)

(中) 海市蜃楼 hǎi shì shèn lóu

不可信为真，那不过是海市蜃楼罢了。
사실로 믿을 수가 없다. 그것은 신기루에 불과하다.
不少古人把荣华富贵看成是海市蜃楼。
많은 옛사람들은 부귀영화를 신기루로 여겼다.

(韓) 후환(後患)을 없애다

(中) 根绝后患 gēn jué hòu huàn

根绝后患，保证安全生活。
후환을 없애고 안전한 생활을 보증하다.
我们最主要的是根绝后患。
우리들이 가장 중요시 해야 하는 것은 후환을 없애는 것이다.

(韓) 획일적(劃一的)이다

(中) 划一不二 huà yī bù èr

文章的写法，不可能划一不二。
글을 쓰는 방법은 획일적이어서는 안된다.
这篇文章划一不二，没有价值。
이 문장은 획일적이라 값어치가 없다.

(韓) 혼신(渾身)의 힘을 다하다

(中) 浑身解数 hún shēn jiě shù

使出浑身解数。
혼신의 힘을 다하다.
老山英雄使出浑身解数，救出被困的人。
노산의 영웅은 혼신의 힘을 다하여 잡혀있는 사람을 구출했다.

(韓) 노파심(老婆心)

(中) 苦口婆心 kǔ kǒu pō xīn

我是苦口婆心这样说的。
나는 노파심에서 그렇게 말한 것이다.
师傅苦口婆心地劝他，改邪归正。
사부님은 노파심에서 나쁜 길에서 올바른 길로 돌아오도록 충고했다.

(韓) 인구(人口)에 회자(膾炙)되다

(中) 脍炙人口 kuài zhì rén kǒu

他写了一篇脍炙人口的散文。
그는 인구에 회자되는 산문을 썼다.
一年一度的广州年宵花市素来脍炙人口。
일년에 한번 있는 광주의 정월 대보름 꽃시장은 전부터 널리 알려져 있다.

* 素来 sùlái : 원래부터

(韓) 입추(立錐)의 여지(餘地)

(中) 立锥之地 lì zhuī zhī dì

无立锥之地。
입추의 여지가 없다.
地如此大，难道竟连一个小女孩的立锥之地都没有。
땅이 이렇게 넓은데 설마 작은 여자아이가 들어갈 공간도 없을까?

(韓) 즐비(櫛比)하다

(中) 鳞次栉比 lín cì zhì bǐ

新建的厂房，高耸的烟囱，鳞次栉比的工人住宅。
새로 지은 공장, 우뚝 솟은 굴뚝, 즐비한 노동자 주택.
这儿的楼房鳞次栉比。
이곳은 건물들이 즐비하다.

(韓) 망중한(忙中閑)

(中) 忙里偷闲 máng lǐ tōu xián

我这是忙里偷闲，给你回封信。
나는 바쁜중에 짬을 내서 너에게 회신을 하는 것이다.
他忙里偷闲，回老家探望父母。
바쁜 중에 짬을 내서 고향에 가서 부모님을 뵈려고 한다.

(韓) 두서(頭緖)가 없다

(中) 茫无头绪 máng wú tóu xù

这件事茫无头绪，叫我从何说起呢!
이 일은 너무 막연해서 어디서부터 얘기를 해야할지!
这件案子茫无头绪，大家都很着急。
이 사건은 너무 막연해서 모두들 조급해 하고 있다.

(韓) 청사(青史)에 이름을 남기다

(中) 青史留名 qīng shǐ liú míng

古代有很多人都青史留名。
고대에는 많은 사람들이 청사에 이름을 남기었다.
他做了许多好事，不求青史留名。
그는 많은 좋은 일을 했지만 청사에 이름을 남기고자 하지 않았다.

(韓) 도탄(塗炭)에 빠지다

(中) 生灵涂炭 shēng líng tú tàn

军阀混战，生灵涂炭。
군벌들이 혼전을 벌여 백성들이 도탄에 빠졌다.
他们陷人生灵涂炭，水深火热之中。
그들은 도탄에 빠져서 심한 고통을 겪고 있다.

(韓) 굴지(屈指)의

(中) 首屈一指 shǒu qū yī zhǐ

这家烤鸭店，在北京首屈一指。
이 오리통구이 집은 북경에서도 첫 번째로 꼽힌다.
这是一家首屈一指的大公司。
이 곳은 굴지의 큰 회사이다.

(韓) 기탄(忌憚)없이

(中) 肆无忌惮 sì wú jì dàn

胡作非为，肆无忌惮。
마구 나쁜 짓을 하며 전혀 거리낌이 없다.
风肆无忌惮地刮着。
바람이 심하게 불고 있다.

(韓) 도외시(度外視)하다

(中) 置之度外 zhì zhī dù wài

把个人安危置之度外。 개인의 안위를 안중에 두지 않다.
在这个危急时刻，他早已把生死置之度外了。
이러한 위기에서 그는 일찍이 생사를 의중에 두지 않았다.

(韓) 현상(現狀)에 만족(滿足)하다

(中) 安于现状 ān yú xiàn zhuàng

不可安于现状。현상에 만족해서는 안 된다.
他没有进取心，习惯安于现状。
그는 진취력이 없고 현상에 만족하는데 습관이 되어 있다.

(韓) 진상(眞相)이 밝혀지다

(中) 真相大白 zhēn xiàng dà bái

事情终于真相大白了。일은 마침내 진상이 밝혀졌다.
事情在没有真相大白之前，谁也不准离开。
일의 진상이 밝혀지기 전에 누구도 떠날 수 없다.

(韓) 분초(分秒)를 다투다

(中) 分秒必争 fēn miǎo bì zhēng

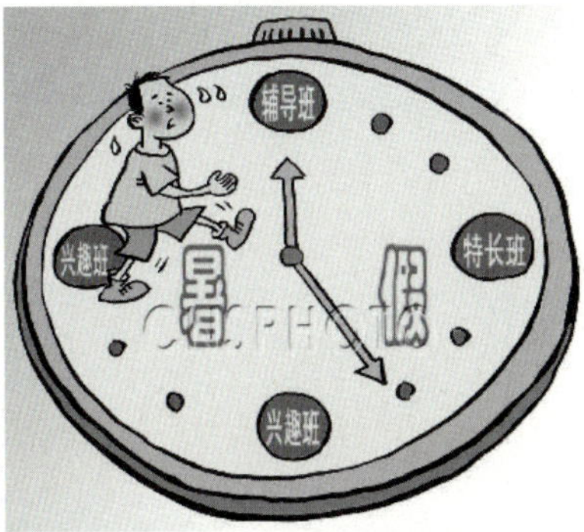

时间稍纵即逝，我们要分秒必争。
시간은 한 번 가면 그만이니 우리는 반드시 분초를 다투어야 한다.
打起仗来，就要分秒必争，时间就是胜利。
전쟁에서는 분초를 타투어야 하며 시간이 곧 승리이다.

(韓) 의론(議論)이 분분(紛紛)하다

(中) 议论纷纷 yì lùn fēn fēn

他们对这件小事议论纷纷。그들은 이 작은 일에 대해 의론이 분분하다.
同学们在课堂上议论纷纷。반 친구들은 교실에서 의론이 분분했다.

(韓) 구실(口實)을 제공(提供)하다

(中) 贻人口实 yí rén kǒu shì

这样做会贻人口实的。
이렇게 하면 사람들에게 구실을 제공하는 것이나 마찬가지이다.
他做每件事情都不喜欢贻人口实。
그는 어떤 일을 하든 약점을 잡히는 것을 싫어한다.

(韓) 노익장(老益壯)

(中) 老当益壮 lǎo dāng yì zhuàng

地质探险队里有风华正茂的后生，也有老当益壮的前辈。
지질탐사대에는 한창 젊은 사람도 있고 노익장의 선배들도 있다.
爷爷那老当益壮的风度，我现在还印象深刻。
할아버지의 노익장이 나는 아직도 인상이 깊다.

(韓) 도로(徒勞)에 그치다

(中) 徒劳无功 tú láo wú gōng

这样做肯定徒劳无功。
이렇게 하면 분명 헛 수고 하는 것이다.
他实在尽了一种徒劳无功的努力。
그는 실제로 헛수고의 노력을 했다.

(韓) 풍상(風霜)을 겪다

(中) 饱经风霜 bǎo jīng fēng shuāng

过去几十年，他饱经风霜。
과거 몇 십년 동안 그는 온갖 시련을 다 겪었다.
这是一张饱经风霜的脸。
이는 온갖 시련을 다 겪은 얼굴이다.

(韓) 부지불식간(不知不識間)에(알게 모르게)

(中) 不知不觉 bù zhī bù jué

时间过得真快，不知不觉又到元旦了。
시간이 참 빠르게 지나갑니다. 어느새 또 설날이네요.
不知不觉我们已经毕业了。어느새 우리는 졸업을 하게 되었다.

(韓) 일당백(一當百)

(中) 以一当百 yǐ yī dāng bǎi

以一当十，以一当百。소수의 사람으로 다수의 사람을 상대하다.
他的士兵以一当百，个个骁勇善战。
그의 사병은 일당백으로 개개인이 모두 용감무쌍하다.

* 骁勇善战 xiāo yǒng shàn zhàn : 용맹스럽고 싸움을 잘한다

(韓) 배수진(背水陣)을 치다

(中) 背水一战 bèi shǔi yī zhàn

对手实力强大，要想进人下一轮比赛，只有背水一战了。
상대는 실력이 막강하다. 다음 경기에 진입하기위해서는 배수진을 치고 싸우는 수밖에 없다.
大家做好了背水一战的准备。모두들 최후의 일전을 치를 준비가 되어 있다.

고사 韩信攻赵，在井陉口背水列阵，大破赵兵。后来将领们问他这是什么道理，韩信回答说兵法里有‘陷之死地而后生，置之亡地而后存’的话。后用来比喻面临绝境，为求得出路而作最后一次努力。

(韓) 일면식(一面識)

(中) 一面之交 yī miàn zhī jiāo

我跟他只有一面之交。나는 그와 일면식이 있을 뿐이다.
虽然只和他有一面之交，但是印象深刻。
비록 그를 잘 알지는 못하지만 인상이 매우 깊다.

(韓) 구습(口習)을 묵수(墨守)하다

(中) 墨守成规 mò shǒu chéng guī

要发挥创造精神，不要墨守成规。
창조정신을 발휘해야지 구습을 묵수해서는 안 된다.
爷爷总是守着那墨守成规的规矩。
할아버지는 항상 낡은 틀에 매달려 있다.

(韓) 오관(五官)이 단정(端正)하다

(中) 五官端正 wǔ guān duān zhèng

五官端正，仪表堂堂。
이목구비가 뚜렷하고 풍채가 당당하다.
这个小婴儿生得五官端正，眉清目秀。
이 아기는 이목구비가 반듯하고 용모가 깔끔하고 빼어나다.

(韓) 사활(死活)을 걸다

(中) 你死我活 nǐ sǐ wǒ huó

这是一场你死我活的战斗。
이것은 사활을 건 전투이다.
这是生死之战，你死我活在所难免。
이것은 사활을 건 전쟁이니 너 죽고 나 살기다.

* 在所难免 zài suǒ nán miǎn : 불가피하다

(韓) 활보(闊步)하다

(中) 昂首阔步 áng shǒu kuò bù

开幕式中，运动员昂首阔步。
개막식에서 운동선수들이 씩씩하게 걷고 있다.
他平时走步，总是昂首阔步，充满自信。
그는 평소 걸을 때 항상 씩씩하게 걸으며 자신감으로 가득 차 있다.

강화연습 1

※ 다음 괄호 안에 뜻에 맞는 성어를 써보세요.

01. 추파(秋波)를 던지다 / 指女子用目光暗中传情，后比喻暗中勾搭 (　　　　　)

02. 조장(助長)하다 / 比喻违反事物的发展规律，急于求成，反而坏事 (　　　　　)

03. 백일몽(白日夢)을 꾸다 / 比喻妄想不能变成现实 (　　　　　)

04. 만감(萬感)이 교차(交叉)하다 / 各种感触聚集在一起，形容心情非常复杂 (　　　　　)

05. 배신(背信)하다 / 违反信用，抛弃道义 (　　　　　)

06. 숙맥(菽麥)이다 / 形容愚昧无知或脱离实际，缺乏实际知识 (　　　　　)

07. 불모지(不毛地) / 形容土地荒凉，贫瘠 (　　　　　)

08. 불청객(不請客) / 没有邀请而自己来的客人，指突然到来的人(有不欢迎之意) (　　　　　)

09. 목숨을 초개(草芥)같이 여기다 / 形容任意残害人民 (　　　　　)

10. 발호(跋扈)하다 / 蛮横恣肆 (　　　　　)

11. 기우(杞憂) / 比喻毫无必要的忧虑 (　　　　　)

12. 백안시(白眼視)하다 / 轻视或厌恶别人 (　　　　　)

13. 수단(手段)을 가리지 않다 / 为了达到目的，什麽手段都使得出来 (　　　　　)

14. 사이비(似而非) / 好像对，实则不然 (　　　　　)

15. 선제(先制) / 先动手以制伏对方 (　　　　　)

16. 전철(前轍)을 밟다 / 比喻重犯错误 (　　　　　)

17. 두각(頭角)을 나타내다 / 比喻崭然表现出非凡的才能和气概 (　　　　　)

18. 태연(泰然)하다 / 面对某种情况，安然自得，满不在乎 (　　　　　)

19. 흑백(黑白)이 전도(顚倒)되다 / 形容混淆是非 (　　　　　)

20. 급선무(急先務) / 当前应当办的最急切的事 (　　　　　)

21. 미연(未然)에 방지(防止)하다 / 祸患发生之前就采取措施加以防备 (　　　　　)

22. 비명(非命)에 가다 / 遭受非正常死亡 (　　　　　)

23. 침식(寢食)을 전폐(全廢)하다 / 形容非常勤奋努力 (　　　　　)

24. 답지(沓至)하다 / 杂乱.重复，接连不断地到来 (　　　　　)

25. 감정적(感情的)으로 처리(處理)하다 / 失去理智，一时冲动，不冷静考虑，凭个人好恶处理事情 (　　　　　)

26. 할애(割愛)하다 / 抑制住内心的痛苦把自己心爱的东西让给别人或舍去不用 (　　　　　)

27. 신기루(蜃氣樓) / 比喻虚幻的事物 (　　　　　)

28. 후환(後患)을 없애다 / 彻底断绝后患 (　　　　　)

29. 획일적(劃一的)이다 / 一律，刻板 (　　　　　)

30. 혼신(渾身)의 힘을 다하다 / 全身的本事，所有的本领 (　　　　　)

31. 노파심(老婆心) / 用老妇人一样的慈爱心肠，不辞辛苦地内心劝说 (　　　　　)

32. 인구(人口)에 회자(膾炙)되다 / 比喻美好的诗文或事物，常受到人们广泛地传诵或称赞 (　　　　　)

33. 입추(立錐)의 여지(餘地) / 形容极小的地方，多用否定形式“无立锥之地”，比喻十分贫穷 (　　　　　)

34. 즐비(櫛比)하다 / 形容房屋，船只等密集排列 (　　　　　)

35. 망중한(忙中閑) / 在紧张繁忙的情况下挤出一点儿空闲时间 (　　　　　)

36. 두서(頭緖)가 없다 / 纷乱得很，一点儿头绪也没有；情况复杂，根本摸不着边儿 (　　　　　)

37. 청사(靑史)에 이름을 남기다 / 在史书留下名子 (　　　　　)

38. 도탄(塗炭)에 빠지다 / 形容政治混乱时期人民辗转烂泥炭火间，处於极端困苦的境地 (　　　　　)

39. 굴지(屈指)의 / 屈指计数总是先屈大拇指，表示第一 (　　　　　)

40. 기탄(忌憚)없이 / 任意妄为，毫无顾忌 (　　　　　)

41. 도외시(度外視)하다 / 把某事放在考虑之外；表示不把常人所看重的事放在心上 (　　　　　)

42. 현상(現狀)에 만족(滿足)하다 / 习惯于，满足于现状 (　　　　　)

43. 진상(眞相)이 밝혀지다 / 真实的情况已彻底弄清楚了 (　　　　　)

44. 분초(分秒)를 다투다 / 一分一秒也要争取，形容抓紧时间 (　　　　　)

45. 의론(議論)이 분분(紛紛)하다 / 对人或事物表示各自的意见 (　　　　　)

46. 구실(口實)을 제공(提供)하다 / 让人当做话柄 (　　　　　)

47. 노익장(老益壯) / 表示年纪虽老，志向更高，干劲儿更大 (　　　　　)

48. 도로(徒勞)에 그치다 / 白白花费心力而收不到成效 (　　　　)

49. 풍상(風霜)을 겪다 / 形容经历了很多艰难困苦 (　　　　)

50. 부지불식간(不知不識間)에 / 没有觉察到 (　　　　)

51. 일당백(一當百) / 形容英勇善战；也比喻以少胜多 (　　　　)

52. 배수진(背水陣)을 치다 / 比喻在绝境中拼死决战 (　　　　)

53. 일면식(一面識) / 指见过一次面的交情, 指交情不深 (　　　　)

54. 구습(舊習)을 묵수(墨守)하다 / 称抱住现成的老规矩不放(含贬义) (　　　　)

55. 이목구비(耳目口鼻)가 반듯하다 / 耳目口鼻舌长得端正 (　　　　)

56. 사활(死活)을 걸다 / 形容双方斗争非常激烈, 势不两立, 不能并存 (　　　　)

강화연습 2

※ 괄호 안에 다음 고사의 내용과 부합되는 고사성어를 쓰시오.

(고사 1 : ________)

韩信攻赵, 在井陉口背水列阵, 大破赵兵。后来将领们问他这是什么道理, 韩信回答说兵法里有'陷之死地而后生, 置之亡地而后存'的话。后用来比喻面临绝境, 为求得出路而作最后一次努力。

Part 4

韓國俗語中國成語

(한국속어이면서 중국성어)

강건너 불구경 - 隔岸观火

걱정도 팔자 - 自寻烦恼

꿩 먹고 알 먹고 - 一箭双雕

누이 좋고 매부 좋다 - 两全其美

양 잃고 외양간 고친다 - 亡羊补牢

·
·
·

4. 韓國俗語中國成語 (한국속어이면서 중국성어)

(韓) 강 건너 불 구경

(中) 隔岸观火 gé àn guān huǒ

他们隔岸观火，不肯伸手帮忙。
그들은 강 건너 불 구경하듯 했으며 손을 내밀어 도와주려 하지 않았다.
他很麻木，对什么事都隔岸观火。
그는 둔해서 무엇이든 강 건너 불구경 하듯 한다.

(韓) 걱정도 팔자

(中) 自寻烦恼 zì xún fán nǎo

你别自寻烦恼。걱정도 팔자야.
不要在自寻烦恼了。걱정도 팔자 구만!

(韓) 그림의 떡

(中) 镜花水月 jìng huā shǔi yuè

他的双目失明以后，自己觉得所有的幸福憧憬都成了镜花水月。
그는 두 눈을 실명한 후 모든 행복과 동경이 그림의 떡이 되어버렸다고 느낀다.
他整天沉溺于镜花水月，已不能自拔。
그는 하루종일 허상에 빠져있어 이미 스스로 벗어날 수 없다.

(韓) 꿩 먹고 알 먹고

(中) 一箭双雕 yī jiàn shuāng diāo

谁不喜欢一箭双雕的事？누가 꿩 먹고 알 먹는 일을 싫어하겠느냐?
这真是一箭双雕的好办法。이것은 꿩 먹고 알 먹는 좋은 방법이다.

(韓) 낫 놓고 기역자도 모른다
(中) 目不识丁 mù bù shí dīng

他父亲目不识丁。그의 부친은 낫 놓고 기역자도 모른다.
现在的社会目不识丁的人越来越少了。
현재 사회는 낫 놓고 기역자도 모르는 사람이 점점 적어졌다.

(韓) 누이 좋고 매부 좋다
(中) 两全其美 liǎng quán qí měi

他喜欢那个，你喜欢这个，你们俩掉换一下，岂不两全其美。
그 사람은 그걸 좋아하고, 너는 이걸 좋아하니, 둘이 좀 교환하면 둘 다 좋은 것 아니야?
为了解决好这件事，总得想一个两全其美的好办法吧。
이 일을 해결하기 위해서 항상 쌍방이 모두 좋은 방법을 생각해야 한다.

(韓) 눈에는 눈, 이에는 이
(中) 以眼还眼，以牙还牙 yǐ yǎn huán yǎn, yǐ yá huán yá

你也不必以眼还眼，以牙还牙，还是大度一点儿。
눈에는 눈, 이에는 이로 하지말고 좀 대범하게 대하거라.
他向来办事分明，会以眼还眼，以牙还牙。
그는 본래부터 일을 하는데 있어 분명해서 눈에는 눈, 이에는 이식으로 한다.

＊ 大度 dàdù : 너그럽다

(韓) 양 잃고 외양간 고친다
(中) 亡羊补牢 wáng yáng bǔ láo

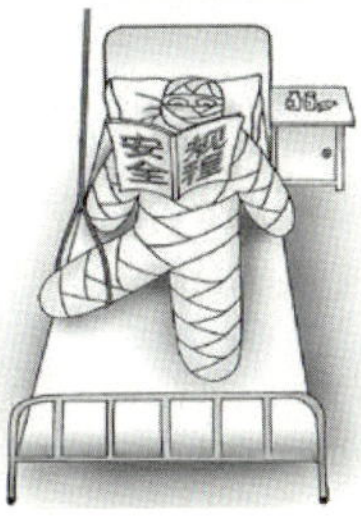

亡羊补牢，你也不必太自责了。
늦었다고 생각할 때가 가장 빠른 것이니 당신은 너무 자책하지 말아라.
学习道路上，我们要懂得亡羊补牢，未为迟也的道理。
공부하는데 있어 우리는 늦었다고 생각할 때가 가장 빠르다는 것을 알아야 한다.

(韓) 등잔 밑이 어둡다
(中) 当局者迷 dāng jú zhě mí

在感情问题上，当局者迷，傍观者清。
감정적인 문제에서는 등잔 밑이 어두운 법이다.
所谓当局者迷，傍观者清，我比你更清楚。
소위 등잔 밑이 어둡다고 하는 말을 내가 너보다 더 잘 안다.

(韓) 먹을 가까이 하면 검어진다
(中) 近墨者黑 jìn mò zhě hēi

近朱者赤，近墨者黑，所以要多交好朋友，少交坏朋友。
근묵자흑, 근주자적이라고 한다. 좋은 친구를 많이 사귀고, 나쁜 친구는 멀리하기 바란다.
你整天跟他们在一起，小心近朱者赤，近墨者黑啊!
너는 하루종일 그들과 같이 있는데 조심해야한다. 먹을 가까이 하면 검어진다.

(韓) 물불을 가리지 않는다
(中) 赴汤蹈火 fù tāng dǎo huǒ

为了解救地震灾区的人民，赴汤蹈火也在所不辞。
지진피해지역의 사람들을 구하기 위하여 물불을 가리지 않는다.
我对你是赴汤蹈火，在所不辞。
나는 너를 위해서라면 어떤 어려운 일도 마다하지 않겠다.

(韓) 바늘 가는데 실 간다
(中) 秤不离砣 chèng bù lí tuó

他们俩一向秤不离砣，密切合作。
두 사람은 항상 붙어 다니며 긴밀하게 협력한다.
这是一对秤不离砣，鼓不离锣的好朋友。
이들은 항상 붙어다니는 좋은 친구들이다.

(韓) 발 없는 말이 천리 간다
(中) 不胫而走 bù jìng ér zǒu

这个新闻不胫而走，不几天就闹得满城风雨。
이 소식은 발 없는 말이 천리간다더니 며칠되지 않아서 온도시가 시끌시끌했다.
我也不知道这个消息是如何不胫而走的？
이 소식이 어떻게 그렇게 빨리 퍼졌는지 모르겠다.

(韓) 서울에서 김 서방 찾기
(中) 大海捞针 dà hǎi lāo zhēn

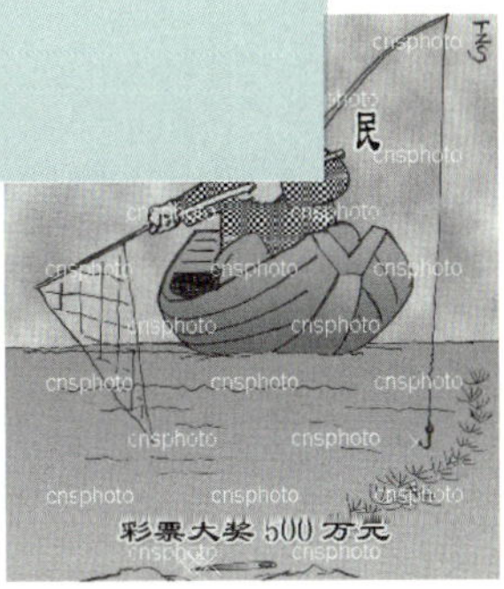

比大海捞针还难呢! 서울에서 김 서방 찾기보다 더 어렵다.
查寻他们的下落如大海捞针一样难。
그들의 종적을 조사하기란 서울에서 김 서방 찾는 것과 같이 어렵다.

* 下落 xiàluò : 행방

(韓) 수박 겉 핥기
(中) 一知半解 yī zhī bàn jiě

我对诗歌不过是一知半解，不敢妄加评论。
나는 시가에 대하여 수박 겉 핥기식으로 알고 있어서 함부로 평론할 수 없다.
有些人只懂得一知半解，却夸夸其谈。
어떤 사람들은 잘 알지도 못하면서 오히려 큰소리를 친다.

(韓) 아내가 사랑스러우면 처갓집 말뚝보고 절을 한다
(中) 爱屋及屋 ài wū jí wū

他因为佩服王先生，竟爱屋及乌，也模仿起王先生讲话的腔调。
아내가 사랑스러우면 처갓집 말뚝보고 절을 한다더니, 그는 왕 선생님을 존경하다 못해 왕 선생님의 강의 목소리를 따라하기 시작했다.
因为你是他的好朋友，那就爱屋及屋了。
당신은 그의 좋은 친구이기 때문에 그에 관한 것은 다 좋은 것이다.

* 佩服 pèifu : 감복하다

(韓) 업은 아이 삼 년 찾는다
(中) 骑马找马 qí mǎ zhǎo mǎ

手表不就在你手上，怎么还到处乱找，这不是骑马找马吗?
시계 네 손에 있잖니? 뭘 그렇게 사방을 찾아? 업은 아이 삼 년 찾는다더니.
他是个糊涂的小孩，总喜欢骑马找马，令人哭笑不得。
그 아이는 좀 흐리멍텅해서 언제나 손에 들고 있으면서도 찾는다. 정말 웃을 수도 울 수도 없는 일이다.

＊ 糊涂 hútu : 흐리멍텅하다

(韓) 여자 팔자 뒤웅박 팔자
(中) 嫁鸡随鸡 jià jī súi jī

旧社会的妇女受包办婚姻之苦，嫁鸡随鸡，嫁狗随狗。
구 사회의 부녀자들은 본인의 의사와는 상관없이 배우자를 부모가 정해주었다. 그래서 여자 팔자는 뒤웅박 팔자였다.
所谓嫁鸡随鸡，嫁狗随狗，你就认命吧!
여자 팔자는 뒤웅박 팔자라는 것 운명에 순응해라.

＊ 包办 bāobàn : 독단으로 하다

(韓) 우물안 개구리
(中) 坐井观天 zuò jǐng guān tiān

他简直是井底之蛙，见识有限。
그는 우물안 개구리라 아는 게 한계가 있다.
他整天不接触社会，犹如坐井观天蛙。
그는 하루종일 혼자 지내는데 마치 우물안 개구리이다.

(韓) 울 수도 없고 울을 수도 없다

(中) 哭笑不得 kū xiào bù dé

他的话实在叫人哭笑不得。

그 사람 말을 들으면 정말이지 웃지도 울 수도 없다.

面对这件事，他哭笑不得。

이 일을 접하고 그는 울 수도 없고 울을 수도 없었다.

(韓) 원수는 외나무다리에서 만난다

(中) 冤家路窄 yuān jiā lù zhǎi

俗话说冤家路窄，不期与仇人狭路相逢，一场格斗势难避免。

속담에 원수는 외나무다리에서 만난다고 하더니 원수를 좁은 길에서 만나리라고는 예기치 못했다. 일전을 피할 수 없게 되었군!

真是冤家路窄，我们又碰上了。

정말 원수는 외나무다리에서 만난다더니 또 만났네!

(韓) 지성이면 감천이다

(中) 精诚所至，金石为开 jīng chéng suǒ zhì, jīn shí wéi kāi

精诚所至，金石为开，我们一定会赢的。

지성이면 감천이라, 우리는 반드시 이길 것이다.

精诚所至，金石为开，他的真诚终于感动了上帝。

지성이면 감천이라, 그의 진심은 마침내 하늘을 움직였다.

(韓) 천리 길도 한 걸음부터

(中) 千里之行，始于足下 qiān lǐ zhī xíng, shǐ yú zú xià

千里之行，始于足下，大学问就得从做小学问开始。

천리길도 한 걸음부터다. 큰 학문도 소 학문에서부터 시작한다.

我们都知道，千里之行，始于足下。

우리 모두는 천리 길도 한 걸음부터라는 것을 안다.

(韓) 한 번 실수는 병가지상사

(中) 前事不忘，后事之师 qián shì bù wàng, hòu shì zhī shī

俗话说：“前事不忘，后事之师”。

속담에 이르길, “한 번 실수는 병가지상사”라고 한다.

前事不忘，后事之师，你总结的经验教训很重要。

한 번 실수는 병가지상사라는데, 당신의 경험에서 얻은 교훈은 매우 중요합니다.

(韓) 함흥차사

(中) 断线风筝 duàn xiàn fēng zhēng

老王一去三年，似断线风筝一般，至今尚无音信。

노왕은 한 번 가더니 삼년이 지났는데도 함흥차사다. 지금까지 아직 소식이 없다.

人死就如断线风筝，一去不回。

사람이 죽으면 함흥차사와 같으니, 한번가면 돌아오지 않는다.

(韓) 호랑이는 죽어서 가죽을 남기고 사람은 죽어서 이름을 남긴다

(中) 豹死留皮，人死留名 bào sǐ liú pí, rén sǐ liú míng

豹死留皮，人死留名，谁都想流传后世。

호랑이는 죽어서 가죽을 남기고 사람은 죽어서 이름을 남긴다고 하는데, 누구든 후세에까지 알려지길 바란다.

所谓豹死留皮，人死留名，你可要考虑后果啊！

호랑이는 죽어서 가죽을 남기고 사람은 죽어서 이름을 남긴다고 하는데, 당신도 결과를 생각해야 되지 않겠는가?

(韓) 옥의 티

(中) 白璧微瑕 bái bì wēi xiá

这些小毛病只能算是白璧微瑕而已。

이런 결함은 옥의 티에 불과하다.

这些白璧微瑕的古物，也是价值连城的。

이 고물들은 옥에 티가 있어도 가격은 여전히 비싸다.

강화연습 1

※ 다음 괄호 안에 뜻에 맏는 성어를 써보세요.

01. 강 건너 불 구경 / 比喻对别人的痛痒漠不关心，袖手傍观。(　　　　　)

02. 걱정도 팔자 / 自找烦恼 (　　　　　)

03. 그림의 떡 / 比喻虚幻不实 (　　　　　)

04. 꿩 먹고 알 먹고 / 指做一件事情同时兼得两利 (　　　　　)

05. 낫 놓고 기역자도 모른다 / 讥 诮人一个字也不认识 (　　　　　)

06. 누이 좋고 매부 좋다 / 做一件事顾全两方面，使都能得到好处 (　　　　　)

07. 눈에는 눈, 이에는 이 / 比喻用对方使用的手段还击对方，针锋相对地进行斗争 (　　　　　)

08. 양 잃고 외양간 고친다 / 比喻出了问题或受到损失後，及时采取补救措施，以免再出现类似情况 (　　　　　)

09. 등잔 밑이 어둡다 / 比喻一件事情的当事人往往因为对利害得失考虑太多，反而迷惑起来；旁观的人却能清醒地观察问题 (　　　　　)

10. 먹을 가까이 하면 검어진다 / 比喻环境的影响能改变人的习性 (　　　　　)

11. 물불을 가리지 않는다 / 比喻不避艰险，奋不顾身 (　　　　　)

12. 바늘 가는데 실 간다 / 一个人在哪儿，另一个人也在哪儿；经常在一起 (　　　　　)

13. 발 없는 말이 천리 간다 / 比喻消息等传布迅速 (　　　　　)

14. 서울에서 김 서방 찾기 / 形容很难找到，比喻事情很难办成（ ）

15. 수박 겉 핥기 / 知道得很少，理解得更差（ ）

16. 아내가 사랑스러우면 처갓집 말뚝보고 절을 한다 / 比喻因为爱一个人而连带地喜爱跟那人有关系的人或事物（ ）

17. 업은 아이 삼 년 찾는다 / 比喻一面占着自己现有的位置，一面去找更合适的工作；也比喻东西就在自己身边，反而到处去找（ ）

18. 여자 팔자 뒤웅박 팔자 / 比喻妇女出嫁后，不论丈夫好坏，都要安分，不得有非分之想（ ）

19. 우물안 개구리 / 比喻见识浅陋的人（ ）

20. 울 수도 없고 웃을 수도 없다 / 形容又难受，又好笑，不知道怎么对待（ ）

21. 원수는 외나무다리에서 만난다 / 泛指不愿意相见的人偏偏容易相遇或聚到一起（ ）

22. 천리 길도 한 걸음부터 / 比喻达到任何远大目标，都要从当前做起，由小到大逐步积累而成（ ）

23. 한 번 실수는 병가지상사 / 记取以前的经验教训，作为以后工作的借鉴（ ）

24. 함흥차사 / 比喻一去不回的人或物（ ）

25. 호랑이는 죽어서 가죽을 남기고 사람은 죽어서 이름을 남긴다 / 比喻人死后当留美名于后世（ ）

Part 5

中國故事成語

(중국고사성어)

5. 中國故事成語 (중국고사성어)

暗度陈仓 àn dù chén cāng

몰래 행동하여 관계를 맺다 ; 남녀가 간통하다

公元前206年, 刘邦攻下咸阳, 被项羽封为汉王, 带着人马到南郑去, 途中烧毁了栈道。不久绕道北上, 在陈仓打败秦将章邯的军队, 回到咸阳。小说家把这段历史演义为 '明修栈道, 暗度陈仓'。后来比喻暗中进行某种活动, 多指男女私通。

—— 女友竟然和我老公暗度陈仓, 导致我的家庭破裂……
여자 친구는 뜻밖에도 내 남편과 간통을 했으며, 가정을 파멸에 이르게 했다.

火中取栗 huǒ zhōng qǔ lì

남 좋은 일만 하다 ; 죽쑤어 개 주다

一只猴子和一只猫看见炉火中烤着栗子, 猴子叫猫去偷, 猫用爪子从火中取出几个栗子, 自己脚上的毛被烧掉, 栗子却都被猴子给吃了。比喻冒危险给别人出力, 自己上了大当, 一无所得。

—— 你这样做简直是火中取栗, 太危险了。
네가 이렇게 하는 것은 그야말로 남 좋은 일만 하는 것이며 대단히 위험하다.

嗟来之食 jiē lái zhī shí

모욕적인 베품

春秋时齐国发生饥荒, 有人在路上施舍饮食, 对一个饥饿的人来说, '嗟, 来食', 饥饿的人说, 我就是不吃'嗟来之食', 才到这个地步的。终于不食而死。今泛指带有侮辱性的施舍。

—— 不肯接受嗟来之食。모욕적인 베품은 받으려 하지 않는다.
嗟来之食, 岂能接受?
모욕적인 베품을 어찌 받을 수 있겠는가?

锦囊妙计 jǐn náng miào jì

교묘한 묘책

旧小说上常描写足智多谋的人，把可能发生的事变以及所应付的办法预先用纸条写好装在锦囊里，嘱咐办事的人在遇到紧急情况时拆看，并依计行事。现在比喻能及时解决紧急问题的办法。

—— 您又有什么金囊妙计可以挽回败局?
네가 또 무슨 묘책이 있어 진 판을 만회할 수 있겠니?

精卫填海 jīng wèi tián hǎi

원수를 갚다 ; 어려움을 두려워하지 않고 노력 분투하다

古代神话，炎帝的女儿在东海淹死，化为精卫鸟，每天衔西天的木石来填东海。后用来比喻有深仇大恨，立志必报。也比喻不畏艰难，努力奋斗。

—— 喜欢中国神话故事吗?看过"精卫填海"的故事吗?
중국의 신화고사를 좋아합니까? "精卫填海"의 고사를 본 적이 있습니까?

夸父追日 kuā fù zhūi rì

무모하게 덤비다

≪山海镜≫记载古代神话，有个夸父，为了追赶太阳，渴极了，喝了黄河渭河的水还不够，又往别处去找水，半路上就渴死了。他遗下的木仗，后来变成一片树林，叫做邓林。后用来比喻决心大或不自量力。

—— 想必大家都知道这个"夸父追日"的古老故事,它象征和代表着中华民族对真理和理想孜孜不倦的追求和一往无前、大无畏的献身精神。
아마 모두들 "夸父追日" 고사를 알겠지요. 그것은 중화민족의 진리와 이상에 대한 끊임없는 추구와 용감하게 나아가고 조금도 두려워하지 않는 헌신정신을 상징하고 대표한다.

老马识途 lǎo mǎ shí tú

경험이 많으면 그 일에 능숙하다

管仲跟随齐桓王去打仗，回来时迷失了路途，管仲放老马在前面走，就找到了道路。比喻有经验，能带领新手工作。

—— 他是老马识途，跟着他不会错。
그는 경험이 많아 그 일에 능숙하므로 그를 따라하면 잘못되지 않을 것이다.

乐不思蜀 lè bù sī shǔ

즐거움에 빠져 돌아 갈 생각마저 잊다

蜀汉亡国后，后主刘禅被安置在魏国的都城洛阳。一天，司马昭问他想念不想念西蜀，他说‘此间乐，不思蜀’。后来泛指乐而忘返。

—— 他在外地日子过好了，也就乐不思蜀，不想再回家了。
그는 밖에서 좋은 날을 보내고 있어 집에 돌아가고픈 생각이 없다.

盲人摸象 máng rén mō xiàng

일부분으로 전체를 파악하다

传说几个瞎子摸一只大象，摸到腿的说大象像一根柱子，摸到身躯的说大象像一堵墙，摸到尾巴的说大象像一条蛇个执己见，争论不休。用来比喻对事物了解不全面，固执一点，乱加揣测。

—— 盲人摸象——不辩真假。일부분으로 전체를 판단하여, 진가를 구별하지 못하다.

名落孙山 míng luò sūn shān

낙(방)선하다

宋朝孙山考中了末一名回家， 有人向他打听自己的儿子考中了没有， 孙山说：‘解名尽处是孙山，贤郎更在孙山外’。后用来婉言应考不中。

—— 大选中名落孙山。총선에서 떨어졌다.

破镜重圆 pò jìng chóng yuán

헤어진 부부가 다시 결합하다

南朝陈代将要灭亡的时候，驸马徐德言把一个铜镜破开，跟妻子乐昌公主各藏一半，预备失散后当作信物，以后果然由这个线索而夫妻团聚。后用来比喻夫妻失散或决裂后重又团聚。

—— 他们夫妻俩终于破镜重圆。그들 부부는 결국 다시 결합했다.

黔驴之技 qián lǘ zhī jì

하찮은 재주

唐朝柳宗元的≪三戒≫说，黔这个地方没有驴，有人从外地带来一头，因为用不着，放在山下。老虎看见驴个子很大，有听见它的叫声很响，起初很害怕，老远就躲开。后来逐渐接近它，驴只踢了老虎一脚。老虎看见驴的技能只不过如此，就把它吃了。后用来比喻虚有其表，本领有限。

—— 他这两下儿不过是黔驴之技。

그의 이 솜씨는 하찮은 재주에 불과하다.

请君入瓮 qǐng jūn rù wēng

제가 놓은 덫에 치이다

武则天命令来俊臣审问周兴，周兴还不知道。来俊臣假意问周兴：'犯人不肯认罪怎么办?' 周兴说：'拿个大瓮，周围用炭火烤，把犯人装进去，什么事他会不承认呢?'来俊臣叫人搬来一个大瓮，四面加火，对周兴说：'奉令审问老兄，请老兄入瓮!' 周兴吓得连忙磕头认罪。比喻拿某人整治别人的法子来整治他自己。

据新华社报道，北京站街路口没有任何禁止调头标志，但经常有六七名警察"重兵把守"处理违法调头司机。

曲突徙薪 qū tū xǐ xīn

재난을 미연에 방지하다

有一家的烟囱很直，旁边堆着许多柴火，有人劝主人改建弯曲的烟囱，把柴火搬开，不然有着火的危险，主人不听，不久果然发生了火灾。比喻事先采取措施，防止危险发生。

—— 后人以"曲突徙薪"来比喻事先采取措施，以防患于未然。

후세 사람들은 "曲突徙薪"으로 사전에 조치를 취하여 미연에 방지함을 비유한다.

甚嚣尘上 shèn xiāo chén shàng

여론이 시끄럽거나 의론이 분분하다

楚国跟晋国作战，楚王登车窥探敌情，对侍臣说：‘甚嚣，且尘上矣。’意思是晋军喧哗纷乱得很厉害，而且尘土也飞扬起来了。后用来形容对传闻之事议论纷纷。现多指某种言论十分嚣张(含贬义)。

数典忘祖 shǔ diǎn wàng zǔ

자기 본래의 상황이나 사물의 근본을 망각하다

春秋时晋国的籍谈出使周朝，他回答周王的问题时没有答好，事后周王讽刺他‘数典而忘其祖’，意思是籍谈说起国家的礼制掌故来，把自己祖先的职守都忘掉了。后来就比喻忘掉自己本来的情况或事物的本源。

——— 他们数典忘祖，不知道老祖宗了。
그들은 자신들의 근본을 망각하여 자기 조상들도 모른다.

投笔从戎 tóu bǐ cóng róng

붓을 내던지고 종군하다

后汉班超家境穷困，在官府做抄写工作，曾经掷笔长叹说，大丈夫应当在边疆为国立功，哪能老在笔砚之间讨生活呢?! 后人把文人从军叫做投笔从戎。

——— 他父亲年轻时投笔从戎，参加抗日联军。
그의 부친께서는 젊었을 때 하던 공부를 중단하고 항일 연합군에 참가하셨다.

图穷匕首见 tú qióng bǐ shǒu jiàn

일이 마지막에 거서는 결국 진상이 드러나다

战国时，荆轲奉燕国太子之命去刺秦王，以献燕国督亢的地图为名，预先把匕首卷在图里，到了秦王座前，慢慢把地图展开，最后露出匕首。比喻事情发展到最后，真相或本意露出来了。

——— 在台海问题上 日美已图穷匕首见。
대만문제에 있어서 미일간의 공모가 마지막 단계에서 진상이 드러났다.

脱颖而出 tuō yǐng ér chū

두각을 나타내다

战国时代，秦兵攻打赵国。赵国平原君奉命到楚国求救，要选二十名文武双全的门客一起去，但缺一人，毛遂自动请求跟着去平原君说，贤能的人在众人当中就像锥子放在布袋里，尖儿立刻就会露出来，你来我门下已经三年，没听到过对你的赞扬，你没什么能耐，不去吧！毛遂说，假使我毛遂早能像锥子放在布袋似的，'乃脱颖而出，非特其末见而已'，就是说，连锥子上部的环儿也会露出来的，岂止光露个尖儿！后用来比喻人的才能全部显示出来。

——— 经过十年苦读，他终于脱颖而出，成为美国学术界的一颗新星。
십년간의 힘든 공부를 거쳐 그는 마침내 두각을 나타냈으며, 미국 학술계의 새로운 스타가 되었다.

完璧归赵 wán bì guī zhào

빌어온 원래의 물건을 손상없이 온전하게 되돌려 주다

战国时代赵国得到了楚国的和氏璧，秦昭王要用十五座城池来换璧。赵王派蔺相如带着璧去换城。相如到秦国献了璧，见秦王没有诚意，不肯交出城池，就设法把璧弄回，派人送回赵国。比喻原物完整无损地归还本人。

——— 市民诚信可嘉 拾失物完璧归赵。
시민들은 성실해서 주은 물건을 고스란히 돌려준다.

万事具备，只欠东风 wàn shì jù bèi, zhǐ qiàn dōng fēng

모든 것이 다 준비되었으나 중요한 것 하나가 모자란다

三国时周瑜计划火攻曹操，一切都准备好了，只差东风还没有刮起来，不能顺风放火。后比喻样样都准备好了，只差最后一个重要条件。

——— F1摩托艇阿布扎比站开赛，万事俱备只欠东风。
F1모타보트 아부자비전 시작, 모든 것이 다 준비되었으나 중요한 것 하나가 부족하다.

望梅止渴 wàng méi zhǐ kě

비현실적인 공상으로 스스로 위안하다

曹操带兵走到一个没有水的地方，士兵们渴得很，曹操骗他们说：‘前面有很大的一片梅树林，梅子很多，又甜又酸。’士兵听了，都流出口水来，不再嚷渴。比喻用空想安慰自己。

承兑汇票有如望梅止渴。
어음 인수는 비현실적인 공상으로 스스로 위안하는 것과 같다.

项庄舞剑，意在沛公 xiàng zhuāng wǔ jiàn, yì zài pèi gōng

목적은 다른 데 있다

≪史记≫记载，刘邦和项羽在鸿门会见，酒宴上，项羽的谋士范增让项庄舞剑，乘机杀死刘邦。刘邦的谋士张良对樊回哙说：‘今者项庄拔剑舞，其意常在沛公也’。后用来比喻说话或行动虽然表面上另有名目，其真实意图却在于对某人某事进行威胁或攻击。

他们项庄舞剑，意在沛公，这样做是冲着我的。
항장이 칼춤을 추는 의도는 유방을 죽이는 데 있었듯이 그들이 그렇게 하는 것은 나에게 목적이 있기 때문이다.

叶公好龙 yè gōng hào lóng

겉으로는 좋아하는 듯하나 실제로는 두려워하다

据说古代有个叶公，非常爱好龙，器物上画着龙，房屋上也刻着龙。真龙知道了，就到叶公家来，把头探进窗户。叶公一见，吓得面如土色，拔腿就跑。比喻说是爱好某事物，其实并不真爱好。

现而今的社会像叶公好龙的人很多，无非是自己骗自己罢了。
요즘 사회에는 겉으로는 좋아하는 듯하나 실제로는 두려워하는 사람이 참 많은데, 자기를 속이는 것에 지나지 않는다.

鹬蚌相争，渔人得利 yù bàng xiāng zhēng, yú rén dé lì

어부지리

蚌张开壳晒太阳，鹬去啄它，被蚌壳钳住了嘴，两方面都不肯相让。渔翁来了，把两个都捉住了。比喻双方相争持，让第三者得了利。

———— "鹬蚌相争，渔翁得利"，这是一个深刻的教训，千百年来已为大家所熟知。
"鹬蚌相争,渔翁得利"은 깊은 교훈적 내용을 담고 있으며 수천 년 동안 사람들에게 잘 알려져 있다.

只许州官放火，不许百性点灯 zhǐ xǔ zhōu guān fàng huǒ, bù xǔ bǎi xìng diǎn dēng

통치자나 권력자가 제멋대로 전횡을 부리지만 백성들에게는 조금의 자유도 주지 않다

宋代田登做州官，要人避讳他的名字，因为'登'和'灯'同音，于是全州都把灯叫做火。到元宵节放灯时，出布告说，本州依例放火三日。后来用来形容专制蛮横的统治者，为所欲为，不许人民有一点儿自由。也泛指胡作非为的人不许别人有正当的权利。

———— 他这种做法是，只许州官放火，不许百姓点灯。
그의 이런 방법은 백성들에게는 조금의 자유도 주지 않겠다는 것이다.

指鹿为马 zhǐ lù wéi mǎ

흑백을 전도하다

秦朝二世皇帝的时候，丞相赵高想造反，怕别的臣子不附和，就先试验一下。他把一只鹿献给二世，说：'这是马。' 二世笑着说：'丞相错了吧，把鹿说成马了。' 问旁边的人，有的不说话，有的说是马，有的说是陆。事后赵高就暗中把说是鹿的人杀了。比喻颠倒是非。

———— 作为著名经济学家，针对穷学生上不起大学的问题，张维迎教授以经济手段提出的解决方案，这颇有"指鹿为马"的意味。
저명한 경제학자로서써 가난한 학생들이 대학에 갈 수 없는 문제에 대하여 장유영교수가 경제수단으로 제시한 해결방안은 "指鹿为马"의 의미가 있다고 할 수 있다.

Part 6

會話成語應用

(회화성어응용)

6. 會話成語應用 (회화성어응용)

半斤八两 bàn jīn bā liǎng 피차일반, 피장파장, 엇비슷하다

A：我看这次先让小王去进修吧。

B：我觉得小李也不错。小李的文化基础高些。

C：依我说他俩差不多，半斤八两，至于派谁去，也得征求征求他们个人的意见吧。

D：对，也要自愿嘛。

* 进修 jìnxiū 연수하다 / 征求 zhēngqiú (의견)구하다

笨鸟先飞 bèn niǎo xiān fēi 능력이 모자란 사람이 더 부지런해야 한다

A：你动手真早呀!

B：不早了，我是笨鸟先飞。

A：你太谦虚了。

B：我哪能跟你们年轻人比啊呀!

* 动手 dòngshǒu 착수하다 / 谦虚 qiānxū 겸손하다

不可开交 bù kě kāi jiāo 끝을 맺을 수 없다, 해결할 수 없다, 형편없다

A：我找你好几次了，你又哪儿玩儿去啦?

B：哪儿有工夫玩儿呀? 现在我们厂各个车间都忙得不可开交，一直在加班。你找我有事吗?

A：没什么事，我想请你去钓鱼，看来去不成了。

B：你找别人吧，我实在太忙。

* 工夫 gōngfu 틈 / 车间 chējiān 작업실 / 加班 jiābān 잔업하다 / 钓鱼 diàoyú 낚시하다

不三不四 bù sān bù sì 이도 저도 아니다, 하찮다

A：你怎么认识那么多不三不四的人。
B：您别说人家不三不四，人家都是正派人。
A：他们的发式衣服都怪里怪气的，正派人这样吗？
B：发式衣服怪不能说明他们就是不三不四的人。

* 正派 zhèngpài (품행)올바르다 / 发式 fàshì 헤어스타일 / 怪里怪气 guàiliguàiqì 이상야릇하다

不足挂齿 bù zú guà chǐ 언급할 만한 것이 못된다

A：感谢你帮了我的大忙！
B：区区小事，不足挂齿。
A：看来以后有事还得找你了。
B：尽管开口，我一定尽力。

* 区区小事 qūqūxiǎoshì 하찮은 일 / 尽管 jìnguǎn 비록 / 尽力 jìnlì 최선을 다하다

东南西北 dōng nán xī běi 동서남북

A：老李，我抱儿子了，今天晚上我请客。
B：今天晚上你请客？我看你高兴得分不清东南西北了。
A：对，今天晚上不行，我得陪着我爱人看儿子，以后再说吧。
B：以后你得累得找不着东西南北。还记得请客吗？

* 抱儿子 bàoérzi 아들이 생기다 / 请客 qǐngkè 한턱 내다 / 记得 jìde 기억하다

非同小可 fēi tóng xiǎo kě 예삿일이 아니다, 보통이 아니다

A：我骑车把邻居的小孩撞到了。
B：去医院检查了吗？
A：去了，医生说没什么问题。
B：那就不用担心了。
A：可我妈认为这事非同小可， 不但带我去道歉， 还要带着小孩在去别的医院检查。
B：她也过于小心了。

* 骑车 qíchē 자전거를 타다 / 撞 zhuàng 부딪치다 / 担心 dānxīn 걱정하다 / 道歉 dàoqiàn 사과하다 / 过于 guòyú 지나치게

火烧火燎 huǒ shāo huǒ liǎo 애간장이 타다, 몹시 초조하다

A：我心里火烧火燎的，你还没有事人似的。

B：你着急有什么用呀！关键是想个他能接受的好办法。

A：那你倒快想呀！

B：你越催我越想不出来。

＊着急 zháojí 서두르다 / 关键 guānjiàn 관건 / 催 cūi 독촉하다

鸡毛蒜皮 jī máo suàn pí 하찮은 것

A：她怎么有不高兴了？

B：有人在她的桌子上吃饭，弄脏了桌子。

A：就为这么点儿鸡毛蒜皮的事生气，真不值得。

B：虽说事儿不大，可天天这样，也真让人烦。

A：跟那个人说说，以后别在她的桌子上吃饭。

B：她不好意思说。

＊弄脏 nòngzāng 더럽히다 / 值得 zhíde 가치가 있다 / 认领 rènlǐng 찾아가다

苦口婆心 kǔ kǒu pó xīn 노파심

A：老松真有耐心，我可做不到。

B：跟谁说话都这么苦口婆心，太感人了。

A：所以谁家有了矛盾都请他去劝解。

B：这也是精诚所致，金石为开嘛！

＊耐心 nàixīn 인내심 / 感人 gǎnrén 감동시키다 / 劝解 quànjiě 권유하다 / 精诚所致，金石为开 jīngchéngsuǒzhì, jīnshíwēikāi 지성이면 감천이다

两全其美 liǎng quán qī měi 쌍방이 모두 좋게 하다

A：咱们把书库里的书整理一下读了吧。

B：我同意，这样就可以解决积压问题。

A：还可以满足社会的需要。

B：就这么办吧，这真是两全其美的好办法。

＊积压 jīyā 쌓이다

满不在乎 mǎn bù zài hū 전혀 개의치 않는다

A：小弟这学期又有一门不及格，怎么办呀!

B：全家都为他着急，可他满不在乎，该玩照样玩，一场球都不落(là)。

A：除了玩儿，他什么事都不放在心上。

B：我看见他那满不在乎的样儿，真想打他一顿。

A：唉，都是你娇惯的，他永远长不大了。

* 及格 jígé 합격하다 / 落 là 빠뜨리다 / 娇惯 jiāoguàn 응석받이로 키우다

没头没脑 méi tóu méi nǎo 밑도 끝도 없다, 갑작스럽다

A：爸爸总说些没头没脑的话。

B：爸爸年纪大了，平时没人跟他说话，就自言自语呗。

A：以后我们常跟他说话就好了。

B：唉，哪有时间呢!

* 年纪 niánjì 나이 / 自言自语 zìyánzìyǔ 중얼거리다

没完没了 méi wán méi liǎo 한도 없고 끝도 없다

A：小光，早点走吧。

B：知道了。

A：小光，忘带东西了没有?

B：没有。

A：小光，过马路要小心。

B：听见了。

A：小光，在学校......

B：妈，你怎么说起来没完没了的。

* 忘带 wàngdài 가지는 것을 잊다

目中无人 mù zhōng wú rén 안하무인

A：他的发音真地道。

B：他在英国学了好几年，自然发音好了。

A：我们去向他请教请教。

B：我才不去呢! 你看他整天扬着头，目中无人的样儿。

A：他不虚心，我们主动向他学习嘛!

B：不去！骄傲自大看不起人的人，不会有好下场！

A：目中无人是他的缺点，我们帮助他。

B：你真好心眼儿。

＊ 地道 dìdao 순수하다 / 请教 qǐngjiao 가르침을 받다 / 骄傲 jiāoào 교만하다 / 看不起 kànbuqi 무시하다 / 下场 xiàchǎng 결말 / 心眼儿 xīnyǎr 마음씨

拿不出手 ná bù chū shǒu 남 앞에 내놓을 수 없다, 볼품없다

A：今天是你的生日，这点儿礼物真拿不出手，不过是我的一点儿心意。

B：你太客气了，这件礼物我很喜欢。

A：只要你喜欢我就高兴了。

B：谢谢。

＊ 心意 xīnyì 성의 / 客气 kèqi 겸손하게 굴다

能说会道 néng shuō huì dào 말솜씨가 매우 좋다

A：你的新嫂子怎么样？

B：能说会道，特别讨人喜欢。

A：可你哥哥是个不爱说话的人啊。

B：所以呢，在家里光听嫂子一个人说话，妈妈还特别爱听。

＊ 嫂子 sǎozi 형수 / 讨人喜欢 tǎorénxǐhuān 인기가 있다

七上八下 qī shàng bā xià (가슴이)두근두근하다

A：电话已经来了，你可以安心了。

B：可我心里还是七上八下，安静不下来。

A：那是你想得太多了。

B：孩子们对父母总是报喜不报忧的。

A：二十多岁的大孩子，他们该独立了。

B：只要有一个星期接不到他的电话，我就心虚意乱，焦躁不安。

＊ 安静 ānjìng 안정하다 / 报喜 bàoxǐ 좋은 소식을 알리다 / 报忧 bàoyōu 나쁜 소식을 알리다 / 心虚意乱 xīnxūyìluàn 마음이 공허하고 심란하다 / 焦躁 jiāozào 몹시 애가 타고 초조하다

屈指可数 qū zhǐ kě shǔ 손꼽아 헤아릴 수 있다, 얼마 안된다

A：咱们这届的同学经常聚会吗?

B：你已经离开十几年了，不了解。近三，四年同学们都陆续出国了。

A：是吗? 那咱们见个面还真不容易。

B：可不是，现在留下屈指可数的几个人倒常常见面。

A：哪天我们几个人聚聚吧!

B：行。

* 聚会 jùhùi 모이다 / 离开 líkāi 떠나다 / 陆续 lùxù 계속 / 容易 róngyì 쉽다

仁者见仁，智者见智 rén zhě jiàn rén, zhì zhě jiàn zhì 같은 사물이라도 사람에 따라 견해가 다르다

A：明天我们一起打太极拳去吧。

B：好啊! 音乐一响，我就仿佛进入仙境，动作自然伸展开来，太舒服了。

A：我打太极拳是活动活动筋骨，增强体质，我可没有你成仙大感觉。

B：不必强求一致，仁者见仁，智者见智嘛。

* 仿佛 fǎngfú 마치 ...같다 / 伸展 shēnzhǎn 펴다 / 舒服 shūfu 편하다 / 筋骨 jīngu 근육과 뼈 / 强求 qiǎngqiú 강요하다

如意算盘 rú yì suàn pán 독장수셈

A：听说你买了不少股票。

B：是啊，你的消息可真灵。

A：你不太懂股票，万一跌了怎么办?

B：我听说炒股赚钱最快，今年十万，明年二十万，后年四十万，用不了多久我就成了百万富翁了。

A：这是你的如意算盘。炒股的风险也很大，你也应该想到。

* 股票 gǔpiào 주식 / 灵 líng 빠르다 / 炒股 chǎogǔ 주식투자 하다 / 富翁 fùwēng 부자 / 风险 fēngxiǎn 리스크

三长两短 sān cháng liǎng duǎn 뜻밖의 재난이나 변고

A：你怎么自己回来了，你弟弟呢?

B：开始我们在海边一起游泳，后来就不知道他去哪儿了。

A：你找了吗?

B：找了，可是没有。

A：他要是出个三长两短，我跟你没完。

* 游泳 yóuyǒng 수영하다 / 没完 méiwán 끝까지 하다

山穷水尽 shān qióng shuǐ jìn 이러지도 저러지도 못하게 되다

A：我们公司帐面上还有多少钱?

B：没有什么钱了。

A：难道我们真的到了山穷水尽的地步了吗?

B：我们帐面上没有钱了，但是仓库里还有很多积压的产品，如果能卖出去的话，我们公司还不能说是山穷水尽。

* 帐面 zhàngmiàn 장부 / 难道 nándào 설마 / 地步 dìbù 지경

十全十美 shí quán shí měi 완벽하다

A：他这个人哪儿都好，就是太固执。

B：唉，哪儿有十全十美的人。

A：我没有要求他十全十美，可他一点儿也听不进别人的意见。

B：你也不要急，慢慢跟他说嘛!

* 固执 gùzhí 고집스럽다

说话算数 shuō huà suàn shù 말에 책임을 지다

A：小明你好好学习，过年我给你买一辆自行车。

B：您要说话算数。

A：只要你好好学习，我一定给你买一辆。我不会说话不算数的。

B：我一定好好学习。

* 过年 guònian 내년

谈何容易 tán hé róng yì 말처럼 쉬운 일은 아니다

A：现在大城市的交通还是那么拥挤。

B：可不是，立交桥倒建了不少，可照样堵车。

A：原因在哪儿呢?

B：这得综合治理。

A：综合治理? 谈何容易!

B：所以要一步一步来嘛! 哪有一口吃个胖子的，对吧!

* 拥挤 yōngjǐ 붐비다 / 立交桥 lìjiāoqiáo 육교 / 治理 zhìlǐ 관리하다

脱不开身 tuō bù kāi shēn 시간을 내지 못하다

A：喂，大年，今天晚上咱们同学聚会，你能来吗？
B：对不起，晚上我值班，脱不开身。
A：既然你脱不开身，就下次再说吧。
B：真遗憾，替我问大家好！

* 值班 zhíbān 근무서다 / 既然 jìrán 기왕 / 遗憾 yíhàn 유감이다

望子成龙 wàng zǐ chéng lóng 자식이 출세하기를 바라다

A：小木，明天是星期日，跟我去郊外野餐好不好？
B：姑姑，我想去，可是我太忙了。
A：星期日忙什么？
B：我妈让我早上起来背唐诗，上午练练钢琴，下午学工笔画儿，连晚上都得去上外语课。
A：你妈真是望子成龙。

* 野餐 yěcān 야외에서 식사하다 / 背 bèi 외우다 / 钢琴 gāngqín 피아노 / 工笔画 gōngbǐhuà 밀화 / 外语 wàiyǔ 외국어

问长问短 wèn cháng wèn duǎn 이것 저것 자세히 묻다

A：寒假我回家过春节了。
B：是吗？有什么感想。
A：小时候的伙伴见了我问长问短，我们在一起玩得真高兴。
B：家里人好吗？
A：家里人也是问寒问暖，我真舍不得离开他们。

* 寒假 hánjià 겨울방학 / 春节 chūnjié 설날 / 伙伴 huǒbàn 동료 / 问寒问暖 wènhánwènnuǎn 안부를 묻다 / 舍不得 shěbude ...하기가 아쉽다

无中生有 wú zhōng shēng yǒu 없는 사실을 꾸며내다

A：他怎么还没来呢？
B：可能路上堵车，不好走。
A：我看他又去办事去了。
B：你怎么能无中生有地乱说话呢。
A：我这不是凭空捏造，是客观地分析。

B：没有事实你分析什么?

A：你不必为他辩护。

B：我不是向着他，这样说会造成不团结。

A：好，我不说了，等着他吧!

＊ 堵车 dǔchē 차가 막히다 / 凭空捏造 píngkōngniēzào 근거도 없이 날조하다 / 辩护 biànhù 변호하다

心不在焉 xīn bù zài yān 정신을 딴데 팔다

A：李小华，请你谈一谈对这件事的看法。

B：什么? 什么看法?

A：你今天怎么心不在焉呢?

B：没什么，孩子病了，现在也不知道退烧了没有。

A：你人来了，心思还在孩子身上。算了，你先回去看孩子吧。

＊ 看法 kànfa 견해 / 退烧 tùishāo 열이 내리다 / 心思 xīnsī 마음

心血来潮 xīn xuè lái cháo 어떤 생각이 갑자기 떠오르다, 문득 생각이 나다

A：姐，你看今儿爸又买回这么多菜!

B：今儿他心血来潮，又想表现一番了。

A：我希望他经常心血来潮，这样我们就可以经常吃好菜了。

B：想得美!

＊ 表现 biǎoxiàn 과시하다 / 想得美 xiǎngdeměi 꿈이 야무지다

洋腔洋调 yáng qiāng yáng diào 외국물을 먹은 듯한 말투

A：老师，我有个朋友说汉语洋腔洋调，怎么才能改呢?

B：汉语的四声很重要，发准了四声说话就不会洋腔洋调了。

A：可是要记住每个字的声调也不是件容易的事。

B：只要下功夫，洋腔洋调也是能改的。

＊ 四声 sìshēng 4성 / 下功夫 xiàgōngfu 노력하다

夜长梦多 yè cháng mèng duō 시간이 길어지면 변화가 생기기 쉽다

A：找到工作了吗?

B：找到了，在一家公司当秘书，兼翻译。

A：办手续了吗?

B：还没有。

A：赶快去办，免得夜长梦多。

* 当秘书 dāngmìshū 비서가 되다 / 兼 jiān 겸하다 / 翻译 fānyì 통역 / 办手续 bànshǒuxù 수속을 하다 / 免得 miǎnde ...하지 않도록

一本正经 yī běn zhèng jīng 태도가 성실하다

A：这次考试又是小王第一。

B：真了不起，得好好向他学习。

A：本来我是想向他请教请教，可我一看他那一本正经的样子，我就来气了。

B：他怎么啦！惹你这么生气？

A：他扬着头，眼睛看着天，"你们应该这样，你们应该那样......"真没劲。

B：唉，一本正经总比嘻皮笑脸好吧？

A：严格地说那是假的一本正经，真的骄傲。

* 考试 kǎoshì 시험(보다) / 了不起 liǎobuqi 대단하다 / 惹 rě 야기하다 / 生气 shēngqì 화가나다 / 没劲 méijìn 흥미가 없다 / 嘻皮笑脸 xīpíxiàoliǎn 히죽거리다

一刀两断 yī dāo liǎng duàn 단호하게 관계를 끊다

A：你决定了没有？

B：还没考虑成熟。

A：我认为，处理这种事必须当机立断，不能拖拖拉拉的。

B：我知道，可真要跟他一刀两断，我还有点儿下不了决心。

A：我能理解你，可这样藕断丝连，岂不更伤害了他？

B：好，我听你的！

* 当机立断 dāngjīlìduàn 과단성이 있다 / 拖拖拉拉 tuōtuōlālā 질질 끌어 제때 완수하지 못하다 / 藕断丝连 ǒuduànsīlián 관계가 끊어진 듯하나 여전히 연결되고 있다 / 岂不 qǐbù 어찌 ...아니겠는가?

一五一十 yī wǔ yī shí 처음부터 끝까지

A：你又一个星期没回家，去哪儿了？

B：哪儿也没去，就在学校。

A：不对，你看你又黑又瘦，一定是去什么地方了。

B：真的，就在学校。

A：你今天不说清楚，我就不让你走！

B：好，我一五一十地都说出来，行了吧！

* 瘦 shòu 마르다 / 清楚 qīngchu 확실하다

一言为定 yī yán wēi dìng 한 마디로 결정하다

A：小张，明年咱们一起去考研究生吧。

B：好！不过你可别先后悔。

A：咱们一言为定，谁也不许反悔。

B：就看你的了。

* 考研究生 kǎoyánjiùshēng 대학원에 응시하다 / 反悔 fǎnhǔi 마음이 변하다

一针见血 yī zhēn jiàn xuè 정곡을 찌르다

A：今晚俱乐部有围棋比赛，咱们是系里的冠军队，去下一盘，好吗？

B：我没时间，不想去。

A：今天星期五，周末，你有什么重要的事呀？

B：我是……

A：你是怕输了没面子。

B：真是一针见血！其实胜负乃兵家常事，何况我们又是业余的。

* 俱乐部 jùlèbù 클럽 / 围棋 wéiqí 바둑 / 冠军 guànjūn 우승 / 输 shū 지다 / 没面子 méimiànzi 체면이 안서다 / 业余 yèyú 아마추어

有血有肉 yǒu xuè yǒu ròu 묘사가 생동적이고 내용이 충실하다

A：你看过巴金的≪家≫吗？

B：没看过小说，只看过根据≪家≫改编拍成的电影。

A：我劝你好好读一读原著。

B：我哪儿有时间呀！

A：挤时间也要读。

B：值得吗？

A：太值得了。你可以看到那个时代不同身份，不同年龄，不同文化，不同追求的妇女的形象，而且塑造得都是那么有血有肉，就好象生活在我们身边。

B：照你这么一说，我还真得好好看看了。

* 改编 gǎibiān 각색하다 / 挤时间 jǐshíjiān 시간을 내다 / 追求 zhūiqiú 추구하다 / 形象 xíngxiàng 이미지 / 塑造 sùzào 묘사하다

远亲不如近邻 yuǎn qīn bù rú jìn lín 먼 친척은 가까운 이웃보다 못하다

A：这几天多亏你照顾我，真是远亲不如近邻。

B：你家里没人，我怎么能看着你病了不管呢。

A：以后你有了什么难事，我也一定会帮你。

B：真是有好亲戚不如有个好邻居。

＊ 多亏 duōkūi …덕분에 / 照顾 zhàogù 돌보다

之乎者也 zhī hū zhě yě 크게 지식이나 있는 것처럼 어려운 문구들만 떠벌리다

A：我很喜欢古文，说话，写文章总想用上之乎者也，觉得那样特有学问。

B：不过你刚学汉语，学好现代汉语是第一位的。

A：我听您的。

B：再说你现在写的这种之乎者也的文章并不是真正的古文。

＊ 总 zǒng 늘 / 再说 zàishuō 다시 말해

转弯抹角 zhuǎn wān mǒ jiǎo 모퉁이를 돌다, 빙 둘러서 말하다

A：哎，今儿晚上你有事吗？

B：没什么事。

A：你爱人回来吗？

B：回来了。

A：孩子睡觉了吗？

B：有什么事快说，别这么转弯抹角的乱扯。

A：我想请你把我爱人找回来。她生气回娘家去了。

B：唉！怎么不直截了当地说呢？还跟我绕圈子，真是的！

＊ 爱人 àirén 부인 / 乱扯 luànchě 함부로 지껄이다 / 娘家 niángjiā 친정 / 直截了当 zhíjiéliǎodàng 단도직입적으로 / 饶圈子 ràoquānzi 에두르다

鉆牛角尖 zuān niú jiǎo jiān 연구할 가치가 없거나 해결할 도리가 없는 문제에 애써 끝까지 매달리다

A：深入鉆研是对的，可也不能象你这样鉆呀！

B：学习任何知识都得往里鉆，才能学得深呀！

A：你这叫鉆牛角尖，是学习的大忌。

B：为什么呢？

A：因为你费力思考和研究的问题是无法解决的问题，也是没有任何价值的。

B：真的，那你好好帮助帮助我吧。

＊ 深入 shēnrù 철저하다 / 钻研 zuānyán 연구하다 / 费力 fèilì 힘들이다

Part 7

頻度順中國常用成語

(빈도순 중국 상용성어)

7. 頻度順中國常用成語 (빈도순 중국 상용성어)

因地制宜 yīn dì zhì yí 각지의 구체적인 실정에 맞게 적절한 대책을 세우다

应因地制宜，合理密植(mìzhí 빽빽하게 심다)。

无论如何 wú lùn rú hé 어찌되었든 관계없이

今年无论如何也要把水库(shǔikù 댐)建好。

无可奈何 wú kě nài hé 어찌할 도리가 없다

小孩子顽皮(wánpí 개구쟁이이다)，家长也无可奈何。

投机倒把 tóu jī dǎo bā 투기매매를 하여 폭리를 취하다

严厉(yánlì 호되다)打击投机倒把活动。

投机取巧 tóu jī qǔ qiǎo 시기를 잘 이용하고 부당한 수단으로 사리사욕을 취하다

为了追求产量而降低(jiàngdī 낮추다)质量，这不是投机取巧吗?

莫名其妙 mò míng qī miào 일이 너무 괴상해서 영문을 모르다

他讲出这番话来，真令人莫名其妙。

自然而然 zì rán ér rán 외부의 영향을 받지 아니하고 자연히

她俩多年相处(xiāngchǔ 함께 살다)，自然而然地产生了爱情。

供不应求 gōng bù yìng qiú 공급이 수요를 따르지 못하다

新产品大受欢迎(shòuhuānyíng 인기가 있다)，市场上供不应求。

针锋相对 zhēn fēng xiāng duì 쌍방의 책략이나 논점 등이 첨예하게 대립하다

我们的方针是针锋向对，寸土必争(cùntǔbìzhēng 한 치의 땅도 양보하지 않다)。

混为一谈 hùn wéi yī tán 각종 사물을 한데 섞어 똑같이 취급하다

不应该把正当的个人利益与个人主义混为一谈。

总而言之 zǒng ér yán zhī 요컨대

有的人赞成，有的人反对，有的人怀疑(huáiyí 의심하다)，有的人回避，总而言之，看法(kànfa 견해)很不一致。

兴高采烈 xìng gāo cǎi liè 신바람나다

大家兴高采烈地去公园游玩(yóuwán 놀다)。

以身作则 yǐ shēn zuò zé 솔선 수범하다

干部更要以身作则，成为遵纪守法(zūnjìshǒufǎ 기율과 법을 지키다)的模范。

不言而喻 bù yán ér yù 말하지 않아도 안다

不言而喻，你这样做是不会成功的。

错综复杂 cuò zōng fù zá 여러 가지가 뒤엉키어 복잡하다

情况尽管(jǐnguǎn 비록...하더라도)错综复杂，但只要(zhǐyào ...하기만 하면)深入调查研究，还是能够把问题弄清楚的。

理所当然 lǐ suǒ dāng rán 도리로 보아 마땅하다

这项措施(cuòshī 조치)利国利民，理所当然地受到群众欢迎。

理直气壮 lǐ zhí qì zhuàng 이유가 충분하여 하는 말이 당당하다

理直气壮，勇气百倍。

丰功伟绩 fēng gōng wěi jì 위대한 공적

为祖国的繁荣富强建立丰功伟绩。

拨乱反正 bō luàn fǎn zhèng 어지러운 세상을 바로 잡아 정상을 회복하다

必须拨乱反正，肃清流毒(liúdú 해악)。

推陈出新 tūi chén chū xīn

옛 것 중에서 쓸모없는 것은 버리고 좋은 것은 찾아내 새로운 방향으로 발전시키다

推陈出新，大放异彩(dàfàngyìcǎi 크게 이채를 띠다)。

大声疾呼 dà shēng jī hū 큰 소리로 외치다

科学家一直(yīzhí 줄곧)在大声疾呼防止环境污染。

微不足道 wēi bù zú dào 매우 미세하여 꺼낼만한 것이 못되다

我个人的力量实在(shízài 사실상)是微不足道。

想方设法 xiǎng fāng shè fǎ 온갖 방법을 생각하다

在这紧急关头(guāntóu 고비)，我们总得想方设法度过(dùguò 보내다)难关。

力争上游 lì zhēng shàng yóu 노력하고 분투하여 앞으로 나아가다

我们要力争上游，保证今年生产上一个新的台阶(táijiē 단계)。

不以为然 bù yǐ wéi rán 그렇다고는 생각하지 않다

大家对他这种做法很不以为然。

欣欣向荣 xīn xīn xiàng róng 활기에 차 발전하다

文化艺术事业欣欣向荣。

一成不变 yī chéng bù biàn 한 번 정해지면 영원히 변하지 않는다

事物都是在发展的，没有一成不变的东西。

别有用心 bié yǒu yòng xīn

말이나 행동속에 남에게 말할 수 없는 다른 의도가 들어 있다

警惕(jǐngtì 경계하다)别有用心的人乘机(chéngjī 기회를 타다)挑起(tiǎoqǐ 일으키다)事端。

打成一片 dǎ chéng yī piàn 한 덩어리가 되다

干部和群众打成一片。

无能为力 wú néng wéi lì 능력이 없거나 미치지 못하다

他们见我无能为力，也就(yějiù 곧)不抱希望了。

意气风发 yì qì fēng fā 정신이 분발되고 기개가 드높다

我们走在大路上，意气风发斗志昂扬。

大公无私 dà gōng wú sī 편파적이지 아니하고 공정하게 처리하다

他办事大公无私，在群众中很有威信。

倒行逆施 dào xíng nì shī 사회정의와 시대진보에 위배되게 행동하다

他的倒行逆施，加速了自身的死亡。

情不自禁 qíng bu zì jīn 자신의 감정을 억제할 수 없다

不论是看电影还是看小说，看到动人(dòngrén 감동적이다)处，我总是情不自禁地流下眼泪。

奋发图强 fèn fā tú qiáng 분발하여 국가의 부강을 도모하다

自力更生，奋发图强的革命精神。

周而复始 zhōu ér fù shǐ 계속해서 순환하다

大家轮流(lúnliú 교대로)值日(zhírì 당직하다)，周而复始。

精耕细作 jīng gēng xì zuò 정성들여 갈고 조심스럽게 심다

这里地少人多，如果不精耕细作，努力提高(tígāo 높이다)产量，粮食问题就很难解决了。

突飞猛进 tū fēi měng jìn 매우 신속하게 발전하다

中国的建设事业突飞猛进，一日千里。

变本加厉 biàn běn jiā lì 본래보다 더욱 심하게 변하다

不法商贩(shāngfàn 장사꾼)不但毫无收敛(háowúshōuliǎn 조금도 조심하지 않다)，反而(fǎnér 오히려)变本加厉，大搞投机倒把。

大张旗鼓 dà zhāng qí gǔ 기세와 규모가 매우 크다

中国大张旗鼓地开展(kāizhǎn 전개하다)爱国卫生运动。

聚精会神 jù jīng huì shén 정신을 집중하다

同学们聚精会神地听老师讲课(jiǎngkè 강의하다)。

苛捐杂税 kē juān zá shuì 과중하고 잡다한 세금

彻底废除(fèichú 폐지하다)苛捐杂税。

取长补短 qǔ cháng bǔ duǎn 장점을 취하여 단점을 보충하다

新老干部互相学习，互相帮助，取长补短。

不由自主 bù yóu zì zhǔ 자기도 모르게

听见别人唱京戏(jīngxì 경극)，这个戏迷(xìmí 연극광)也不由自主地唱了起来。

层出不穷 céng chū bù qióng 차례차례로 나타나서 끝이 없다

新生事物层出不穷。

相辅相成 xiāng fǔ xiāng chéng 서로 서로 보완하고 돕다

劳和逸是相辅相成的两个方面。

争权夺利 zhēng quán duó lì 권력과 이익을 다투다

那一伙人成天(chéngtiān 종일)争权夺利。

至高无上 zhì gāo wú shàng 더할 수 없이 높다

人民的利益至高无上。

不遗余力 bù yí yú lì 조금도 남김없이 전력을 다하다

这个工厂想尽各种办法推销(tūixiāo 판매하다)产品，不遗余力。

力所能及 lì suǒ néng jí 자신의 능력이 다다를 수 있는 것

只要我力所能及，一定会帮你的。

损人利己 sǔn rén lì jǐ 남에게 손해를 끼치고 자기의 이익을 도모하다

不能做损人利己的事。

一丝不苟 yī sī bù gǒu 조금도 빈틈이 없다

老李对工作总是一丝不苟。

一心一意 yī xīn yī yì 일편단심으로

植棉(zhímián 면화를 심다)专家一心一意帮助农民种好棉花。

诸如此类 zhū rú cǐ lèi 대개 이런 것들과 같다

节日(jiérì 명절)的公园里, 有说相声(xiàngshēng 만담)的, 有演杂技(zájì 잡기)的, 诸如此类。

不胜枚举 bù shèng méi jǔ 일일이 열거할 수 없다

功劳太多了, 简直不胜枚举。공로가 너무 많아 다 헤아릴 수 없다.

热火朝天 rè huǒ cháo tiān 열기에 차고 기세가 드높다

企业厂矿(chǎngkuàng 공장과 광산)技术革命搞得热火朝天。

史无前例 shǐ wú qián lì 역사상 전례가 없다

史无前例的大变动。

发号施令 fā hào shī lìng 명령을 내려서 지휘하다

光(guāng …만 하다)发号施令不行, 重要的是深入(shēnrù 깊이 들어가다)群众。

潜移默化 qián yí mò huà 다른 것의 영향을 받아 은연중에 변화되다

文艺对人们的思想起着潜移默化的作用。

轻而易举 qīng ér yì jǔ 일이 매우 수월하다

不要以为轻而易举就能把庄稼(zhuāngjià 농작물)种好。

天经地义 tiān jīng dì yì 도리로 보아 당연하다

给国家纳税是天经地义的事。

喜气洋洋 xǐ qì yáng yáng 기쁨이 넘치다

参加活动的人一个个精神抖擞(jīngshéndǒusǒu 원기가 왕성하다)，喜气洋洋。

走投无路 zǒu tóu wú lù 처지가 매우 곤란하여 출로를 찾지 못하다

不能逼得(bīde 억압하여...하게 하다)他走投无路，总要给他个活路儿(huólùr 살길)。

精打细算

精打细算 jīng dǎ xì suàn 면밀하게 계산하다

过日子要精打细算，为长远着想(zhuóxiǎng 고려하다)。

循序渐进 xún xù jiàn jìn 점차적으로 심화시켜 나가다

打基础要循序渐进，不能一蹴而就(yīcùérjiù 한 번에 성취하다)。

一本正经 yī běn zhèng jīng 태도가 성실하고 진지하다

他一本正经地说。

一帆风顺 yī fān fēng shùn 조금의 좌절도 없이 매우 순조롭게 진행되다

他大学毕业(bìyè 졸업하다)以后一帆风顺，很快办成了一个工厂。

引人入胜 yǐn rén rù shèng 사람을 황홀한 경지로 이끌다

苏州园林(yuánlín 조경 풍치림)，格局(géjú 구조와 장식)不大，却都那么引人入胜。

卓有成效 zhuō yǒu chéng xiào 탁월한 성과를 거두다

几年来植树造林卓有成效。

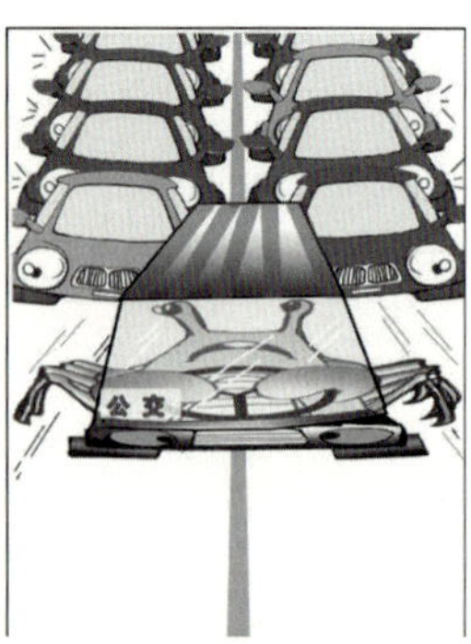

横行霸道

无济于事 wú jì yú shì 일에 아무런 도움이 되지 않다

任何妥协都无济于事。

根深蒂固 gēn shēn dì gù 기초가 튼튼하여 동요되지 아니하다

长期以来，在他脑子里男尊女卑思想根深蒂固。

横行霸道 héng xíng bà dào 제멋대로 날뛰다

不能一任(yīrèn 방임하다)他这样横行霸道。

明目张胆 míng mù zhāng dǎn

공공연하고 대담하게 나쁜 짓을 하다

明目张胆地进行武装干涉。

前仆后继 qián pū hòu jì 희생을 겁내지 않고 용감히 앞으로 나아가다

无数革命先烈前仆后继，献出了宝贵的生命。

一模一样 yī mú yī yàng 모양이 완전히 같다

这对双生(shuāngshēng 쌍생의)姐妹长得一模一样。

大有可为 dà yǒu kě wéi 앞으로 발전의 여지가 있다

淡水养鱼大有可为。

风起云涌 fēng qǐ yún yǒng 사물이 신속하게 발전하여 그 기세가 대단하다

当时全国各地农民起义(qǐyì 봉기)风起云涌。

名副其实 míng fù qí shí 명실상부하다

他是名副其实的专家。

穷凶极恶 qióng xióng jí è 극악무도하다

穷凶极恶的敌人已临近(línjìn 근접하다)灭亡。

胡说八道 hú shuō bā dào 엉터리로 말하다

别胡说八道!

牢不可破 láo bù kě pò 견고하여 깰 수가 없다

我们之间的友谊历尽劫难(lìjìnjiénàn 갖은 어려움을 다 겪다)而牢不可破。

弄虚作假 nòng xū zuò jiǎ

그럴 듯하게 속임수를 써서 사기를 치다

弄虚作假，嫁祸于人(jiàhuòyúrén 화를 남에게 전가시키다)，是不会有好下场(xiàchang 결말)的。

弄虚作假

有朝一日 yǒu zhāo yī rì 언젠가는

有朝一日，我们会到月球旅游。

自行其是 zì xíng qí shì 자기 자신이 옳다고 생각하는 것을 하다

多听听别人的意见，别自行其是。

大惊小怪 dà jīng xiǎo guài 하찮은 일에 크게 놀라다

本来是一件小事，何必(hébì ...할 필요가 있는가)大惊小怪!

翻来覆去 fān lái fù qù 같은 일을 여러번 되풀이 하다

他翻来覆去老说，人都听烦了。

忍无可忍 rěn wú kě rěn 참을래야 참을 수 없다

老百姓忍无可忍，终于(zhōngyú 마침내)拿起武器，参加了革命。

相提并论 xiāng tí bìng lùn 함께 논하다

货真价实跟假冒伪劣(jiǎmàowéiliè 가짜, 상표도용, 위조, 불량)怎么能相提并论?

分门别类 fēn mén bié lèi 사물의 특성에 근거하여 각 부문별로 나누다

会议讨论的问题很多，得分门别类安排议程。

合情合理 hé qíng hé lǐ 사리에 맞다

这事儿办得合情合理。

胡思乱想

胡思乱想 hú sī luàn xiǎng 터무니 없는 생각을 하다

互思乱想无益，甚至有害。

焕然一新 huàn rán yī xīn 면모가 몰라보게 달라지다

这家报纸复刊(fùkān 복간간행물)后面貌焕然一新。

牛鬼蛇神 niú gǔi shé shén 사회상의 온갖 잡배

横扫(héngsǎo 소탕하다)牛鬼蛇神。

恰如其分 qià rú qí fèn 일하는 것이나 말하는 것이 정도에 맞다

对子女应该严格要求，但要恰如其分。

一视同仁 yī shì tóng rén 누구나 차별없이 대하다

对各地来的同志，我们都一视同仁。

因陋就简 yīn lòu jiù jiǎn 원래의 변변치 못한 조건을 이용하다

几个青年合伙儿(héhuǒ 동업하다)，因陋就简办起一个小化肥厂(huàféichǎng 비료공장)。

措手不及 cuò shǒu bù jí 미처 손을 쓸 새가 없다

我们可以出其不意(chūqībùyì 기습적으로 하다)，使敌军措手不及，粉碎他们的防御计划。

各得其所 gè dé qí suǒ 각자 자기가 있을 자리에 있다

人尽其才(rénjìnqícái 사람마다 자기의 재능을 충분히 발휘하다)，各得其所。

祸国殃民 huò guó yāng mín 국가와 국민이 재앙을 당하다

那时军阀连年混战，真是祸国殃民。

精益求精 jīng yì qiú jīng 훌륭한 것을 더 훌륭하게 하려 하다

对工作应该精益求精，争取最好的成绩。

慷慨激昂 kāng kǎi jī áng 의기, 어조가 격앙되어 정기가 충만하다

他慷慨激昂地宣传着自己的信仰。

淋漓尽致 lín lí jìn zhì 남김없이 다 표현하다

一番阿谀奉承(ēyúfèngchéng 아첨하다)，摇尾乞怜(yáowěiqǐlián 남에게 아첨하여 동정을 구하다)，把他那奴才本性(nǔcáiběnxìng 노예근성)暴露的淋漓尽致。

满不在乎 mǎn bù zài hū 조금도 마음에 두지 않다

心里很着急，外表仍保持满不在乎的样子。

漠不关心 mò bù guān xīn 냉담하여 전혀 관심을 갖지 않다

我们当干部的，决不能对人民群众的疾苦(jíkǔ 고통)漠不关心。

三言两语 sān yán liǎng yǔ 몇 마디의 말

勉强(miǎnqiǎng 간신히)叫他发言，也是三言两语就完了。

小心翼翼 xiǎo xīn yì yì 거동이 매우 신중하고 소홀함이 없다

他小心翼翼地把出土文物送到陈列馆去。

摇摇欲坠

摇摇欲坠 yáo yáo yù zhùi

흔들흔들하여 곧 떨어질 것 같다

专制政府摇摇欲坠。

永垂不朽 yǒng chúi bù xiǔ

오래도록 사라지지 않고 전해지다

人民英雄永垂不朽。

争先恐后 zhēng xiān kǒng hòu 늦을세라 앞을 다투다

争先恐后地报名参加志愿者队伍。

顾此失彼 gù cǐ shī bǐ 두루 다 돌볼 수 없다

一个人开了两个铺子(pùzi 가게)，顾此失彼，穷于应付(qióngyúyìngfù 대응할 방법이 없다)。

骇人听闻 hài rén tīng wén 듣는 사람으로 하여금 깜짝 놀라게 하다

勒取(lèqǔ 협박하여 재물을 강탈하다)财物，数十百万，骇人听闻。

胡作非为 hú zuò fēi wéi 제멋대로 나쁜 짓을 하다

依仗(yīzhàng 기대다)权势，胡作非为。

刻不容缓 kè bù róng huǎn 잠시도 늦출 수 없다

抢险(qiǎngxiǎn 긴급 구조하다)救灾，刻不容缓。

年富力强 nián fù lì qiáng 젊고 기력이 왕성하다

小伙子(xiǎohuǒzi 젊은이)年富力强，正该努力学习，以求进步。

群策群力 qún cè qún lì 많은 사람이 지혜를 모으고 힘을 합치다

全厂工人群策群力，大搞技术革新。

视而不见 shì ér bù jiàn 중요하게 생각하지 않다

自来水龙头(zìláishuǐlóngtóu수도꼭지)一直在漏水(lòushuǐ 물이 새다)，他就是视而不见，听而不闻(tīngérbùwén 듣고도 못 들은 척 한다)。

视而不见

水深火热 shuǐ shēn huǒ rè 심한 고통을 겪다

把生活在水深火热中的人民解救(jiějiù 구출하다)出来。

为非作歹 wéi fēi zuò dai 온갖 나쁜 짓을 저지르다

镇压为非作歹的坏人。

斩钉截铁 zhǎn dīng jié tiě 결단성 있고 단호하다

他斩钉截铁地说："我们一定能如期(rúqī 기한대로)完成任务!"

从容不迫 cóng róng bù pò 태연자약하다

他满脸挂笑(guàxiào 미소를 띠우다)，从容不迫地走上了讲台(jiǎngtái 강단)。

奋不顾身 fèn bù gù shēn 자신의 생명을 돌보지 않고 용감하게 앞으로 돌진하다

他奋不顾身冲入火海(huǒhǎi 불바다)，抢救(qiǎngjiù 급히 구조하다)人民的生命财产。

接二连三 jiē èr lián sān 끊임없이 연속되는 모양

接二连三的失误(shīwù 실책)，使他失去了好多难以解决的问题。

惊天动地 jīng tiān dòng dì 기세가 대단하고 사업이 매우 웅대하다

经过几年的奋斗，沙漠变良田(liángtián 비옥한 토지)，这成就真是惊天动地!

狼狈为奸 láng bèi wéi jiān 서로 결탁하여 나쁜 짓을 저지르다

这批军队一驻扎(zhùzhá 주둔하다)下来，除了狼狈为奸的少数土豪劣绅(tǔháolièshēn 토호와 악질 지주)之外，多数群众都恨之入骨(hènzhīrùgǔ 매우 원망하다)。

落花流水 luò huā liú shuǐ 참패하다

敌人被打得落花流水。

名存实亡 míng cún shí wáng 유명무실하다

这个组织早已名存实亡了。

难能可贵 nán néng kě guì 하기 힘든 일을 결국은 해내어 기특하다

小小年纪竟有这么大的成就，真是难能可贵。

扬眉吐气 yáng méi tǔ qì 기를 펴다

解放以后，各族人民扬眉吐气，做了新社会的主人。

约法三章 yuē fǎ sān zhāng 간단한 규정을 약정하다

咱们约法三章：不迟到(chídào 지각하다)，不早退，不无故(wúgù 이유없이)请假。你要能做到，就到我这个班组(bānzǔ 그룹)来。

冰天雪地 bīng tiān xuě dì 매우 추운 지대

江南已是春暖花开，北国依然冰天雪地。

格格不入 gé gé bù rù 도무지 맞지 않다

他性情古怪(gǔguài 기이하다)，跟大伙(dàhuǒ 여러 사람)相处格格不入。

惊心动魄 jīng xīn dòng pò 조마조마하게 하다

我们正在经历(jīnglì 겪다)一场伟大的，惊心动魄的变革。

举足轻重 jǔ zú qīng zhòng 일거수 일투족이 전체에 중대한 영향을 미치다

他在我们单位(dānwèi 부서)是一位举足轻重的人物。

流离失所 liú lí shī suǒ 의지할 곳을 정처없이 떠돌아다니다

连年战争，使老百姓流离失所。

迫在眉睫 pò zài méi jié 대단히 긴박하다

解决农民的食宿问题是迫在眉睫的头等(tóuděng 가장 중요한)大事。

十恶不赦 shí è bù shè 죄가 너무 커서 용서할 수 없다

他是一个十恶不赦的歹徒(dǎitú 흉악범)

手忙脚乱 shǒu máng jiǎo luàn 허둥지둥하다

揽(lǎn 떠맡다)了不少活儿，这样一来他就手忙脚乱了。

无中生有 wú zhōng shēng yǒu 터무니 없이 날조하다

鸡蛋里挑骨头，无中生有。

五光十色 wǔ guāng shí sè 색채가 화려하고 종류가 다양하다

商品展销会(zhǎnxiāohùi 전시판매회)的陈列品， 五光十色， 令人目不暇接(mùbùxiájiē 많아서 다 볼 수 없다)。

五花八门 wǔ huā bā mén 여러 가지 모양

市场上的商品五花八门，琳琅满目(línlángmǎnmù 갖가지 훌륭한 물건이 매우 많다.)。

心满意足 xīn mǎn yì zú 매우 만족해 하다

不指望(zhǐwàng 바라다)你成龙变凤(chénglóngbiànfèng 출세하다)，只要你能有一技之长(yījìzhīcháng 장기)我也就心满意足了。

心有余悸 xīn yǒu yú jì

위험했던 일이 지나갔는데도 가슴이 여전히 두근거리며 무섭다

地震脱险(tuōxiǎn 위험을 벗어나다)已经一年，如今(rújīn 지금)回想起来，仍然心有余悸。

心有余悸

星罗棋布 xīng luó qí bù 별처럼 늘어서고 바둑알처럼 널리다

全县小水电站(shǔidiànzhàn 수력 발전소)星罗棋布，对农业十分有利。

蒸蒸日上 zhēng zhēng rì shàng 나날이 향상 발전하다

经济建设蒸蒸日上。

自食其力 zì shí qí lì 자기 힘으로 생활하다

几个孩子都已经自食其力了。

罪大恶极 zùi dà è jí 극악무도하다

罪大恶极，不杀不足以平民愤(mínfèn 민중의 분노)。

不动声色 bù dòng shēng sè 말을 하지 않고 감정을 얼굴에 드러내지 않다

会场里吵成一片(chǎochéngyīpiàn 매우 소란스럽다)，只有老李不动声色坐在那里。

翻天覆地 fān tiān fù dì 커다란 변화가 일어나다

中国发生了翻天覆地的变化。

顾名思义 gù míng sī yì 문자 그대로

木炭画，顾名思义，是用木炭条画的画。

后顾之忧 hòu gù zhī yōu 뒷 걱정

孩子人托(rùtuō 탁아소에 넣다)了，解除了家长上班的后顾之忧。

民不聊生 mín bù liáo shēng 백성이 안심하고 생활할 수 없다

穷年荒时(qióngniánhuāngshí 곤궁하고 황폐한 시절)，民不聊生。

民脂民膏 mín zhī míng āo 백성의 피와 땀으로 모은 재물

都是民脂民膏，岂容(qǐróng 어찌...란 말인가)贪官污吏侵来肥己!

青黄不接 qīng huáng bù jiē 공백상태

老年教师已经到了退休(tùixiū 퇴직하다)年龄，青年教师又跟不上(gēnbushàng 따라잡지 못하다)，到了青黄不接的时期。

取而代之 qǔ ér dài zhī 남의 지위를 빼앗아 대신 들어서다

战而胜之，取而代之。

全神贯注 quán shén guàn zhù 온 정신을 다 기울이다

学习的时候要全神贯注才能学好。

无动于衷 wú dòng yú zhōng 조금도 동요하지 않다

你苦口婆心(kǔkǒupóxīn 입이 닳도록 간절하게 충고하다)，舌敝唇焦(shébìchúnjiāo 입이 마르다)地劝他，他却无动于衷。

喜出望外 xǐ chū wàng wài 예상치 못한 좋은 일로 매우 기뻐하다

小王得到两张戏票(xìpiào 극장표)，真是喜出望外。

一败涂地 yī bài tú dì 돌이킬 수 없을 정도로 무참이 실패하다

篮球联赛(liánsài 리그)，我们队一败涂地。

有的放矢 yǒu dì fàng shǐ 언론이나 행동목표가 명확하다

要把理论和实践紧密结合起来，做到有的放矢。

有的放矢

有声有色 yǒu shēng yǒu sè 매우 생동감있게 표현하다

“凉风至，白露降，寒蝉鸣”，这实在是对孟秋之月(měngqiūzhīyuè 음력 칠월)的有声有色的描写。

杂乱无章 zá luàn wú zhāng 난잡하여 조리가 없다

这片文章层次不清(céngcì 단계)，杂乱无章。

闭关自守 bì guān zì shǒu 외부와 왕래를 끊다

科学研究岂能闭关自守，外边儿的信息一点儿也不知道。

地大物博 dì dà wù bó 땅이 넓고 생산물이 풍부하다

中国地大物博，历史悠久。

对症下药 duì zhèng xià yào

구체적인 사정에 맞춰 문제의 해결방법을 결정하다

解决思想问题要一把钥匙(yàoshi 열쇠)开一把锁(suǒ 자물통)，对症下药。

发扬光大 fā yáng guāng dà

원래의 기초위에서 나날이 확대 발전시키다

理论联系实际的好学风，要发扬光大。

家喻户晓 jiā yù hù xiǎo 어느 집이나 다 알고 있다

这次宣传工作深入开展，务必(wùbì 반드시)做到家喻户晓。

眉开眼笑 méi kāi yǎn xiào 몹시 좋아하다

一说到孩子的事，老妈妈不觉眉开眼笑。

目不转睛 mù bù zhuǎn jīng 눈 한 번 깜빡하지 않고 보다

他目不转睛地看着墙上的一幅人物话。

软硬兼施 ruǎn yìng jiān shī 강온양책을 함께 쓰다

不管敌人怎样威胁利诱(lìyòu 재물로 유혹하다)，软硬兼施，英雄始终不屈。

无恶不作 wú è bù zuò 못된 짓이란 못된 짓은 다하다

这家伙(jiāhuo 녀석)贪污，盗窃(dàoqiè 절도)，行凶(xíngxiōng 폭행)杀人，简直无恶不作。

喜闻乐见 xǐ wén lè jiàn 환영을 받다

喜闻乐见的题材，通俗易懂(yìdǒng 이해가 쉽다)的语言。

因势利导 yīn shì lì dǎo 일의 발전추세에 따라 이끌어 나가다

要根据学生的情况因势利导，使他们的长处(chángchù 장점)得以发展，短处得以(déyǐ 할 수 있다)克服。

源远流长 yuán yuǎn liú cháng 역사가 유구하다

两国人民的友谊源远流长。

安分守己 ān fèn shǒu jǐ 분수에 만족하여 본분을 지키다

父亲一辈子安分守己，从来不跟人家争议(zhēngyì 다투다)。

不可一世 bù kě yī shì 안하무인격이다

那几个人小有成就，狂妄自大(kuángwàngzìdà 오만 방자하며 잘난 체 하다)，个个自以为不可一世。

不约而同 bù yuē ér tóng 약속이나 한 듯이 일치하다

三个人不约而同来到招待所，都想把张老师接到自己家里去。

出其不意 chū qí bù yì 남의 생각이 미치지 않는 틈을 타서 행동을 취하다

游击队神速(shénsù 재빠르다)动作，出其不意地袭击敌人。

此起彼伏 cǐ qǐ bǐ fú 여기 저기서 일어나다

在鼾声(hānshēng 코고는 소리)此起彼伏当中，领导人自己独独醒着。
勾心斗角 gōuxīndòujiǎo 서로 아웅다웅하고 암투를 벌이다. 他们勾心斗角，互相争夺，倾轧之烈(qīngyàzhīliè 서로 알력이 심하다)，使人难以相信。

后起之秀 hòu qǐ zhī xiù 뛰어난 신인

他是史学界的后起之秀。

脚踏实地 jiǎo tà shí dì 일하는 것이 견실하다

青年人既要有远大的理想，又要脚踏实地干工作。

屡见不鲜 lǚ jiàn bù xiān 자주 봐서 신기하지 않다

以少胜多的战例(zhànlì 전쟁 사례)历史上屡见不鲜。

目瞪口呆 mù dēng kǒu dāi 어안이 벙벙하다

刚才他还抵赖(dǐlài 발뺌하다), 物证一摆, 顿时(dùnshí 갑자기)目瞪口呆。

豈有此理

念念不忘 niàn niàn bù wàng 늘 생각하며 잊지 않다

他念念不忘别人对自己的好处(hǎochu 호의)。

豈有此理 qǐ yǒu cǐ lǐ

어찌 이러한 도리가 있을 수 있단 말인가?

把公家(gōngjiā 공공기관)的字典拿到自己家里去, 真是豈有此理!

气势汹汹 qì shì xiōng xiōng 서슬이 시퍼렇다

看起来气势汹汹, 实际上十分虚弱。

轻描淡写 qīng miáo dàn xiě 중요한 문제를 슬그머니 넘어가다

要认真检(rènzhēn 성실하게)查自己的错误, 不要轻描淡写。

任劳任怨 rèn láo rèn yuàn 노고를 마다하지 않고 남의 원망을 두려워하지 않다

他做事任劳任怨, 从不发牢骚(fāláosao 불평하다)。

土崩瓦解 tǔ bēng wǎ jiě 산산이 부서지다

敌人的阵地很快就土崩瓦解了。

心不在焉 xīn bù zài yān 정신을 딴데 팔다

他心不在焉地听着, 什么都没听进去。

咬牙切齿 yǎo yá qiè chǐ 이를 부득부득 갈다

恨得咬牙切齿。

夜以継日 yè yǐ jì rì 낮과 밤이 따로 없이 계속하다

建校工人夜以継日地工作, 终于赶在雨季前完成任务。

与日俱增 yǔ rì jù zēng 날로 많아지다

离开祖国三年了，思乡之情与日俱增。

半途而废 bàn tú ér fèi 중도에서 그만두다

这项工程(gōngchéng 공사)一定要完成，绝对不能半途而废。

背道而驰 bèi dào ér chí 방향이나 목적이 완전히 상반되다

切不可与历史发展方向背道而驰。

并驾齐驱 bìng jià qí qū 어깨를 나란히 하다

这位年轻画家，风格独特，自成一派，简直(jiǎnzhí 그야말로)可与当今名手并驾齐驱。

赤手空拳 chì shǒu kōng quán 아무것도 가진 것이 없음

他赤手空拳，和同志们一起成就了一番事业。

川流不息 chuān liú bù xī 물이 흐르는 것처럼 끊임없다

百货商店生意很好，顾客川流不息。

得心应手 dé xīn yìng shǒu 매우 익숙해 있어서 자유자재로 하다

他的根底(gēndǐ 기초)厚，写起东西来总是那么得心应手。

颠扑不破 diān pū bù pò 절대로 뒤집을 수 없다

颠扑不破的真理。

顶天立地 dǐng tiān lì dì 모습이 웅장하고 기개가 웅대하고 호방하다

他是个顶天立地的男子汉，决不做亏心(kūixīn 양심에 부끄럽다)事。

光明磊落 guāng míng lěi luò 공명정대하고 떳떳하다

他是一个顶天立地的男子汉，为人(wéirén 사람됨)光明磊落。

継往开来 jì wǎng kāi lái 전대의 사업을 계승하여 앞길을 계척하다

継往开来，振兴中华。

尽人皆知 jìn rén jiē zhī 모든 사람이 다 알다

这是尽人皆知的事实，不容抵赖。

来龙去脉 lái lóng qù mài 사람이나 사물의 경과 경위

他清楚(qīngchu 잘 알다)这个掌故(zhǎnggù 역사적 사실)的来龙去脉。

耐人寻味 nài rén xún wèi 의미심장하여 자세히 음미할 가치가 있다

这篇小说虽不长，但含义深远，文笔隽永(juànyǒng 심오하다)，耐人寻味。

内外交困

内外交困 nèi wài jiāo kùn 안팎으로 궁지에 빠지다

傀儡(kǔilěi 괴뢰)政府内外交困，终于倒台(dǎotái 실각하다)了。

巧取豪夺 qiǎo qǔ háo duó 교묘한 수단이나 힘으로 빼앗다

那些文物和美术品都是他们巧取豪夺的。

若无其事 ruò wú qí shì 아무 일도 없었던 것처럼 시치미를 떼다

泰然处之，若无其事。

提心吊胆 tí xīn diào dǎn 마음이 조마조마하다

经常往家写信，别让你母亲为你提心吊胆的。

偷工减料 tōu gōng jiǎn liào

생산품의 품질이나 공정규정을 무시하고 몰래 가짜를 섞거나 공정순서를 생략하고 자재를 적게 사용하다

那个承包商(chéngbāoshāng 청부업자)偷工减料，盖的居民楼(jūmínlóu 주택)质量很差。

突如其来 tū rú qí lái 갑자기 닥쳐오다

人们都被这突如其来的情况惊呆(jīngdāi 놀라 어안이 벙벙하다)了。

万紫千红 wañ zǐ qiān hóng 사업이 번창하고 흥성하다

文艺舞台万紫千红，一片繁荣。

为所欲为 wéi suǒ yù wéi 마음대로 행동하다

此人目无法纪(mùwúfǎjì 법규를 안중에 두지 않다)，为所欲为，理应(lǐyīng 당연히...하다)受到法律的制裁。

兴风作浪 xīng fēng zuò làng 말썽을 피우다

谁要是兴风作浪，推波助澜(tuībōzhùlán 선동하다)，谁就是千古罪人。

摇身一变 yáo shēn yī biàn 태도를 바꾸어 나타나다

他本来是反对白话文的，摇身一变，又成了白话文的倡导者。

摇身一变

一如既往 yī rú jì wǎng 지난 날과 다름 없다

中国将一如既往，坚持改革开放。

一事无成 yī shì wú chéng 아무 일도 성공하지 못하다

虽已鬓发斑白(bīnfàbānbái 살짝이 희끗희끗하다)，却仍一事无成。

一意孤行 yī yì gū xíng 남의 의견을 받아들이지 않고 자기의 고집대로만 하다

要搞好工作，应该多调查研究，多听群众意见，不能自以为是(zìyǐwéishì 독선적이다)，一意孤行。

游手好闲 yóu shǒu hào xián 하는 일 없이 빈둥거리다

年轻轻的就这么游手好闲，真没出息(méichūxı 못나다)。

唉声叹气 āi shēng tàn qì 탄식할 때 나오는 소리

唉声叹气没有用，得振作(zhènzuò 분발하다)起来。

波澜壮阔 bō lán zhuàng kuò 기세가 웅장하고 규모가 크다

一场波澜壮阔的全民搞卫生运动。

不堪设想 bù kān shè xiǎng 일의 결과를 예상할 수 없다

要不是你挺身而出(tǐngshēnérchū 곤란한 일에 용감히 나서다), 主持公道(zhǔchígōngdào 공정한 태도를 견지하다), 那天的事情一定闹得不堪设想。

大刀阔斧 dà dāo kuò fǔ 일을 과감하고 박력있게 처리하다

他办事向来大刀阔斧, 雷厉风行(léilìfēngxíng 맹렬한 기세로 재빨리 행동하다)。

胆战心惊 dǎn zhàn xīn jīng 놀라고 겁이 나서 벌벌 떨다

狂风骤雨(zhòuyǔ 소나기), 吓得他胆战心惊。

苟延残喘 gǒu yán cán chuǎn 가까스로 생존해가다

南逃的残存势力, 已是苟延残喘, 终将(zhōngjiāng 결국)灭亡。

题目: 惊涛骇浪 作者: 万永 通联: 030001太原煤矿设计院

惊涛骇浪 jīng tāo hài làng 매우 위험한 처지

经历过惊涛骇浪, 还有什么可怕的呢?

里应外合 lǐ yìng wài hé 안팎에서 서로 호응하다

里应外合一举破城。

排山倒海 pái shān dǎo hǎi 위세가 대단하다

排山倒海之势, 雷霆万钧(léitíngwànjūn 거대한 위력)之力。

起早贪黑 qǐ zǎo tān hēi 부지런하게 일하다

农民们起早贪黑地耕作。

生搬硬套 shēng bān yìng tào

실제상황은 고려하지 않고 남의 방법이나 경험 등을 기계적으로 모방하다

学习国外经验必须结合本国国情, 切记(qièjì 반드시 기억하다)生吞活剥(shēngtūnhuóbō 다른 사람의 이론 경험 등을 그대로 모방하다), 生搬硬套。

势均力敌 shì jūn lì dí 힘이 서로 필적하다

这场球赛甲已两队势均力敌二比二战平(zhànpíng 비기다)。

手无寸铁 shǒu wú cùn tiě 손에 어떠한 무기도 가지고 있지 않다

凶残的敌人竟对手无寸铁的平民百姓动武(dòngwǔ 무력을 사용하다)。

所向披靡 suǒ xiàng pī mí 가는 곳마다 당할 자가 없다

我军势如破竹(shìrúpòzhú 파죽지세), 所向披靡。

挖空心思 wā kōng xīn sī 온갖 궁리를 다하다

挖空心思为自己辩护。

万古长青 wàn gǔ cháng qīng 봄날의 초목처럼 영원히 푸르고 싱싱하다

祝两国人民的友谊万古常青。

万众一心 wàn zhòng yī xīn 모든 사람이 한 마음이다

万众一心, 势不可当(shìbùkědāng 세찬 기세를 막아낼 수 없다)。

无时无刻 wú shì wúkè 언제나

无时无刻不想念着你。

神奇教头穆里尼奥率领蓝军切尔西本轮 4 : 1 横扫利物浦, 在 05-06 赛季已取得八连胜——这是一个十分美妙的开局, 而这样的近似于魔术的纪录在以后的英超赛场很难打破了.

心安理得 xīn ān lǐ dé 도리에 어긋나지 않아 마음이 편하다

只要对得起(duìdeqǐ 떳떳하다)人, 我也就心安理得了。

一笔勾销 yī bǐ gōu xiāo 한번에 완전히 취소하다

多年来, 大家对他关心照顾, 这些恩情, 不料(bùliào 뜻밖에도)全被他一笔勾销了。

迎刃而解 yín grèn ér jiě 순리적으로 문제가 해결되다

只要把主要的未知数 x 求出来, 剩下的 y 和 z 就迎刃而解了。

治病救人 zhì bìng jiù rén 남의 결점이나 잘못을 지적하여 고치도록 도와주다

同志们对你的批评, 完全是为了治病救人。

置之不理

志同道合 zhì tóng dào hé 배짱이 맞다

他们几个同学志同道合，一起加入了革命队伍。

置之不理 zhì zhī bù lǐ 내버려두고 상관하지 않다

对于这种挑衅(tiǎoxìn 도발)，怎么能置之不理呢?

众叛亲离 zhòng pàn qīn lí 뭇사람에게 버림받아 고립되다

他终于落得个众叛亲离，彻底失败的下场。

自告奋勇 zì gào fèn yǒng 일을 자발적으로 맡아 해나가다

他自告奋勇前去救火(jiùhuǒ 불을 끄다)。

安家落户 ān jiā luò hù 타향에서 가정을 이루어 정착하다

支援边疆(biānjiāng 국경)建设的干部很多人就在那里安家落户了。

跋山涉水 bá shān shè shuǐ 고생스럽게 먼길을 가다

他不畏艰苦，跋山涉水来到北京。

别开生面 bié kāi shēng miàn 독창적이다

这样的庆祝活动，真可谓别开生面，从头至尾竟没有一个人讲话。

不可告人 bù kě gào rén 감히 공개하지 못하다

不可告人的目的。

不一而足 bù yīér zú 적지 않다

这些流氓(liúmáng 불량배)干尽了坏事，打架斗殴(dǎjiàdòuōu 치고 패고 싸우다)，溜门撬锁(liūménqiàosuǒ 몰래 도망가거나 문을 비틀어 따다)，聚众赌博(jùzhòngdǔbó 사람을 모아 도박하다)，调戏(tiáoxì 희롱하다)妇女，凡此种种，不一而足。

不知所措 bù zhī suǒ cuò 어찌할 바를 모르다

这次意外的打击，使他一时不知所措。

姹紫嫣红 chà zì yān hóng 여러 종류의 아름다운 꽃을 나타냄

百花盛开，姹紫嫣红，好一派(hǎoyīpài 완연한)春天景象。

畅所欲言 chàng suǒ yù yán 하고 싶은 말을 시원하게 다 말하다

希望同志们各抒己见(gèshūjǐjiàn 제각기 자기 의견을 말하다)，畅所欲言。

崇山峻岭 cóng shān jùn lǐng 높고 험준한 산봉오리

四处都是崇山峻岭。

愁眉苦脸 chóu méi kǔ liǎn 수심에 찬 얼굴

为什么总是一副愁眉苦脸的样子?

处心积虑 chǔ xīn jī lǜ 부심하다.

处心积虑想扩充自己的势力。

粗枝大叶 cū zhī dà yè 대충대충하다

粗枝大叶的工作作风要不得(yàobude 안된다)。

粗制滥造 cū zhì làn zào 일을 책임감 없이 대강대강 해치우다

写文章要反复修改(xiūgǎi 수정하다)，仔细推敲(tūiqiāo 퇴고하다)，千万不可粗制滥造。

大功告成 dà gōng gào chéng 큰 성공을 거두다

县里兴建(xīngjiàn 건설하다)的化肥厂已大功告成，比原计划提前了三个月。

大模大样 dà mú dà yàng 거들먹거리는 모양

一个大亨(dàhēng 거물)由众人簇拥(cùyōng 떼지어 둘러싸다)着，大模大样地走进来。

大显身手 dà xiǎn shēn shǒu 자신의 솜씨를 능력껏 과시하다

体育健儿在运动场上大显身手。

得不偿失 dé bù cháng shī 얻은 것이 잃은 것을 보상하기에는 부족하다

力求(lìqiú 되도록 힘쓰다)避免打那种得不偿失的，或得失相当的消耗战(xiāohàozhàn 소모전)。

风平浪静 fēng píng làng jìng 무사 평온하다

学潮(xuécháo 학생운동)过去以后, 整个校园(xiàoyuán 교정)风平浪静了。

腹背受敌 fù bèi shòu dí 앞 뒤로 적의 공격을 받다

腹背受敌, 难以招架(zhāojià 당해내다)。

各行其是 gè xíng qí shì 각자가 다 자기 주장대로 하다

姐妹二人志趣不同, 各行其是。

各自为政 gè zí wéi zhèng 전체를 보지 않고 제각기 자기 생각대로만 일하다

各个机构各自为政, 缺少协调。

光天化日 guāng tiān huà rì 많은 사람들이 환하게 볼 수 있는 곳

光天化日之下, 竟敢行凶抢劫(qiǎngjié 강탈하다)。

揭竿而起 jiē gān ér qǐ 반기를 들다

人民纷纷揭竿而起, 推翻(tūifān 전복시키다)了封建王朝的腐朽(fǔxiǔ 부패하다)统治。

街头巷尾 jiē tóu xiàng wěi 큰 거리의 작은 골목을 가리킴

她整天在街头巷尾叫卖。

居高临下 jū gāo lín xià 유리한 입장에 서있다

我军居高临下, 敌人屡次进攻均被击退。

开诚布公 kāi chéng bù gōng 솔직하고 사사로움이 없다

让我们开诚布公地谈一谈。

眉飞色舞 méi fēi sè wǔ 희색이 만면하다

谈到高兴的时候, 不禁眉飞色舞, 笑逐颜开(xiàozhúyánkāi 얼굴에 웃음꽃이 활짝 피다)。

梦寐以求 mèng mèi yǐ qiú 갈망하다

几十年梦寐以求的理想终于实现了。

齐头并进 qǐ tóu bìng jìn 우열을 가릴 수없이 함께 동시에 나아가다

这些工作要分别轻重缓急，不要齐头并进。

巧立名目

巧立名目 qiǎo lì míng mù 교묘하게 명목(구실)을 붙이다

不许巧立名目乱收费。

轻重缓急 qīng zhòng huǎn jí

일에 있어서 중요함과 중요하지 않음

做事应该分清轻重缓急。

如火如荼 rú huǒ rú tú 기세가 맹렬하다

劳动竞赛(jìngsài 경쟁)如火如荼，普遍展开。

身体力行 shēn tǐ lì xíng 몸소 체험하고 힘써 실천하다

他廉洁(liánjié 청렴 결백하다)奉公，身体力行，吃苦在先，享受在后。

十全十美 shí quán shí měi 완전무결하여 나무랄 데가 없다

这都不是十全十美的办法。

随声附和 súi shēng fù hè 자기 주장이 없이 남의 의견에 영합하다

要养成独立思考的习惯，不能人云亦云(rényúnyìyún 부화뇌동하다)，随声附和。

万无一失 wàn wú yī shī 만의 하나의 실수도 없다

水库(shŭikù 댐)要精心(jīngxīn 세심하다)设计，精心施工，精心管理，做到万无一失。

蔚然成风 wèi rán chéng fēng

어떠한 사물이 점차적으로 발전하고 성행하여 사회적 기풍을 형성하다

全厂的青年工人刻苦鉆研(zuānyán 탐구하다)技术，蔚然成风。

一概而论 yī gài ér lùn 일률적으로 논하다

这些问题，有的属于(shŭyú ...에 속하다)敌我矛盾，有的属于人民内部矛盾，不能一概而论。

一劳永逸 yī láo yǒng yì 한 번 고생으로 영원히 편해지다

其实没有一劳永逸的办法。

一丝一豪 yī sī yī háo 조금도

编写字典词典一丝一毫也不能马虎(mǎhu 소홀하다)。

有恃无恐 yǒu shì wú kǒng 믿는 데가 있어 두려움을 모르다

那些有枪在手的保甲长(bǎojiǎzhǎng 보갑장)们却表现出有恃无恐, 无动于衷(wúdòngyúzhōng 조금도 동요하지 않다), 满不在乎(mǎnbùzàihū 조금도 마음에 두지 않다)的样子, 继续催租逼债(cūizūbīzhài 소작료를 재촉하고 빚을 독촉하다)。

有条不紊 yǒu tiáo bù wěn 조리 정연하다

文章写得有条不纹。

招摇撞骗 zhāo yáo zhuàng piàn 남의 눈을 끌어 속임수를 쓰다

打着名人旗号(qíhào 명목), 到处招摇撞骗。

争分夺秒 zhēng fēn duó miǎo 1분 1초를 다투다

学习上也必须争分夺秒。

自高自大 zì gāo zì dà 스스로 잘난체하며 남을 무시하다

浅薄无知的人往往自高自大。

不足为奇 bù zú wéi qí 신기한 것이 못되다

他们本来就不同意这样做, 现在提出另起炉灶(língqǐlúzào 독립하다)的意见不足为奇。

出谋划策 chū móu huà cè 계획이나 방법을 생각해 내다

一小撮(yīxiǎocuō 일부 극소수의)人躲(duǒ 숨다)在背后出谋划策。

得天独厚 dé tiān dú hòu 특별히 좋은 조건을 갖추다

四川气候温和, 雨量充沛(chōngpèi 가득 넘치다), 农业生产得天独厚, 真是"天府之国"。

登峰造极 dēng fēng zào jí 최고봉에 이르다

他的绘画成就，已经登峰造极。

改天换地 gǎi tiān huàn dì 크게 변혁하다

一定要有改天换地的精神和干劲(gànjìn 열성)，才能改变家乡的面貌。

格杀勿论 gé shā wù lùn 사람을 때려 죽여도 무방하다

徐鹏飞大声说道："早已下令，对抗拒的工人格杀勿论!"。

冠冕堂皇 guān miǎn táng huáng

표면상으로 장엄하고 정대한 모습을 나타냄

理由冠冕堂皇，实际完全不是那回事。

归根结底 gūi gēn jié dǐ 결국

归根结底，致富要靠智慧，勤奋和忠实的劳动，而不是歪门邪道。

华而不实 huá ér bù shí 겉만 번지르르하고 실속이 없다

我们无论做什么工作都要踏踏实实(tāshı 성실하다)，讲求效益，不要华而不实，夸夸其谈。

绘声绘色 hùi shēng hùi sè 생생하다

他说得绘声绘色，听的人都入了迷(rùmí 매혹되다)。

火上加油 huǒ shàng jiā yóu 불난 집에 부채질하다

听了这话，犹如火上加油，益发(yìfā 더욱)怒不可遏(nùbùkěè 분노를 억제할 수 없다)。

开门见山 kāi mén jiàn shān 단도직입적으로 본론에 들어가다

这篇文章开门见山，一上来就揭露(jiēlù 폭로하다)矛盾，点名(diǎnmíng 밝히다)主题。

老生常谈 lǎo shēng cháng tán 상투적인 말

我懒得应酬(yìngchóu 접대하다)，说来说去，全是听腻了的老生常谈。

力不从心 lì bù cóng xīn 할 마음은 있으나, 힘이 따르지 못하다

老王年事(niánshì 나이)已高，工作有些力不从心。

力不从心

漫不经心 mán bù jīng xīn 조금도 마음에 두지 않다

无论干什么他都漫不经心，当然干不好。

人浮于事 rén fú yú shì 사람은 많고 일은 적다

精简(jīngjiǎn 간소화하다)机构，压缩编制，改变人浮于事的状况。

如饥似渴 rú jī sì kě 절실하게 요구하다

他如饥似渴地学习高等数学。

煞有介事 shà yǒu jiè shì 과연 그럴 듯하다

你别煞有介事了。

深仇大恨 shēn chóu dà hèn 깊은 원한

几代人的深仇大恨，怎能忘记?

生龙活虎 shēng lóng huó hǔ 원기 왕성하다

工地(gōngdì 현장)上的年轻人，个个生龙活虎。

势不两立 shì bù liǎng lì 공존할 수 없다

政治上分道扬镳(fēndàoyángbiāo 각기 제갈길을 가다)后，两方从此势不两立。

事与愿违

事与愿违 shì yǔ yuàn wéi 일이 뜻대로 되지 않다

他没想到事与愿违，人越来越多，处境越来越困难，事情越来越难办。

水泻不通 shǔi xiè bù tōng 몹시 붐비다

车上挤(jǐ 붐비다)得水泄不通。

贪得无厌 tān dé wú yàn 욕심이 끝이 없다

得陇望蜀(délǒngwàngshǔ 욕망이 한이 없다), 贪得无厌。

天花乱坠 tiān huā luàn zhùi 말이 실감나고 들음직하다

他把美国说得天花乱坠, 十分美好, 可我就是不信。

头头是道 tóu tóu shì dào 말이나 행동이 하나하나 사리에 들어맞다

他说起话来头头是道。

拖泥带水 tuō ní dài shǔi 간결하지 않거나, 일을 시원시원하게 처리하지 못하다

他办事干净利落(lìluo 시원시원하다), 从来不拖泥带水。

歪门邪道 wāi mén xié dào 나쁜 생각

老张从不搞歪门邪道。

五颜六色 wǔ yán liù sè 가지각색

码头(mǎtou 부두)灯光辉煌, 天空五颜六色。

物极必反 wù jí bì fǎn 사물의 발전이 극에 달하면 반드시 반전한다

干尽了坏事的人, 垮(kuǎ 무너지다)起来也快, 物极必反哪。

心平气和 xīn píng qì hé 마음이 평온하고 태도가 온화하다

尽管别人对他有误解, 他还是那样心平气和。

一筹莫展 yī chóu mò zhǎn 아무런 방법도 없다

要材料没材料, 要地皮没地皮, 真让管基建(jījiàn 기본건설)的同志一筹莫展。

一蹶不振 yī jué bù zhèn 한 번 좌절하고는 다시 분발하지 못하다

他没考上大学, 从此就一蹶不振。

一窍不通 yī qiǎo bù tōng 아무것도 모르다

围棋(wéiqí 바둑), 我可是一窍不通。

一五一十 yī wǔ yī shí 낱낱이

他一五一十地把当时的情况都详细讲出来了。

应有尽有 yīng yǒu jìn yǒu 없는 것이 없다

这家百货商店商品齐全(qíquán 갖추다), 应有尽有。

怨声载道 yuàn shēng zài dào 원성이 도처에 자자하다

老百姓对新政策怨声载道。

专心至志 zhuān xīn zhì zhì 전심전력으로 몰두하다

他专心至志地听课。

自欺欺人　　图/蒋跃新 新华社发

自欺欺人 zì qī qī rén

스스로를 기만하고 남도 속이다

你不要用这种伪科学自欺欺人了。

暗无天日 àn wú tiān rì 사회가 암담하다

我们不少人就是在这种暗无天日的岁月中, 颠沛流离(diānpèiliúlí 형편이 어려워져 마구 떠돌다), 含辛茹苦(hánxīnrúkǔ고생을 참고 견디다)地度过了大半生。

不可终日 bù kě zhōng rì 몹시 불안하고 두렵다

金融危机, 使众多人士心急如焚(xīnjírúfén 몹시 초조하다), 有不可终日之感。

冲锋陷阵 chōng fēng xiàn zhèn 정의로운 일을 위하여 용감히 싸우다

他为革命冲锋陷阵, 一马当先(yīmǎdāngxiān 앞장서다)

重整旗鼓 chóng zhěng qí gǔ 재기를 꾀하다

篮球队比赛失利(shīlì 패하다)以后, 决心重整旗鼓, 加强训练, 准备明年春天再战。

出生入死 chū shēng rù sǐ 생명의 위험을 무릅쓰다

枪林弹雨(qiānglíndànyǔ 격전)中, 他出生入死战斗了十来天。

大兴土木 dà xīng tǔ mù 대규모로 토목공사를 하다

目前，国际旅行社正在三环岛大兴土木，铺设道路，将所有接待客人的别墅(biéshù 별장)，旅馆，饭店都粉饰(fěnshì 꾸미다)一新。

得过且过 dé guò qiě guò 일을 대충대충 처리하다

那年头儿，谁还能顾到将来，不过是得过且过混日子(hùnrìzı 그럭저럭 날을 보내다)。

短小精悍 duǎn xiǎo jīng hàn 짧지만 힘이 있다

鲁迅的杂文短小精悍，锋利(fēnglì 끝이 날카롭다)如匕首。

甘心情愿 gān xīn qíng yuàn 기꺼이 진심으로 원하다

给你办事，再辛苦我也甘心情愿。

古往今来 gǔ wǎng jīn lái 옛날부터 지금까지

他记得许多古往今来的故事。

鞠躬尽瘁 jú gōng jìn cùi 나라를 위하여 온힘을 다하다

他虽然老了，但表示要継续为国家教育事业做贡献，鞠躬尽瘁，死而后已。

可歌可泣 kě gē kě qì 매우 감동적이다

八女投江，英勇悲壮，可歌可泣。

雷厉风行 léi lì fēng xíng 엄격하고 신속하다

执行命令，雷厉风行。

了如指掌 liǎo rú zhǐ zhǎng 제 손금을 보듯 훤하다

村子里的情况，村长了如指掌。

面红耳赤 miàn hóng ěr chì 얼굴이 귀밑까지 빨개지다

她羞得面红耳赤。

名列前茅 míng liè qián máo 서열이 앞에 있다

他的学习成绩在全校学生中名列前茅。

莫衷一是 mò zhōng yī shì 일치된 결론을 내릴 수 없다

会上意见纷纷，莫衷一是。

宁死不屈 nìng sǐ bù qū 죽는 다 하여도 굴복하지 않다

在敌人的严刑拷打(yánxíngkǎodǎ 엄한 형벌과 구타)面前，他宁死不屈，表现了一个革命者的崇高品质。

平心静气 píng xīn jìng qì 침착하다

平心静气地想一想，检讨一下自己的问题。

忍气吞声 rěn qì tūn shēng 울분을 참으면서 아무 말도 못하다

她忍气吞声地过了大半辈子，今天总算解放了。

如意算盘 rú yì suàn pán 단지 좋은 쪽으로만 착상하는 계획

好便宜，你倒会打如意算盘。

讨价还价 tǎo jià huán jià 지나치게 따지다

他勇挑重担，从不挑肥拣瘦(tiāoféijiǎnshòu 이것저것 자기에게 이로운 것만 고르다)，讨价还价。

乌烟瘴气 wū yān zhàng qì 사회가 암담하다

解放前夕的中国，到处是一片乌烟瘴气。

咱们虽是同行，但警察抓你不抓我!

相依为命 xiāng yī wéi mìng 운명을 같이하다

父母去世以后，姐弟俩相依为命。

心花怒放 xīn huā nù fàng 대단히 기쁘다

老大娘听说儿子所在的部队打了胜仗，高兴得心花怒放。

幸灾乐祸 xìng zāi lè huò 남의 재앙을 보고 기뻐하다

他有困难，你不去帮助，反而幸灾乐祸，真不近人情。

雄才大略 xióng cái dà luè 뛰어난 재능과 원대한 계략

秦始皇雄才大略，是中国历史上的伟大人物。

一本万利 yī běn wàn lì 적은 자본으로 큰 이익을 얻다

投资办教育，是一本万利的事。

一落千丈 yī luò qiān zhàng 갑자기 여지없이 떨어지다

这个商店贩卖了一批假货，信誉一落千丈。

一往无前 yī wǎng wú qián 용감하게 나아가다

瞻前顾后(zhānqiángùhòu 우유부단하다)什么是也做不成，目标确定以后就要一往无前。

沾沾自喜 zhān zhān zì xǐ 우쭐거리며 뽐내다

有了一点成绩就沾沾自喜，成不了大事。

自鸣得意 zì míng dé yì 제 자랑하다

他自以为有靠山(kàoshān 믿고 의지할 사람)，就自鸣得意起来了。

包罗万象 bāo luó wàn xiàng 내용이 풍부하고 갖추어야 할 것은 다 갖추고 있다

广州交易会大厅里陈列着全国各地的产品，包罗万象，应有尽有。

暴风骤雨 bào fēng zhòu yǔ 사나운 바람과 모진 비

农民运动有如暴风骤雨，来势迅猛(láishìxùnměng 기세가 맹렬하다)。

不近人情 bù jìn rén qíng 인지상정에 맞지 않다

不让孩子见自己的父母，也太不近人情了。

不可开交 bù kě kāi jiāo 끝을 맺을 수 없다

如果这件事泄露(xièlù 새다)出去，肯定会舆论哗然(yǔlùnhuárán 여론이 들끓다)，弄得不可开交。

不了了之 bù liǎo liǎo zhī 흐리멍텅하게 일을 처리하다

追查(zhūichá 추적 조사하다)了半年毫无结果，只好不了了之。

不三不四 bù sān bū sì 이도 저도 아니다

有些人为了赶时髦(gǎnshímáo 유행을 쫓다)，打扮(dǎbàn 화장하다)得不三不四。

不识抬举 bù shí tái jǔ 은혜를 모르다

你不要不识抬举，敬酒不吃吃罚酒。

惨无人道 cǎn wú rén dào 잔인 무도하다

他遭到了这么一场惨无人道的毒打(dúdǎ 지독한 구타)。

打抱不平 dǎ bào bù píng 부당하게 취급받는 약자의 편을 들다

他看见老实人受气(shòuqì 모욕을 당하다)，总爱打抱不平。

飞黄腾达 fēi huáng téng dá 벼락 출세하다

早年的一个同学现在飞黄腾达了。

付之一炬 fù zhī yī jù 전부다 태워버리다

一场大火，这位作家的全部手稿(shǒugǎo 원고)不幸付之一炬。

和盘托出 hé pán tuō chū 있는 것 그대로 남김없이 다 보이다

等到他把情况原原本本(yuányuánběnběn 사실대로)地和盘托出，大家才恍然大悟(huǎngrándàwù 깨닫다)。

洪水猛兽 hóng shǔi měng shòu 엄청난 재액

淫秽(yínhùi 외설적이다)书刊对青年的毒害超过洪水猛兽。

厚古薄今 hòu gǔ bó jīn 옛날의 것을 중시하고 지금의 것을 경시하다

在学术研究上，不要厚古薄今。

后来居上 hòu lái jū shàng 뒤에 있던 사람이 앞사람을 추월하다

人世间的事总是不完全的，儿子比老子完全一些，孙子比儿子完全一些，后来居上。

患难与共 huàn nàn yǔ gòng 고난을 같이 하다

王勇毕竟是他的患难与共的结发夫妻(jiéfàfūqī 초혼부부)和好帮手(bāngshǒu 조수)。

艰苦卓绝 jiān kǔ zhuō jué 지극히 힘들고 어렵다

中国人民为了推翻(tuīfān 전복시키다)三座大山，进行了艰苦卓绝的斗争。

焦头烂额 jiāo tóu làn é 대단히 낭패하고 곤경에 빠지다

工作繁忙而杂乱，弄得我筋疲力尽(jīnpílìjìn 기진 맥진하다)，焦头烂额。

精兵简政 jīng bīng jiǎn zhèng 기구를 축소하고 인원을 정선하다

为了减轻人民的负担，必须贯彻执行精兵简政的方针。

井井有条 jǐng jǐng yǒu tiáo 질서정연하다

女主人把教授的家安排得井井有条。

举一反三 jǔ yī fǎn sān 하나를 보고 열을 안다

善于(shànyú ...을 잘하다)学习的人，对于所学的知识往往能举一反三，触类旁通(chùlèipángtōng 한 가지를 통해 다른 것을 유추하다)。

劳民伤财 láo mín shāng cái 국민을 혹사시키고 물자를 낭비하다

这项工程历经(lìjīng 두루 ...을 겪다)数年，没有任何效益，只是劳民伤财。

落井下石 luò jǐng xià shí 엎친 놈 위에 덮친다

乘人之危(chéngrénzhīwēi 남의 약점을 이용하다)，落井下石。

漫山遍野 màn shān biàn yě 굉장히 많다

我们那里漫山遍野净是枫树(fēngshù 단풍나무)林子。

门当户对 mén dāng hù duì 남녀 두 집안이 엇비슷하다

他们俩情投意合(qíngtóuyìhé 의기투합하다), 也就不管是不是门当户对了。

恼羞成怒 nǎo xiū chéng nù 부끄러워서 분한 나머지 성을 내다

他不知反省, 反而恼羞成怒, 动手(dòngshǒu 걸핏하면)打人。

蹑手蹑脚 nǐe shǒu niè jiǎo 발소리를 죽여 조용히 걷는 모양

报告会已经开始了, 几个后来的同志蹑手蹑脚地走进会场。

泣不成声 qì bù chéng shēng 매우 슬프다

看到这里, 不少观众都泣不成声。

气象万千 qì xiàng wàn qiān 장관이다

泰山观日出, 气象万千。

枪林弹雨 qiāng lín dàn yǔ 총칼이 숲을 이루고 총알이 빗발치다

冒着(màozhe 무릅쓰고)枪林弹雨冲锋陷阵。

三心二意 sān xīn èr yì 우유부단하다

别再三心二意了, 就这样去办吧。

丧心病狂 sāng xīn bìng kuáng 이성을 잃고 미쳐 날뛰다

卖国求荣(qiúróng 영예를 구하다), 丧心病狂。

拾金不昧 shí jīn bù mèi 재물을 주워도 자기 것으로 삼지 않는다

这家饭店服务员拾金不昧的事迹(shìjì 사적)已在社会各界传为美谈。

同归于尽 tóng guī yú jìn 함께 희생되다

坚守阵地, 不惜(bùxī 아끼지 않다)与敌人同归于尽。

望尘莫及 wàng chén mò jí 발전이 빨라 도저히 따라잡을 수 없다

他的聪明干练(gànliàn 유능하고 노련하다), 是一般人是望尘莫及的。

同归于尽

闻所未闻 wén suǒ wèi wén 금시초문이다

许多奇事，真是见所未见，闻所未闻。

文质彬彬 wèn zhì bīn bīn 문아하면서도 예의바르다

这客人文质彬彬，给人的印象很好。

无法无天 wú fǎ wú tiān 난폭하다

怎么又干出这种无法无天的事来!

无孔不入 wú kǒng bù rù 온갖 수단을 다쓰다

做投机买卖的人到处钻营(zuānyíng 권세에 빌붙어 사욕을 꾀하다)，无孔不入。

无足轻重 wú zú qīng zhòng 보잘 것 없다

不要认为只有语文，数学重要，其他各科都无足轻重。

息息相关 xī xī xiāng guān 관계가 매우 밀접하다

各国人民的命运息息相关。

喜形于色 xǐ xíng yú sè 희색이 만연하다

听到儿子考上了名牌(míngpái 유명한)大学，父亲不禁(bùjīn 자기도 모르게)喜形于色。

心领神会 xīn lǐng shén huì 상대방의 설명이 필요없이 마음속으로 깨닫고 이해하다

有些诗词虽然能心领神会，却难以(nányǐ ...하기 어렵다)用形象的语言表达出来。

修旧利废 xiū jiù lì fèi 낡은 것을 수리하고 폐품을 이용하다

他们修旧利废，努力节约生产费用。

严阵以待 yán zhèn yǐ dài

진지를 확고히 정비하고 적을 기다리다

我军严阵以待，随时准备歼灭(jiānmiè 섬멸하다)入侵之敌。

严阵以待 anguan.com.cn

眼花缭乱 yǎn huā liáo luàn 눈부시다

精彩(jīngcǎi 훌륭하다)的杂技表演，真令人眼花缭乱。

一尘不染 yī chén bù rǎn 인품이 고상하여 티끌만큼도 세상의 물욕에 물들어 있지 않다

好八连的战士们身居闹市(nàoshì 번화가)一尘不染。

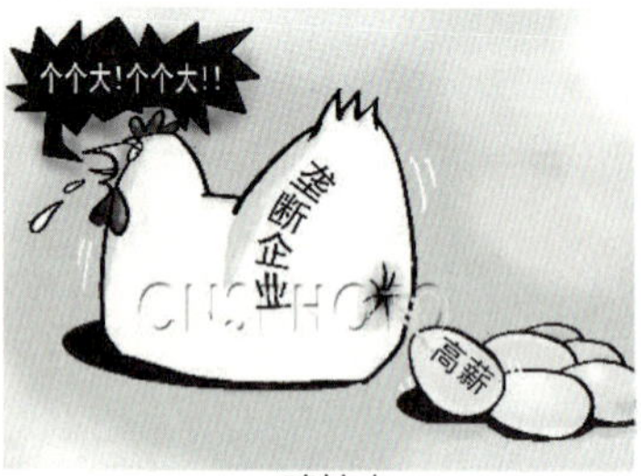

一鸣惊人

一鸣惊人 yī míng jīng rén

평소에는 특별한 것이 없다가도, 한 번 시작하면 사람을 놀랠 정도의 큰 일을 이루다

这次运动会上，他一鸣惊人，创造了跳高(tiàogāo 높이뛰기)新记录。

一日千里 yī rì qiān lǐ 발전속도가 빠르다

祖国的建设一日千里向前发展。

一朝一夕 yī zhāo yī xì 매우 짧은 시간

改造荒山(huāngshān 황폐한 산)，决不是一朝一夕就能成功的。

移风易俗 yí fēng yì sú 낡은 풍속이나 습관을 고치다

移风易俗，建设新农村。

以逸待劳 yǐ yì dài láo 쉬면서 힘을 비축했다가 피로한 적군을 맞아 싸우다

我军养精蓄锐(yǎngjīngxùrùi 정기를 키우고 예기를 모으다)，以逸待劳；仅此观之，胜负已定。

有目共睹 yǒu mù gòng dú 모든 사람이 다 알고 있다

太阳从东方升起从西方落下，这是有目共睹的事实。

有气无力 yǒu qì wú lì 풀이 죽다

两天没吃上饭，饿得他有气无力。

语重心长 yǔ zhòng xīn cháng 말이 간곡하고 의미심장하다

老师傅对徒弟说的这番话，真是语重心长。

远走高飞

远走高飞 yuǎn zǒu gāo fēi 머나먼 곳으로 가버리다

城防(chéngfáng 도시방위)司令带人赶到出事地点，游击队员早已远走高飞了。

装模作样 zhuāng mú zuò yàng 거드름피우다

不要装模作样了。

抱头鼠窜 bào tóu shǔ cuàn 매우 낭패하여 급히 도망치다

肇事(zhàoshì 말썽을 일으키다)者见民警来了，一个个抱头鼠窜。

标新立异 biāo xīn lì yì 남달리 특별한 주장을 내세우다

那些空头(kongtóu 유명무실한)政治家的主张，只不过标新立异而已，真正实行起来就会祸国殃民(huòguóyāngmín 나라와 백성에 해를 끼치다)。

不可救药 bù kě jiù yào 구제할 방법이 없다

他还不是不可救药，我们应该想尽办法帮助他改正错误。

不义之财 bù yì zhī cái 의롭지 못한 수단으로 얻은 재물

不义之财哪怕(nǎpà 설령)只有一分钱也不能要。

长年累月 cháng nián lěi yuè 오랜 세월

他长年累月从事野外工作。

惩前毖后 chéng qián bì hòu 이전의 과오를 뒷날의 경계로 삼다

惩前毖后，治病救人。

承先启后 chéng xiān qǐ hòu 선대를 계승 발전시키다

承先启后的功业有赖于(yǒulàiyú ...에 달려 있다)跨世纪的人才。

持之以恒 chí zhī yǐ héng 끈기를 가지고 지속해 나가다

努力学习，持之以恒，必有所获。

除旧布新 chú jiù bù xīn 낡은 것을 제거하고 새로운 것을 건립하다

只有除旧布新，历史才能前进，社会才能发展。

吹灰之力 chūi hūi zhī lì 매우 적은 힘

不费吹灰之力就得到了正确的结论。

寸步难行 cùn bù nán xíng 역경에 처하다

离开了群众我们就寸步难行。

大发雷霆 dà fā léi tíng 노발대발하다

不知听了什么一句话，他登时(dēngshí 곧)大发雷霆。

大快人心 dà kuài rén xīn 마음이 매우 통쾌하다

除暴安良(chúbàoānliáng 포악한 무리를 없애고 양민을 평안하게 하다)，大快人心。

大手大脚 dà shǒu dà jiǎo 돈이나 물건을 마구 헤프게 쓰다

他从来都是大手大脚的，不知道花了多少冤枉钱(yuānwangqián 억울한 돈)。

大摇大摆 dà yáo dà bǎi 목에 힘주고 걷다

他大摇大摆地走出门去了。

大有作为 dà yǒu zuò wéi 크게 이바지할 수 있다

农村是一个广阔的天地，在那里是可以大有作为的。

单枪匹马 dān qiāng pǐ mǎ 남의 도움을 받지 않고 혼자서 해내다

这项任务不依靠(yīkào 의지하다)集体力量，单枪匹马是很难完成的。

当机立断 dāng jī lì duàn 제때에 즉시 결정하다

攻城消息一泄露，团长当机立断，命令提前(tíqián 시간을 앞당기다)行动。

独树一帜 dú shù yī zhì 독자적으로 한 파를 형성하다

他的学术体系与众不同，可以说是独树一帜。

分崩离析 fēn bēng lí xī 사분오열되다

祖父一死，大家庭分崩离析，父亲更其潦倒(liǎodǎo 초라하게 되다)。

逢场作戏 féng chǎng zuò xì 기회가 생긴김에 끼어들어 놀다

他打麻将，不过是逢场作戏罢了。

高高在上 gāo gāo zài shàng

지도자의 현실을 이해하지 못하여 민중과 괴리되어 있다

这个人当了官，高高在上，当然就不了解下情(xiàqíng 민정)。

花天酒地 huā tiān jiǔ dì 주색에 빠진 방탕한 생활

旧社会的富人花天酒地，穷人只落得(luòde ...가 되고 말다)呼天抢地(hūtiānqiǎngdì 땅을 치며 대성통곡하다)。

欢天喜地 huān tiān xǐ dì 미친 듯이 기뻐하다

全厂上下，莫不(mòbù ...하지 않는 것이 없다)欢天喜地。

回心转意 húi xīn zhuǎn yì 태도를 바꾸다

等他回心转意了，再作考虑。

急风暴雨 jí fēng bào yǔ 사나운 비바람

民族解放运动有如急风暴雨，势不可遏(shìbùkěè 세찬 기세를 막아낼 수 없다)。

绝无仅有 jué wú jǐn yǒu 극히 드물다

这种款式(kuǎnshì 스타일)十分独特，在全国也是绝无仅有的。

夸夸其谈

夸夸其谈 kuā kuā qí tán 호언장담하다

要多干实事，不要夸夸其谈。

宽宏大量 kuān hóng dà liàng 도량이 넓고 크다

宽宏大量，不咎既往(bùjiùjìwǎng 과거의 잘못을 따지지 않다)

雷霆万钧 léi tíng wàn jūn 매우 큰 힘

解放大军以雷霆万钧之势横扫(héngsǎo 소탕하다)残敌，很快解放了全国。
励精图治 lìjīngtúzhì 정신을 진작하여 나라를 잘 다스릴 방법을 강구하다.
领导阶层要同心同德励精图治。

琳琅满目 lín láng mǎn mù 갖가지 훌륭한 물건이 매우 많다

拍卖(pāimài 경매)会上，精品(jīngpǐn 명품)琳琅满目。

卖身投靠 mài shēn tóu kào 적에게 빌붙어 앞잡이가 되다

卖身投靠，人所不齿(bùchǐ 멸시를 당하다)。

满城风雨 mǎn chéng fēng yǔ 여론이 분분하다

想不到这件事竟闹得(nàode 결국...하게 되다)满城风雨。

满面春风 mǎn miàn chūn fēng 얼굴이 기쁨이 넘치다

她认识小张后，最近满面春风。

能说会道 néng shuō huì dào 말이 능수능란하다

好一个能说会道的姑娘。

披荆斩棘 pī jīng zhǎn jí 창업하면서 여러 어려움을 극복하다

革命先烈披荆斩棘，历尽(lìjìn 두루 다 경험하다)艰辛，才有了人民的铁打(tiědǎ 강인한)江山。

平易近人 píng yì jìn rén 태도가 겸손하고 온화하여 쉽게 접근할 수 있다

老首长平易近人，和他在一起一点儿也不感到拘束(jūshù 딱딱하다)。

敲骨吸髓 qiāo gǔ xī suǐ 잔혹하게 착취하다

每逢灾年(zāinián 흉년), 地主豪绅(háoshēn 지방 유력자)越发巧立名目(qiǎolìmíngmù 여러가지 명목을 들다), 在穷人身上敲骨吸髓。

日积月累 rì jī yuè lěi 날을 거듭하다

学知识, 长本领, 要靠日积月累, 不能一蹴而就(yīcùérjiù 단번에 성공하다)。

日久天长 rì jiù tiān cháng 오랜 세월이 흐르다

日久天长你就明白了。

入情入理 rù qíng rù lǐ 이치에 맞다

他说得入情入理, 大家点头称是(diǎntóuchēngshì 고개를 끄덕이며 동의하다)。

三长两短 sān cháng liǎng duǎn 뜻밖의 재난이나 변고

他要是有个三长两短, 留下这一大家子人怎么办呢?

三番五次 sān fān wǔ cì 여러 번

三番五次来信催办(cuībàn 재촉하다)。

丧权辱国 sàng quán rǔ guó 주권을 상실하여 국가를 욕되게 하다

腐败的清政府跟外国签定(qiāndìng 조인하다)了许多丧权辱国的条约。

声嘶力竭 shēng sī lì jié 결사적으로 외치다

自由市场上有些声嘶力竭地叫喊"货真价实(huòzhēnjiàshí 물건도 좋고 값도 싸다)"的人, 往往是骗子(piànzi 사기꾼)。

适可而止 shì kě ér zhǐ 적당한 정도에서 그치다

我心想, 什么问题也要适可而止, 不能过之。

首当其冲 shǒu dāng qí chōng 첫 공격의 대상이 되다

攻击的矛头(máotóu 창끝)直接指向我们, 我个人是首当其冲。

受宠若惊 shòu chǒng ruò jīng

과분한 총애와 우대를 받고 기뻐 놀라와 하면서 마음 한편으로 약간 불안을 느끼다

追悼会也并不是什么危险的集会，我们两班的同学公然(gōngrán 공공연하게)举了我做筹备员(chóubèiyuán 준비위원)，这真使我受宠若惊了。

死气沉沉 sǐ qì chén chén 활기가 전혀 없다

一定要把职工的文艺体育活动搞起来，改变这种死气沉沉的局面。

谈何容易 tán hé róng yì 말처럼 쉬운 것이 아니다

一辈子做好事不做坏事，谈何容易。

谈笑风生 tán xiào fēng shēng 흥미진진하게 이야기하다

一路上谈笑风生，非常活跃(huóyuè 활동적이다)。

天罗地网 tiān luó dì wǎng 빈틈없는 경계망을 치다

布下天罗地网。

通情达理 tōng qíng dá lǐ 말과 행동이 사리에 맞다

群众是通情达理的。

土生土长 tǔ shēng tǔ zhǎng 현지에서 나고 자라다

当地有很多土生土长的好干部。

推心置腹 tuī xīn zhì fù 진심으로 남을 대하다

推心置腹地把心里话都说了出来。

脱口而出 tuō kǒu ér chū 입에서 나오는 대로 말하다

他脱口而出，一下子叫出了我的名字。

微乎其微 wēi hū qí wēi 매우 적다

个人的力量是微乎其微的。

委曲求全 wěi qū qiú quán 전체를 위해 잠시 참고 양보하다

在原则问题上必须据理力争(jùlǐlìzhēng 사리에 따라 끝까지 논쟁하다), 不能委曲求全。

纹丝不动 wén sī bù dòng 조금도 움직이지 않다

他纹丝不动地坐着, 宛如(wǎnrú 마치 ..같다)凝固了一般。

闻风丧胆 wén fēng sàng dǎn 어떤 힘에 매우 두려워하다

我以为马国本是怎样的英雄好汉, 哪晓的, 我们的队伍一出动, 他就闻风丧胆, 望风而逃(wàngfēngértáo 소문만 듣고도 질겁하여 도망가다)!

无精打采 wú jīng dǎ cǎi 의기소침하다

不要一天到晚总是无精打采的样子。

无事生非 图／谢正军 新华社发

无事生非 wú shì shēng fēi 평지풍파를 일으키다

挑拨离间(tiǎobōlíjiàn 이간시키다), 无事生非, 既有碍(yǒuài 방해가 되다)团结, 又影响工作。

无所作为 wú suǒ zuò wéi 성과를 내지 못하다

他忙了一辈子, 但无所作为。

现身说法 xiàn shēn shuō fǎ 자기의 경험을 예로 들어 남을 훈계하다

他来了一个现身说法, 把自己的经历和体会(tǐhùi 체험)讲给大家听。

逍遥法外 xiāo yáo fǎ wài 법을 어기고도 법의 제재를 받지 않고 자유자재로 행동하다

绝对不能让坏人逍遥法外。

谢天谢地 xiè tiān xiè dì 감지덕지하다

谢天谢地, 你总算回来了。

心明眼亮 xīn míng yǎn liàng 통찰력이 있다

老人心明眼亮, 弄虚作假(nòngxūzuòjiǎ 속임수를 쓰다)的事瞒不过(mánbuguò 속이다)他。

摇头晃脑 yáo tóu huàng nǎo 의기양양하다

不要摇头晃脑，沾沾自喜，最后你还是要输的。

一马当先 yī mǎ dāng xiān 앞장서다

今年春天植树，我们小组一马当先。

一穷二白 yī qióng èr bái 매우 낙후되어 있다

我国一穷二白的面貌有了初步改变。

义愤填膺 yì fèn tián yīng 의분이 가슴에 가득하다

目睹敌人的暴行，战士们义愤填膺。

迎头赶上 yíng tóu gǎn shàng 노력하여 선두를 따라잡다

我们今年虽然落后了，但决不气馁(qìněi 기가 죽다)，明年一定要迎头赶上。

有血有肉 yǒu xuè yǒu ròu 묘사가 생동적이고 내용이 충실하다

他笔下的人物有血有肉，栩栩如生。

晕头转向 yūn tóu zhuàn xiàng 머리가 어질어질하여 방향을 잃다

事情又多又杂，弄得我晕头转向。

真知灼见 zhēn zhī zhuó jiàn 정확하고 확실한 견해

他是一个有真知灼见的人。

正中下怀 zhèng zhōng xià huái 바로 내가 생각하는 바와 꼭 들어맞다

听了这番话，真是正中下怀。

执迷不悟 zhí mí bù wù 잘못을 고집하며 깨닫지 못하다

要是执迷不悟，那就很难挽救(wǎnjiù 구제하다)了!

自知之明 zì zhī zhī míng 자신의 결점을 정확히 알다

他也太没有自知之明了。

按部就班 àn bù jiù bān 순서대로 하나하나 진행시키다

无论办什么事都要按部就班，不可操之过急(cāozhīguòjí 너무 성급하게 일을 처리하다)。

百废俱兴 bǎi fèi jù xīng 방치되었던 갖가지 일들이 다시 일어나다

政通人和(zhèngtōngrénhé 정치가 잘 되면 인심이 온화해진다)，百废俱兴。

抱残守缺 bào cán shǒu quē 보수적이어서 혁신을 원하지 않는다

搞四化(sìhuà 농업・공업・국방・과기 현대화)建设，如果抱残守缺，不思进取，一定不会成功。

闭关锁国 bì guān suǒ guó 외국과 왕래를 하지 않다

实现四化，就要改革开放，不能闭关锁国。

遍体鳞伤 biàn tǐ lín shāng 온 몸이 상처투성이다

他被敌人打得遍体鳞伤。

不伦不类 bù lún bù lèi 이것도 저것도 아니다

有人认为用交响乐为京剧伴奏，不中不西，不伦不类。

不学无术 bù xué wú shù 배운 것도 없고 능력도 없다

很多不学无术的人靠拉关系(lāguānxì 관계를 이용하다)混饭(hùnfàn 밥벌이 하다)吃。

不在话下 bù zài huà xià 더 말할 나위가 없다

当年雪山草地都过了，眼前这点儿困难更不在话下了。

草木皆兵 cǎo mù jiē bīng 너무도 놀라 함부로 이것저것 의심하다

这一阵外面很不太平，家家户户都惊疑不定，草木皆兵，怕有人上门抢劫(qiǎngjié 약탈하다)。

重见天日 chóng jiàn tiān rì 어두운 세상에서 벗어나 다시 햇빛을 보다

嫂子(sǎozi 형수)别伤心了，终有一天，我们会重见天日的。

出类拔萃 chū lèi bá cùi 인재가 특출나서 뭇사람보다 뛰어나다

各行个业都有不少出类拔萃的人物。

出人头地 chū rén tóu dì 두각을 나타내다

不少家长希望子女出人头地。

触景生情 chù jǐng shēng qíng 어떤 감정을 접하여 모종의 감정이 일어나다

回到故乡，看见着这里的山水草木，不禁(bùjīn 자기도 모르게)触景生情，想起童年的幸福生活。

蠢蠢欲动 chǔn chǔn yù dòng 나쁜 사람이 못된 짓을 하려고 하다

据点里的敌人又蠢蠢欲动了。

大言不惭 dà yán bù cán 큰소리 치고도 조금도 부끄러워 하지 않다

谁叫你大言不惭，被人家灌醉(guànzùi 무리하게 술을 마시고 취하다)了，活该(huógāi 싸다)!

得寸进尺 dé cùn jìn chǐ 욕망이 한이 없다.

他这个人向来是得寸进尺，贪得无厌(tāndéwúyàn 욕심이 그지 없다)。

独断专行 dú duàn zhuān xíng

다른 사람의 의견을 무시하고 제 마음대로 결단하여 행하다

他办事从不跟别人商量，总是独断专行。

风驰电掣 fēng chí diàn chè 바람이나 번갯불처럼 빠르다

火车风驰电掣般地奔驰(bēnchí 질주하다)在原野上。

改邪归正 gǎi xié gūi zhèng 잘못을 고치고 바른 길로 돌아오다

他已经改邪归正，就不用再算旧帐了。

纲举目张 gāng jǔ mù zhāng 사물의 핵심을 파악하면 그 밖의 것은 이에 따라 해결된다

有句古话，“纲举目张”，拿起纲，目才能张，纲就是主题。

刚柔相济 gāng ròu xiāng jì 조화를 이루다

教育孩子要刚柔相济，恩威并施(ēnwēibìngshī 은혜와 위엄을 함께 베풀다)。

歌功颂德 gē gōng sòng dé 공적과 은덕을 찬양하다

人民公仆并不喜欢别人对他歌功颂德。

孤苦伶仃 gū kǔ líng dīng 의지할 데 없이 외롭다

老人独自一人，孤苦伶仃，生活十分清苦(qīngkǔ 청빈하다)。

和颜悦色 hé yán yuè sè 상냥하고 친근감이 있다

他走到对面，拉了老头儿一下，和颜悦色地介绍道：...

坚不可摧 jiān bù kě cuī 대단히 견고하여 파괴할 수 없다

人民的军队宛如钢铁长城，坚不可摧。

交头接耳 jiāo tóu jiē ěr 귀에 입을 대고 소곤소곤 속삭이다

考场(kǎochǎng 고사장)内不许交头接耳。

结党营私 jié dǎng yíng sī 작당하여 사리사욕을 꾀하다

那一伙人结党营私，挖社会主义墙脚(wāqiángjiǎo 다른 사람을 궁지에 몰아넣다)。

居心叵测 jū xīn pǒ cè 마음이 음흉하여 본심을 헤아리기 어렵다

这个人居心叵测。

克己奉公 kè jǐ fèng gōng 사를 버리고 공을 위하여 힘써 일하다

要学习他大公无私，积极努力，克己奉公，埋头苦干的精神。

狼心狗肺 láng xīn gǒu fèi 잔인하고 배은망덕하다

这个狼心狗肺的人，我不想理他了。

立竿见影 lì gān jiàn yǐng 즉시 효과가 나타나다

机构精简(jīngjiǎn 간소화하다)后，立竿见影，办事效率迅速提高。

两面三刀 liǎng miàn sān dāo 양다리를 걸치며 겉과 속이 다르다

这个东西，惯于颠倒黑白，混淆是非，推行文化专制主义，施展两面三刀手法。

六神无主 liù shén wú zhǔ 넋이 나가다

谁遭到这种突发事件，都难免六神无主。

马到成功 mǎ dào chéng gōng 일이 빨리 이루어지다

这次去商谈，一定会马到成功。

美不胜收 měi bù shèng shōu 훌륭한 것이 많아서 한꺼번에 다 감상할 수가 없다

春节文娱晚会的节目丰富多彩，美不胜收。

每况愈下 měi kuàng yù xià 형편이 날로 악화되다

人老了，一年不如一年，真是每况愈下。

面目全非 miàn mù quán fēi 모습이 전혀 달라지다

仅仅两个多月，没有照看(zhàokàn 보살피다)，声乐演员就一个个都面目全非了。

明辨是非 míng biàn shì fēi 옳고 그름을 똑똑히 가리다

听完英模(yīngmó 영웅모범의 준말)报告，提高了学生们明辨是非的能力。

明争暗斗 míng zhēng àn dòu 음으로 양으로 싸우다

他们俩表面上是好朋友，但一直明争暗斗，互相拆台(chāitái 기반을 무너뜨리다)。

疲于奔命 pí yú bēn mìng 바빠서 숨돌릴 새도 없다

李自成所剩的人马不多，而且长期来疲于奔命，孤立无援。

破旧立新 pò jiù lì xīn 낡은 것을 타파하고 새로운 것을 세우다

革命成功以后，破旧立新刻不容缓(kèbùrónghuǎn 한시도 미룰 수 없다)。

奇形怪状 qí xíng guài zhuàng 괴상망측한 모양

群马乱舞，奇形怪状。

前仆后継 qián pū hòu jì 끊임없이 앞으로 도약해 나가다

无数革命先烈前仆后継，献出了宝贵的生命。

巧夺天工 qiǎo duó tiān gōng 기술이 매우 정교하다

中国的工艺品巧夺天工，誉满全球(yùmǎnquánqiú 명성을 전세계에 떨치다)。

青云直上 qīng yún zhí shàng 입신출세하다

谁都知道，赵局长这两年青云直上，颇为走红(zǒuhóng 운수가 트이다)。

穷乡僻壤 qióng xiāng pì rǎng 두메산골

过去的穷乡僻壤，现在呈现(chéngxiàn나타내다)一派欣欣向荣(xīnxīnxiàngróng 활기차다)的景象。

求之不得 qiú zhī bù dé 구하려고 해도 얻을 수 없다

这是求之不得的好机会。

人云亦云 rén yún yì yún 부화뇌동하다

要删去来稿中人云亦云的重复内容。

忍辱负重 rěn rǔ fù zhòng 큰 일을 위해 치욕을 참다

为了人民的利益，他甘愿(gānyuàn 진심으로 바라다)忍辱负重。

日理万机 rì lǐ wàn jī 정무가 번거롭고 바쁘다

校长日理万机，很辛苦。

融会贯通 róng huì guàn tōng 여러 가지 사리와 도리에 정통하다

他吸收了前人的艺术创作经验，融会贯通，形成了自己的独特风格。

如释重负 rú shì zhòng fù 몸과 마음이 홀가분하다

送他上路后，如释重负。

煞费苦心 shà fèi kǔ xīn 심혈을 고심하다

为孩子升学(shēngxué 진학하다), 就业, 家长煞费苦心。

山穷水尽 shān qióng shuǐ jìn 궁지에 빠지다

内无粮草, 外无援兵, 山穷水尽, 败局已定。

善始善终 shàn shǐ shàn zhōng 처음부터 끝까지 한결같이 잘하다

做任何事都要善始善终, 不要半途而废(bàntúérfèi 중도에 그만두다)或虎头蛇尾。

事半功倍 shì bàn gōng bèi 적은 노력으로 많은 효과를 거두다

巧干(qiǎogàn 기교있게 일을 하다)往往收到事半功倍的效果。

手舞足蹈 shǒu wú zú dǎo 너무 기뻐서 덩실덩실 춤을 추다

只见他高兴得手舞足蹈, 不知怎么是好了。

司空见惯 sī kōng jiàn guàn 자주 보아서 이상하게 여기지 않다

这种事司空见惯, 不值得大惊小怪(dàjīngxiǎoguài 크게 놀라다)。

死心塌地 sǐ xīn tā dì 죽을 때까지

一直死心塌地地研究这个问题。

所向无敌 suǒ xiàng wú dí 가는 곳마다 당할 자가 없다

这支部队英勇善战, 所向无敌。

天长日久 tiān cháng rì jiǔ 오랜 세월

由于水的侵蚀, 天长日久就形成了一个大溶洞(róngdòng 석회 동굴)。

天翻地覆 tiān fān dì fù 매우 소란스럽다

夫妻不和, 闹得个天翻地覆。

天南地北 tiān nán dì běi 아득히 멀리 떨어져 있는 지방

他在新疆, 我在上海, 天南地北, 多年未见。

听而不闻 tīn gér bù wén 들은 둥 만 둥하다

视而不见，听而不闻。

听而不闻

听其自然 tīng qí zì rán 되어가는 대로 내버려두다

厂领导应抓住苗头(miáotóu 상황)，予以(yǔyǐ ...을 주다)指导，不能凡事都听其自然。

听天由命 tīng tiān yóu mìng 천명에 따르다

我一向听天由命，顺其自然。

同仇敌忾 tóng chóu dí kài 공동의 적에 대하여 적개심을 불태우다

同仇敌忾，一致对外(dùiwài 외부에 대응하다)。

玩火自焚 wán huǒ zì fén 자업자득이다

侵略者胆敢(dăngăn 감히)挑起战争，必定是玩火自焚。

万不得已 wàn bù dé yǐ 정말 방법이 없다

不到万不得已，不会采取极端措施(cuòshī 조치)。

无所不在 wú suǒ bù zài 어디나 다 있다

矛盾的斗争无所不在。

五湖四海 wǔ hú sì hǎi 전국 각지

我们大家是来自五湖四海。

相得益彰 xiāng dé yì zhāng 상부상조하여 서로의 능력을 더욱 잘 보이게 하다

珠联璧合(zhūliánbìhé 출중한 인재들이 한데 모이다)，相得益彰。

心狠手辣 xīn hěn shǒu là 마음이 독하고 하는 짓이 악날하다

你要格外提防(dīfang 조심하다)，他这个人心狠手辣，什么事情都做得出来。

心惊肉跳 xīn jīng ròu tiào 놀라서 얼이 빠지다

匪徒(fěitú 비적)们听到同伙(tónghuǒ 패거리)被处决，个个心惊肉跳。

胸有成竹 xiōng yǒu chéng zhú 마음속에 이미 타산이 있다

明年的出版计划，总编辑早就胸有成竹了。

喧宾夺主

喧宾夺主 xuān bīn duó zhǔ 주객이 전도되다

这幅人物肖像(xiàoxiàng 초상)，画得背景复杂而又突出，未免(wèimiǎn …하다고 하지 않을 수 없다)喧宾夺主了。

悬崖勒马 xuán yá lè mǎ 위험에 직면해서야 정신을 차리고 돌아서다

劝告那些搞不正之风(bùzhèngzhīfēng 바르지 못한 기풍)的人，赶快悬崖勒马才是。

血口喷人 xuè kǒu pēn rén 악독한 말로 남을 중상모략하다

简直(jiǎnzhí 그야말로)是血口喷人!

鸦雀无声 yá què wú shēng 쥐죽은 듯 조용하다

整个考场鸦雀无声，考生都在专心答考卷(kǎojuàn 시험지)。

言传身教 yán chuán shēn jiào 말과 행동으로 모범을 보이다

指导员深入(shēnrù 깊이 파고들다)连队，言传身教，帮助战士们提高觉悟。

妖魔鬼怪 yáo mó gǔi guài 가지각색의 사악한 세력

你们这些妖魔鬼怪，想当初是多么凶恶，多么猖狂(chāngkuáng 난폭하다)啊!

夜郎自大 yè láng zì dà 좁은 식견에 제 잘났다고 뽐내다

你切不可夜郎自大。

一笔抹杀 yī bǐ mǒ shā 전부 부정하다

我们的工作有缺点，可也取得了不少成绩，不应当一笔抹杀。

一触即溃 yī chù jí kùi 맥없이 패하다

敌人一触即溃。

一鼓作气 yī gǔ zuò qì 힘이 가장 셀 때 단숨에 완성하다

大家一鼓作气，把四十亩白菜全装上了车。

一见如故 yī jiàn rú gù 처음 만남에서 의기 투합하다

在火车上，他们两个一见如故，谈得非常投机(tóujī 의기투합하다)。

一气呵成 yī qì hē chéng 단숨에 일을 해치우다

他的双杠(shuānggàng 평행봉)动作，一气呵成，得了满分(mǎnfèn 만점)。

与人为善 yǔ rén wéi shàn 좋은 뜻을 가지고 남을 돕다

怎么能这么说呢? 对自己的同志，要与人为善。

真凭实据 zhēn píng shí jù 확시한 증거

你拿出真凭实据来，才令人信服。

知法犯法 zhī fǎ fàn fǎ 법을 알면서 고의로 법을 위반하다

当官的受贿(shòuhùi 뇌물을 받다)，是知法犯法。

趾高气扬 zhǐ gāo qì yáng 의기양양하다

啊Q从城里回来，就趾高气扬地看不起乡下人(xiāngxiàrén 시골사람)了。

转弯抹角 zhuǎn wān mǒ jiǎo 말이나 일을 확실히 하지 못하다

有话直说，别转弯抹角。

转危为安 zhuǎn wēi wéi ān 위험한 상태를 벗어나 안전하게 되다

经医生悉心(xīxīn 정성을 다하다)抢救，病人已转危为安。

足智多谋 zú zhì duō móu 지혜가 풍부하고 계략이 많다

要说足智多谋，谁比不上他。

罪有应得 zùi yǒu yīng dé 벌을 받아 마땅하다

他被判刑(pànxíng 판결을 받다)是罪有应得。

爱莫能助 ài mò néng zhù 비록 마음속으로 도와주려고 해도 힘이 미치지 못하다

考取考不取凭的是成绩，别人爱莫能助。

昂首阔步 áng shǒu kuò bù 활개치며 씩씩하게 나아가다

中国人民正昂首阔步地向四个现代化进军。

白纸黑字 bái zhǐ hēi zì 기정사실이다

白纸黑字，抵赖(dǐlài 발뺌하다)是没有用的。

半夜三更 bàn yè sān gēng 한밤중

你半夜三更来找我，到底有什么急事？

卑躬屈膝 bēi gōng qū xī 비굴할 정도로 자기를 낮춰 아첨하다

他对上司那副卑躬屈膝的样子，叫人看了恶心(ěxīn 구역질나다)。

悲欢离合 bēi huān lí hé 슬픔과 이별，이별과 만남 등의 갖가지 경우

人有悲欢离合，月有阴晴圆缺。

背井离乡 bèi jǐng lí xiāng 고향을 등지고 떠나다

老华侨从小背井离乡，在外国生活了几十年，去年才回来。

避重就轻 bì zhòng jiù qīng 중요한 것은 피하고 지엽적인 것을 채택하다

在工作中他总是挑挑拣拣(tiāotiāojǎnjiǎn 이것저것 자기에게 이로운 것만 고르다)，避重就轻。

别具一格 bié jù yī gé 이채를 띠다

他的文章别具一格，很受读者欢迎。

别有风味 bié yǒu fēng wèi 독특한 취미와 특색이 있다

这里有小桥，流水，还有几间农舍，真是别有风味。

不可收拾 bù kě shōu shí 수습할 수 없다

盖厂房首先要打好地基(dìjī 지반)，地基打不好，一出问题就不可收拾了。

不求甚解 bù qiú shèn jiě 깊이 파고들지 않다

读书不求甚解，只懂得皮毛(pímáo 피상적인 것)，那怎么行?

不闻不问 bù wén bù wèn 매사에 관심이 없다

这件事关系重大，岂能不闻不问?

步步为营 bù bù wéi yíng 행동을 신중히 하고, 방비를 철저히 하다

我们公司竞争对手太多，只可采取步步为营的方针，不能冒进(màojìn 무모하게 뛰어들다)。

茶余饭后 chá yú fàn hòu 차를 마시거나 밥먹은 후의 한가한 휴식시간

这些闲篇儿(xiánpiānr 잡담)，茶余饭后再扯(chě 말하다)吧。

成家立业 chéng jiā lì yè 결혼하여 독립하다

他已经不是小孩子，早已成家立业了。

出奇制胜 chū qí zhì shèng 상대방이 생각하지 못한 방법으로 승리하다

他是一位出奇制胜，善于用兵的军事指导员。

从长计议 cóng cháng jì yì 신중하게 결정하다

这个问题，事关重大，要从长计议。

存而不论 cún ér bù lùn 문제를 잠시 보류하고 당분간 논하지 않다

此事可存而不论。

胆大包天 dǎn dà bāo tiān 매우 대담하다

目无法纪，真是胆大包天。

刀山火海 dāo shān huǒ hǎi 매우 험악하고 위험한 곳

为革命他刀山火海也敢闯(chuǎng 돌입하다)。

掉以轻心 diào yǐ qīng xīn 경솔한 태도를 취하다

这个问题要认真(rènzhēn 진지하게)对待，绝不能掉以轻心。

东倒西歪 dōng dǎo xī wāi 물건이 기울어져 넘어가고 있는 모양

东倒西歪的破土房。

丰衣足食 fēng yī zú shí 살림이 넉넉하다

自己动手(dòngshǒu 일하다), 丰衣足食。

甘拜下风 gān bài xià fēng 진심으로 탄복하다

他爬山的本领(běnlǐng 능력), 谁也比不上, 我甘拜下风。

高瞻远瞩 gāo zhān yuǎn zhǔ 멀리 앞을 내다보다

政治领袖需要高瞻远瞩, 才能带领(dàilǐng 이끌다)群众前进。

各有千秋 gè yǒu qiān qiū 사람마다 다 제각기 자기의 장기를 가지고 있다

这两位美术家的绘画都非常好, 画法各有千秋。

狗急跳墙 gǒu jí tiào qiáng 궁지에 든 쥐가 고양이를 물다

人急造反(zàofǎn 반역하다), 狗急跳墙。

广开言路 guǎng kāi yán lù 누구나 다 말할 수 있는 길을 널리 열어주다

广开言路, 整饬(zhěngchì 정돈하다)纲纪。

呼风唤雨 hū fēng huàn yǔ 소동을 일으키다

他通过联络员传达指示, 呼风唤雨。

花枝招展 huā zhī zhāo zhǎn 부녀자가 아름답게 꾸미다

这群女孩子一个个打扮(dǎbàn 화장하다)得花枝招展。

欢蹦乱跳 huān bèng luàn tiào 건강하고 활발하며 생명력이 왕성하다

孩子们欢蹦乱跳地簇拥(cùyōng 떼지어 둘러싸다)着阿姨。

缓兵之计 huǎn bīng zhī jì 시간을 얻자는 지연책

别中(zhòng 속다)了敌人的缓兵之计。

昏头昏脑 hūn tóu hūn nǎo 정신이 얼떨떨하다

这一跤直跌得他昏头昏脑，爬不起来。

浑水摸鱼 hún shǔi mō yú 혼란한 틈을 타서 한 몫 보다

有的人表面上来凑热闹(còurènào 함께 떠들썩하게 즐기다)，实际上是浑水摸鱼。

货真价实 huò zhēn jià shí 물건도 좋고 값도 싸다

货真价实，童叟无欺(tóngsǒuwúqī 노인이나 어린이도 속이지 않는다)。

鸡毛蒜皮 jī máo suàn pí 사소하고 보잘것 없는 일

这些鸡毛蒜皮的事，不值得大惊小怪。

将计就计 jiāng jì jiù jì 상대방의 계략을 역이용하여 상대방을 공격하다

不如将计就计，先跟敌人周旋(zhōuxuán 상대하다)，再伺机(sìjì 기회를 엿보다)突围(tūwéi 포위를 뚫다)。

皆大欢喜 jiē dā huān xǐ 모두 몹시 기뻐하다

劳动果实，劳动者人人都有分儿(yǒufènr 몫이 있다)，皆大欢喜。

借题发挥 jiè tí fā hūi 다른 소재를 빌어 이야기함으로써 자기의 진정한 의사를 표현하다

今天他一再讲解放思想，显然是借题发挥，以为我们都是保守派。

尽善尽美 jìn shàn jìn měi 매우 완벽하여 결점이 없다

任何新生事物都不可能是尽善尽美的。

救死扶伤 jiù sǐ fú shāng 죽음에 처한 사람을 구조하고 부상자를 돌보다

救死扶伤是医务工作者的责任。

扣人心弦 kòu rén xīn xián 심금을 울리다

字字句句，扣人心弦。

苦死冥想 kǔ sǐ míng xiǎng 골똘히 생각하다

不到实际中去调查，光靠少数人苦思冥想，是解决不了问题的。

溃不成军 kùi bù chéng jūn 군대가 패배하여 대오를 이루지 못하다

把敌人打得几乎溃不成军。

灵丹妙药 líng dān miào yào 영험하고 효력있는 신기한 영약

世上哪里有什么灵丹妙药！

马不停蹄 mǎ bù tíng tí 잠시도 쉬지 않고 계속 나아가다

他们马不停蹄，人不歇脚，直走到天明。

满载而归 mǎn zài ér gūi 큰 수확을 거두고 돌아오다

从娘家(niángjiā 친정)满载而归。

美中不足

美中不足 měi zhōng bù zú 옥에 티

这顿饭，美中不足的是汤有点儿咸。

面黄肌瘦 miàn huáng jī shòu 영양이 부족하거나 병이 나다

看这孩子面黄肌瘦的。

面目一新 miàn mù yī xīn 모양이 아주 새롭게 되다

经过治理整顿，全市面目一新。

名正言顺 míng zhèng yán shùn 명분이 정당하면 말도 이치에 맞는다

咱们有营业执照(zhízhào 면허)，买卖做得名正言顺。

呕心沥血 ōu xīn lì xuè 심혈을 기울이다

几十年来他呕心沥血，写了一千多万字的作品。

盘根错节 pán gēn cuò jié 상황이 매우 복잡하다

封建势力盘根错节，不用极大的力量是无法消除(xiāochú 제거하다)的。

庞然大物 páng rán dà wù 표면상 거대한 물건

犯罪团伙(tuánhuǒ 집단)的头目看起来是个庞然大物，其实做贼心虚(zuòzéixīnxū 도둑이 제발 저리다)，软弱得很。

抛头露面 pāo tóu lù miàn 공공연히 모습을 나타내다

他不甘寂寞(bùgānjìmò 외로움을 이기려하지 않다), 很喜欢抛头露面。

皮开肉绽 pí kāi ròu zhàn 피부가 찢기고 터지다

他被打得皮开肉绽, 遍体鳞伤(biàntǐlínshāng 온 몸이 상처투성이 이다)。

迫不得已 pò bù dé yǐ 절박하여 어쩔 수 없다

如果不是迫不得已, 谁愿意离家出走呢?

奇耻大辱 qí chǐ dà rǔ 크나큰 치욕

这真是奇耻大辱。

气急败坏 qì jí bài huài 노엽거나 다급하여 정신을 못차리다

他一向很斯文(sīwén 점잖다), 今天却一反常态(yīfǎnchángtài 평상시와 완전히 다르다), 气急败坏, 暴跳如雷(bàotiàorúléi 야단법석을 피우다)。

气壮山河 qì zhuàng shān hé 높은 산, 큰 강처럼 기세가 웅장하다

在中国, 到处可以看到气壮山河的英雄业绩。

前无古人 qián wú gǔ rén 지금까지 그 누구도 해본 적이 없다

解放了的人民完全能够做出前无古人的奇迹。

前仰后合 qián yǎng hòu hé (웃을 때) 몸을 앞뒤로 흔들다

这位著名的相声(xiàngshēng 만담)演员只要一开口, 观众常常就笑得前仰后合。

穷兵黩武 qióng bīng dú wǔ 무력을 남용하여 전쟁을 일삼다

穷兵黩武不会有好下场(xiàchǎng 결과)。

穷途末路 qióng tú mò lù 궁지에 빠지다

这一伙人如今已是穷途末路, 无依无靠(wúyīwúkào 의지할 데가 하나도 없다)。

人定胜天 rén dìng shèng tiān 사람의 능력은 대자연을 이긴다

虽有困难, 只要努力去做, 人定胜天。

仁至义尽 rén zhì yì jìn 모든 성의를 다하다

对待犯了严重错误的人，他也总是关心，帮助，做到仁至义尽。

如出一辙 rú chū yī zhé 판에 박은 듯하다

这个故事所宣扬的封建思想和那本庸俗(yōngsú 저속하다)小说如出一辙。

三令五申 sān líng wǔ shēn 여러번 명령하다

国家三令五申，不准滥伐林木。

少见多怪 shǎo jiàn duō guài 견문이 좁아 모든 것이 신기해 보이다

世界之大无奇不有(wúqíbùyǒu 가지각색의 기묘한 것이 다 있다)，别少见多怪。

舍己为人 shě jǐ wèi rén 남을 위해 자기의 이익을 버리다

雷锋大公无私，处处舍己为人。

深谋远虑 shēn móu yuǎn lǜ 계획이 주도면밀하고 생각이 원대하다

这个部门的领导深谋远虑，培养了很多跨(kuà 뛰어넘다)世纪的建设人才。

生死攸关 shēng sǐ yōu guān 생사존망에 관계되다

这是生死攸关的大事，不能走漏(zǒulòu 누설하다)一点消息。

盛气凌人 shèng qì líng rén 매우 거만스럽다

他待人和蔼(héǎi 상냥하다)，从不盛气凌人。

适得其反 shì dé qí fǎn 결과가 바라는 바와 정반대가 되다

拔苗助长(bámiáozhùzhǎng 급히 서두르다 오히려 일을 그르치다)，适得其反。

事在人为 shì zài rén wéi 일의 성공 여부는 사람의 노력에 달려있다

他坚信(jiānxìn 굳게 믿다)，事在人为，只要努力干下去，总会取得胜利。

手足无措 shǒu zú wú cuò 매우 당황하여 어찌해야 좋을지 모르다

大家你一言我一语，把这个老实人(lǎo3shíren 온순한 사람)弄得手足无措。

束手束脚 shù shǒu shù jiǎo 담이 작고 생각하는 것이 많다

要大胆开展工作，不要束手束脚。

述而不作 shù ér bù zuò 다른 사람의 학술을 천술할 뿐 자신의 창견은 집어넣지 않다

这是孔子引用了别人的话，而又附和了别人的话，用别人的话来加重自己的说法。这是春秋战国时常用的办法，都说述而不作，实在是自我作古。

水到渠成 shǔi dào qú chéng 조건이 성숙되면 일은 자연히 이루어진다

工人们早想推广(tūiguǎng 보급하다)这项新技术，只要领导一点头(diǎntóu 승인하다)，自然就水到渠成。

水落石出 shǔi luò shí chū 일의 진상이 밝혀지다

我们一定要把这事弄个水落石出。

水涨船高 shǔi zhǎng chuán gāo 사물이 주위 환경이 향상됨에 따라 같이 향상된다

国家富裕了，人民的生活水平就会水涨船高。

昙花一现 tán huā yī xiàn 사람 혹은 사물이 덧없이 사라지다

如不継续努力，难免成为昙花一现的人物。

天诛地灭 tiān zhū dì miè 지은 죄가 커서 하늘과 땅이 용서하지 않다

"人不为己，天诛地灭"的腐朽思想，指使(zhǐshǐ 교사하다)他走上犯罪的道路。

恬不知耻 tián bù zhī chǐ 뻔뻔스럽고 수치를 모르다

他贪污(tānwū 횡령하다)受贿后，还恬不知耻地要求别人替他说情(shuōqíng 인정에 호소하다)。

铤而走险 tǐng ér zǒu xiǎn 모험을 마다하지 않다

像这种铤而走险的人有几个有好结果的!

同流合污 tóng liú hé wū 못된 놈들과 한 패가 되어 나쁜 짓을 하다

切勿(qièwù 절대...하지 마라)跟那帮人同流合污。

涂脂抹粉 tú zhī mǒ fěn 악인이 본래 모습을 감추고 넘을 속이다

那些道貌岸然(dàomàoànrán 도덕 군자인양 얌전을 빼다)的伪君子，害了人还要往自己脸上涂脂抹粉。

万马齐喑 wàn mǎ qí yīn 모든 사람이 침묵한 채 말하지 않다

打破万马齐喑的局面。

危在旦夕

危在旦夕 wēi zài dàn xī 매우 위급하다

孤城无援，危在旦夕。

瓮中之鳖 wēng zhōng zhī biē 독안에 든 쥐

敌人已成了瓮中之鳖，不好攻击时围着算了。

无声无臭 wú shēng wú xiù 세상에 알려지지 않다

他无声无臭地度过了一生。

无所适从 wú suǒ shì cóng 누구의 말을 믿어야 좋을지 모르다

你这样说，他那样说，倒叫我无所适从了。

无所事事 wú suǒ shì shì 아무일도 하는 것이 없다

找朋友谈谈，也比关在家里无所事事的好。

无微不至 wú wēi bù zhì 관심이나 보살핌이 매우 세밀하고 두루 미치다

母亲对孩子的关怀照料(guānhuáizhàoliào 보살피다)，真是无微不至。

无与伦比 wú yǔ lún bǐ 탁월하다

他在文学上的成就是无与伦比的。

习以为常 xí yǐ wéi cháng 버릇이 되어 예사로운 일로 되다

这种作风别人都习以为常，可是他却看不惯(kànbuguàn 익숙하지 않다)。

喜笑颜开 xǐ xiào yán kāi 얼굴에 웃음꽃이 피다

个个喜笑颜开，欢迎新来的伙伴(huǒbàn 동료)。

细水长流 xì shǔi cháng liú 절약해 사용하여 항상 부족함이 없다

居家过日子开支(kāizhī 지출)要有计划，细水长流才行。

下不为例 xià bù wéi lì 이번만 단지 융통하다

只此一遭，下不为例。

先入为主 xiān rù wéi zhǔ 선입관에 사로잡히다

你不要先入为主，了解清楚了再做结论。

心旷神怡 xīn kuàng shén yí 마음이 트이고 기분이 유쾌하다

春色满园，置身其中，令人心旷神怡。

心直口快 xīn zhí kǒu kuài 성격이 시원스럽고 솔직하여 입바른 소리를 잘하다

他心直口快，从不转弯抹角。

信口雌黄 xìn kǒu cí huáng 사실을 무시하고, 입에서 나오는 대로 함부로 지껄이다

他说的这些话毫无(háowú 전혀…없다)根据，信口雌黄。

信口开河 xìn kǒu kāi hé 입에서 나오는 대로 거침없이 지껄이다

你别听他信口开河。

虚怀若谷 xū huái ruò gǔ 대단히 겸허하다

他虚怀若谷，博采众议(bócǎizhòngyì 널리 여러 사람의 의견을 수렴하다)，集中了大家的有益经验。

轩然大波 xuān rán dà bō 큰 파문

没想到一点点小事竟酿成(niàngchéng 점차 조성되다)了轩然大波。

烟消云散 yān xiāo yún sàn 사물이 종적없이 깨끗이 사라지다

听完他的解释，大家的疑虑都烟消云散了。

言不由衷 yán bù yóu zhōng 속에 없는 소리를 하다

那种口是心非(kǒushìxīnfēi 겉과 속이 다르다)，言不由衷的虚假作风是必须坚决反对的。

延年益寿 yán nián yì shòu 장수하다

生命在于运动，运动可以延年益寿。

一臂之力 yī bì zhī lì 보잘것 없는 힘

助你一臂之力。

一唱一和 yī chàng yīhé 맞장구를 치다

他们两个人在会上一唱一和，简直是演双簧(yǎnshuānghuáng 쌍방이 짜고 연극하다)。

一丘之貉 yī qiú zhī hé 한통 속의 나쁜 놈

军阀跟官僚是一丘之貉。

一纸空文 yī zhǐ kōng wén 휴지화된 문서 조각

公司解散了，前几天订的工作计划成了一纸空文。

义不容辞 yì bù róng cí 의리상 거절할 수 없다

保卫祖国，义不容辞。

与世长辞 yǔ shì cháng cí 세상을 떠나다

陈老师昨晚与世长辞，同学们个个悲痛万分(wànfēn 매우)。

载歌载舞 zài gē zài wǔ 노래도 하고 춤도 추다

广场上人们载歌载舞，欢迎贵宾。

瞻前顾后 zhān qián gù hòu 앞뒤를 너무 재어 우유부단하다

这样瞻前顾后，犹豫不决(yóuyùbùjué 우유 부단하다)，还能有什么作为。

斩草除根 zhǎn cǎo chú gēn 후환을 남겨놓지 않다

斩草除跟，不把病根拔了，你的身体好不了。

张牙舞爪 zhāng yá wǔ zhǎo 이를 드러내고 발톱을 치켜세우다

有话好说，别那么张牙舞爪的。

走马上任 zǒu mǎ shàng rèn 취임하다

他接到调令(diàolìng 전근 명령)后就走马上任。

爱不释手 ài bù shì shǒu 매우 아껴서 손을 떼지 못하다

他喜欢看小说, 拿起一本来就爱不释手。

八仙过海 bā xiān guò hǎi 제각기 자기 솜씨를 보이다

八仙过海, 个显神通。

班门弄斧 bān mén nòng fǔ 공자 앞에서 문자 쓴다

在大学者面前谈论治学之道, 岂不是班门弄斧?

饱经风霜 bǎo jīng fēng shuāng 온갖 시련을 다 겪다

过去几十年, 他饱经风霜。

饱食终日 bǎo shí zhōng rì 하루종일 무위도식하다

大家都在抓紧(zhuājǐn 힘을 쏟다)工作, 争取提前完成生产任务, 他却饱食终日, 无所用心。

逼上梁山 bī shàng liáng shān 그렇게 할 수 밖에 없다

历史上的农民起义, 可以说是逼上梁山的。

闭门造车 bì mén zào chē 객관적인 현실을 고려하지 않고 제 주관대로 하다

不去调查研究, 蹲(dūn 웅크리고 앉다)在机关里做计划, 这不是闭门造车吗?

表里如一 biǎo lǐ rú yī 사상과 언행이 완전히 일치하다

做人(zuòrén 사람이 되다)应当言行一致, 表里如一。

兵荒马乱 bīng huāng mǎ luàn 전시에 세상이 어수선하다

那时兵荒马乱, 人民的生活困苦不堪(bùkān 차마...할 수 없다)。

不白之冤 bù bái zhī yuān 깨끗이 씻어 버릴 수 없는 억울한 누명

他蒙受(méngshòu 당하다)不白之冤二十年之久，今天终于昭雪(zhāoxuě 누명을 벗고 명예를 회복하다)。

不成体统 bù chéng tǐ tǒng 체통이 안 서다

你坐着，让老人在一旁站着，实在是不成体统。

不寒而栗 bū hán ér lì 대단히 두려워하다

这次灾害使国家损失数亿元，造成数百人死亡，令人不寒而栗。

不亦乐乎 bù yì rè hū 사태가 극한 정도에 이르다

大伙儿听了这个好消息，高兴得不亦乐乎。

不自量力 bù zì liàng lì 주제넘다

如此狂妄，太不自量力了。

察言观色 chá yán guān sè 상대방의 말과 안색을 살펴보고 그 의중을 헤아리다

老王在一旁察言观色，想弄清(nòngqīng 잘 알다)他说的是不是真心话。

长此以往 cháng cǐ yǐ wǎng 항상 이대로 나아가다

常此以往，国将不国。

车水马龙 chē shǔi mǎ lóng 거마의 왕래가 잦다

门前车水马龙，人来人往，非常热闹(rènao 떠들썩거리다)。

趁火打劫

陈词滥调 chén cí làn diào 케케묵은 소리

这篇文章一点新意也没有，从头至尾都是陈词滥调。

趁火打劫 chèn huǒ dǎ jié

남이 위급한 때를 틈타서 한 몫 보다

在别人万分危急的情况下勒索(lèsuǒ 협박하여 재물을 강탈하다)钱财，这真是趁火打劫。

承前启后 chéng qián qǐ hòu 선인들의 뒤를 이어받아 계속 발전시키다

他的每一句都须起承前启后的作用，以便发生前后呼应的效果。

嗤之以鼻 chī zhī yǐ bí 남을 깔보고 비웃다

这一点儿钱，他会嗤之以鼻的。

持之有故 chí zhī yǒu gù 견해나 주장에 일정한 근거가 있다

言之成理(yánzhīchénglǐ 말에 일리가 있다)，持之有故。

赤膊上阵 chì bó shàng zhèn 무모하게 일을 처리하다

要学会壕堑战(háoqiànzhàn 참호전)，千万别赤膊上阵。

充耳不闻 chōng ěr bù wén 들은 체 만체 하다

对于群众的呼声(hūshēng 부르는 소리)难道能充耳不闻吗?

出尔反尔 chū ěr fǎn ěr 이랬다 저랬다 하다

言不由衷，出尔反尔。

出人意料 chū rén yì liào 예상을 뛰어 넘다

有这样的事，真是太出人意料了。

出头露面 chū tóu lù miàn 얼굴을 내밀고 일을 하다

这种场合(chǎnghé 경우)，由他出头露面比较合适(héshi 적합하다)。

穿针引线 chuān zhēn yǐn xiàn 남과 관계를 맺다

这件事都是他穿针引线才办成的。

唇齿相依 chún chǐ xiāng yī 관계가 밀접하여 서로 의지하다

我们两国人民唇齿相依，患难与共(huànnànyǔgòng 환난을 함께 하다)。

绰绰有余 chuò chuò yǒu yú 아주 넉넉하다

以你的才干，别说(biéshuō ...은 물론)是管一个小厂，就是管一个大厂，也绰绰有余。

摧枯拉朽 cūi kū lā xiǔ 식은 죽 먹기다

这场革命摧枯拉朽，扫荡了封建势力。

打草惊蛇 dǎ cǎo jīng shé

경솔한 행동으로 계획・책략 따위가 사전에 누설되어 상대방을 경계하게 하다

切不可打草惊蛇，误了大事!

大材小用 dà cái xiǎo yòng 큰 인재가 썩다

让他干这种工作真有点大材小用。

大吹大擂 dà chūi dà léi 과대 선전하다

事情还没有办成，他就先大吹大擂起来了。

大失所望 dà shī suǒ wàng 크게 실망하다

球赛因故(yīngù 사정으로 인하다)临时取消，球迷(qiúmí 팬)们大失所望。

大庭广众 dàtíng guǎng zhòng 대중이 모인 공개적인 장소

他好在大庭广众中高谈阔论。

大相径庭 dà xiāng jìng tíng 현저한 차이가 있다

双方的主张大相径庭，无法调和(tiáohé 조정하다)。

大义凛然 dà yì lǐn rán 정의롭고 늠름하다

面对敌人屠刀(túdāo 칼)，女英雄大义凛然，视死如归(shìsǐrúgūi 희생을 두려워하지 않다)。

当头一棒 dāng tóu yī bàng 정수리에 일침을 가하다

张老师的话犹如当头一棒，使张明猛然醒悟(xǐngwù 깨닫다)。他决心以后好好学习，不再辜负(gūfu 저버리다)师长们的期望。

德高望重 dé gāo wàng zhòng 덕성과 명망이 높다

苏教授学识渊博(yuānbó 깊고 넓다)，德高望重，大家都希望他当校长。

灯红酒绿 hóng dēng jiǔ lǜ 사치스럽고 방탕한 생활

宴席上灯红酒绿，纸醉金迷(zhǐzùijīnmí 호화롭고 사치스런 생활에 빠지다)的气氛只能使他感到窒息。

低声下气 dī shēng xià qì 공손하고 조심하는 모양

不是出于无奈(wúnài 달리 방법이 없다)，谁肯低声下气去求人。

调虎离山 diào hǔ lí shān

적을 유리한 장소나 진지로부터 유인해 내어 그 허점을 이용하여 공략하다

在这关键一战中，我军采用了调虎离山之计，一举攻克(gōngkè 점령하다)了敌人的老巢(lǎocháo 소굴)。

东山再起 dōng shān zài qǐ 재기하다

传说拿破伦的政敌怕他东山再起，所以用毒物将他害死(hàisǐ 해치다)。

动人心弦 dòng rén xīn xián 심금을 울리다

她那柔美婉转(wǎnzhuǎn 은근하다)的歌声，实在动人心弦，一曲终了，全场报以(bàoyǐ 보답하다)热烈的掌声。

独当一面 dú dāng yī miàn 독자적으로 어느 한 부분을 담당하다

他业务能力提高很快，如今已能独当一面了。

独具匠心 dú jù jiàng xīn 독창성을 띠다

他极善于抓住瞬间感受(gǎnshòu 느낌)，把人人见得熟悉(shúxı 익숙하다)的平凡现象，独具匠心地画得妙趣横生。

方兴未艾 fāng xīng wèi ài 이제 막 한창이다

我们几个人希望大学毕业之后能投人到方兴未艾的浦东开发建设中去。

粉墨登场 fěn mò dēng chǎng 분장을 하고 무대에 등장하다

在"文革"中，"四人帮"粉墨登场，干尽了坏事。

风调雨顺 fēng tiáo yǔ shùn 비바람이 순조롭다

风调雨顺，天下太平。

风言风语 fēng yán fēng yǔ 근거없는 소문

要相信事实，不要听风言风语。

风雨飘摇 fēng yǔ piāo yáo 시국이 매우 불안정하다

社会动荡，风雨飘摇，百姓生活很不安宁。

奉公守法 fèng gōng shǒu fǎ 공무를 중히 여기고 법을 준수하다

每一个公民都应该奉公守法。

俯首帖耳 fǔ shǒu tiē ěr 비굴하게 굽실거리다

他在主子(zhǔzi 주인)面前俯首帖耳的样子真叫人恶心。

感激涕零 gǎn jī tì líng 감격하여 눈물을 흘리다

得到主子的赏识(shǎngshí 알아주다)，他感激涕零。

高人一等 gāo rén yī děng 다른 사람에 비해 뛰어나다

他自以为高人一等，盛气凌人。

高山流水 gāo shān liú shuǐ 음악이 고상하고 오묘하다

他演奏的这首乐曲高山流水一般，非常优美动听(dòngtīng 듣기 좋다)，令人赞叹不已(bùyǐ …해 마지 않다)。

孤芳自赏 gū fāng zì shǎng 독선적이다

在学术研究中，即使取得了成绩，也不要孤芳自赏，否则不利于水平的提高。

光怪陆离 guāng guài lù lí 형상이 기이하고 색채가 다양하다

光怪陆离的海洋生物，通过电视展现在人们的眼前，令人大开眼界(dàkāiyǎnjiè 시야를 넓히다)。

海阔天空 hǎi kuò tiān kōng 끝없이 넓다

晚上熄灯(xīdēng 불을 끄다)以后，大家还在海阔天空地闲聊(xiánliáo 잡담하다)，毫无睡意。

汗马功劳 hàn mǎ gōng láo 전쟁에서 세운 공로

朱建华三破世界跳高(tiàogāo 높이뛰기)记录，为我国的体育事业立下了汗马功劳。

和衷共济 hé zhōng gòng jì 마음을 합쳐 서로 도와 곤란을 극복하다

只要大家和衷共济，团结一致，就有光明的前途。

何去何从 hé qù hé cóng 어느 길로 갈 것인가

目前的局势十分严峻，在战与和的问题上何去何从，我们要当机立断(dāngjīlìduàn 과단성 있다)。

横七竖八 héng qī shù bā 무질서하게 널려있는 모양

满架的图书直堆得横七竖八。

后会有期 hòu huì yǒu qī 후에 또 만납시다

你我后会有期，珍重珍重(zhēnzhòng 몸을 소중히 하다)!

话里有话 huà lǐ yǒu huà 말 속에 또 다른 뜻이 있다

我听他话里有话，也就不便再问了。

化险为夷 huà xiǎn wéi yí 위험한 상대를 평온하게 하다

小船在风浪中倾斜，江水人船，大家十分惊慌，幸亏(xìngkūi 다행이)船夫竭力(jiélì 힘을 다하다)稳住船身，又指挥大家舀(yǎo 물을 뜨다)出积水，才化险为夷。

画饼充饥 huà bǐng chōng jī 상상이나 공상으로 스스로 위로하다

不想法子挣钱(zhèngqián 돈을 벌다)，却坐在家里想人家会来接济(jiējì 구제하다)我们，这不是画饼充饥吗?

患得患失 huàn dé huàn shī 개인의 이해득실만 따지다

干事业需要一股闯劲(chuǎngjìn 추진력)，老是患得患失的，不可能成功。

挥金如土 huī jīn rú tǔ 돈을 물 쓰듯 하다

这个挥金如土的公子哥儿(gōngzǐgēr 부자집 자제), 很快败光了全部家产, 沦为(lúnwéi ...에 빠지다)乞丐(qǐgài 거지)。

活灵活现 huó líng huó xiàn 매우 생동적이다

她扮演(bànyǎn ...의 역을 맡다)的角色惟妙惟肖(wéimiàowéixiào 아주 생동감이 넘치다), 活灵活现, 深受观众喜爱。

急中生智 jí zhōng shēng zhì 다급한 때에 좋은 생각이 떠오른다

敌人来搜查, 他急中生智, 想出了一条脱身(tuōshēn 몸을 빼다)的妙计。

挤眉弄眼 jǐ méi nòng yǎn 눈짓하다

他向我挤眉弄眼, 好象暗示什么。

既往不咎 jì wǎng bù jiù 과거의 잘못을 묻지 않는다

既往不咎, 不过以后再发现有人在工作时间干私活(sīhuó 사적인 일)要严肃处理。

假公济私 jiǎ gōng jì sī 공적인 이름을 빌어 사적인 이익을 챙기다

有些人利用手中的权利, 假公济私, 很不应该。

见缝插针 jiàn fèng chā zhēn 이용할 수 있는 시간이나 공간을 모두 이용하다

小萍利用课余(kèyú 과외)时间, 见缝插针, 在一个月之内读完了一部长篇小说。

见义勇为

见义勇为 jiàn yì yǒng wéi 정의를 보고 용감하게 뛰어들다

一群中学生见义勇为, 协助民警抓住了歹徒(dǎitú 악당)。

矫揉造作 jiaǒ róu zào zuò 어색하다

有的人讲话, 一开口就咬文嚼字(yǎowénjiáozì 어려운 문자를 쓰다), 给人一种矫揉造作的感觉。

节衣缩食 jié yī suō shí 절약하다

这对老夫妇节衣缩食，把省(shěng 아끼다)下来的钱供子女上大学。

借刀杀人 jiè dāo shā rén 남을 이용하여 사람을 해치다

这个人心狠手辣，诡计多端(guǐjìduōduān 간교한 꾀가 많다)，惯于借刀杀人，你们一定要小心。

筋疲力尽 jīn pí lì jìn 기진맥진하다

一天工作下来，已经是筋疲力尽了。

九宵云外 jiǔ xiāo yún wài 까마득히 먼 곳

这件小事，他早就抛(pāo 던지다)到九宵云外，忘得一干二净(yīgānèrjìng 깨끗하다)了。

开源节流 kāi yuán jié liú 재정 경제상 수입을 증가시키고 지출을 절약하다

围绕(wéirào 둘러 싸다)着经济调整这个中心任务，各行各业都要开源节流。

看风使舵 kàn fēng shǐ duò 정세의 변화를 보아가며 행동하다

他最会看风使舵了。

旷日持久 kuàng rì chí jiǔ 헛되이 시일을 보내면서 오래 끌다

旷日持久地拖延(tuōyán 질질끌다)下去于事无补，还是想方设法(xiǎngfāngshèfǎ 방법을 강구하다)尽快解决问题吧。

狼子野心 láng zǐ yě xīn 흉폭한 야심

帝国主义的伪善面貌，不能掩盖(yǎngài 가리다)其称霸(chēngbà 패권을 잡다)世界的狼子野心。

老成持重 lǎo chéng chí zhòng 노련하고 신중하다

这个小青年精明能干(jīngmíngnénggàn 총명하고 능력있다)，老成持重，叫他办事可以放心。

老奸巨猾 lǎo jiān jù huá 매우 교활하고 간사하다

别看他表面上一副老实相，其实他是个老奸巨猾的家伙。

老态龙钟 lǎo tài lóng zhōng 늙어서 동작이 부자유스럽다

俗话说：“人老先从脚开始。” 他发现自己的步履(bùlǚ 발걸음)日益变得沉重(chénzhòng 무겁다)，真有点老态龙钟的样子了。

老羞成怒 lǎo xiū chéng nù 너무 부끄럽던 나머지 성을 내다

这话刺到了他的痛处(tòngchù 아픈 곳)，他顿时(dùnshí 갑자기)老羞成怒。

理屈词穷 lǐ qū cí qióng 이치가 통하지 않아 말문이 막히다

最后他理屈词穷，只好交足罚款，灰溜溜(hūiliūliū 풀이 죽다)地走开。

力挽狂澜 lì wǎn kuáng lán 그릇된 경향을 애써 바로 잡다

聂卫平力挽狂澜，连连获胜(huòshèng 이기다)，使中国队又一次取得了中日围棋擂台赛(lèitáisài 겨루기 시합)的最后胜利。

连篇累牍 lián piān lěi dú 쓸데없이 문장이 장황하다

写日记，要拣一天中最紧要(jǐnyào 중요하다)最有感触(gǎnchù 느낌)的事写，不必连篇累牍，把什么都写进去。

恋恋不舍 liàn liàn bù shè 아쉬움에 헤어지지 못하다

我们历代的文人学士，对于江南总是念念不忘(niànniànbùwàng 마음에 새겨 잊지 않다)，恋恋不舍。

两败俱伤 liǎng bài jù shāng 싸운 쌍방이 모두 손상을 입다

如果发生械斗(xièdòu 무기를 가지고 싸우다)，肯定两败俱伤。

两袖清风 liǎng xiù qīng fēng 관리가 청렴결백하다

我们的周总理，粗茶淡饭(cūchádànfàn 검소한 생활)，两袖清风，一世清贫。

临阵脱逃 lín zhèn tuō táo 일이 닥치자 꽁무니를 빼다

好，大家都知道了，全等着听你这一手，你又来个临阵脱逃。

毛骨悚然 máo gǔ sǒng rán 소름이 끼치다

漆黑的夜晚，荒地上阴森可怖(yīnsēnkěbù 음산하고 무섭다)的景象，令人毛骨悚然。

面面俱到 miàn miàn jù dào 각 방면을 빈틈없이 돌보다

该宾馆上下一心，服务面面俱到，受到顾客的好评。

鸣锣开道 míng luó kāi dào 닥쳐 올 일에 대비해서 여론을 조성하다

他极力为新王朝鸣锣开道。

目空一切 mù kōng yī qiè 안하무인

他自恃(zìshì 교만하게 굴다)有才，目空一切，对谁都看不起。

男盗女娼 nán dào nǚ chāng

남자와 여자가 다 정당하지 않은 일을 하거나 사상이 매우 비열하다

寡廉鲜耻(guǎliánxiǎnchǐ 부끄러움을 모르다)，男盗女娼。

南辕北辙 nán yuán běi zhé 행동과 목적이 상반되다

不下苦功，玩个不停。心里倒想取得好成绩，岂非南辕被辙，怎么可能如愿(rúyuàn 원하는 대로 되다)呢？

南辕北辙

逆来顺受 nì lái shùn shòu

온갖 수모를 다 참고 견디어 내다

他一贯老实巴交(lǎoshibājiao 고지식하다)，逆来顺受，但在地主老财的不断威逼之下最终还是走上了反抗的道路。

奴颜婢膝 nú yán bì xī 남에게 비굴하게 알랑거리다

在洋人面前应该不卑不亢(bùbēibùkàng 비열하지도 않고 거만하지도 않다)，保持自己的人格，国格，奴颜婢膝的人最丑恶(chǒuè 추악하다)。

披头散发 pī tóu sàn fà 머리털이 마구 헝클어지다

家中失火，她赤着脚，披头散发地逃出门外。

平起平坐 píng qǐ píng zuò 지위나 권력이 평등하다

你进厂才三年，已经和许多老师傅平起平坐了，真是前途无量。

铺天盖地 pū tiāng àidì 기세가 대단히 맹렬하다

走在马路上，铺天盖地的香烟广告使我非常反感。

奇装异服 qí zhuāng yì fú 색다른 차림새

一群奇装异服的小火字子令人侧目(cèmù 곁눈으로 보다)。

牵肠挂肚 qiān cháng guà dù 늘 마음에 걸리다

孩子出了远门，母亲那种牵肠挂肚的心情，孩子是很难深切理解的。

前因后果 qián yīn hòu guǒ 일의 원인과 결과

事情的前因后果已经调查清楚，现在可以做结论了。

强弩之末 qiáng nǔ zhīmò 힘이 다 빠진 상태

敌人的重点进攻同样遭到挫败(cuòbài 좌절과 실패)，成了强弩之末。

强人所难 qiǎng rén suǒ nán 어려운 일 또는 하기 싫은 일을 남에게 억지로 강요하다

这么厚的一本书，你规定他两天读完，是不是有点强人所难呢?

清规戒律 qīng guī jiè lǜ 사람을 속박하는 번잡하고 불합리한 규율

对改革开放中的许多尝试(chángshì 시험)，要理解，要支持，不能有太多的清规戒律。

人仰马翻 rén yǎng mǎ fān 매우 혼란하여 수습할 수 없는 지경이다

为了儿子的婚事，他家忙得人仰马翻。

任重道远

任人唯贤 rèn rèn wéi xián

인격과 능력을 갖춘 사람만 임용하다

新厂长求贤若渴(qiúxiánruòkě 애써 인재를 찾다)，任人唯贤。

任重道远 rèn zhòng dào yuǎn 책임이 막중하다

计划生育，控制(kòngzhì 통제하다)人口过快增长，是我国的基本国策之一，任重道远，需要大家理解，支持。

入木三分 rù mù sān fēn 의론이 매우 심오하다

他对这个问题的分析十分透彻，大大胜于(shèngyú ...보다 낫다)其他发言者，可说是入木三分，听者无不佩服(pèifu 탄복하다)。

三头六臂 sān tóu liù bì 초인적인 능력을 가진 사람

这么多的工作，小李只用一天就干完了，好像有三头六臂，真令人佩服。

舍本逐末 shě běn zhú mò 근본을 버리고 지엽적인 것을 추구하다

商店应提供充足的商品和优良的服务，离开了这些去片面(piànmiàn 일방적이다)追求装潢(zhuānghuáng 장식)的豪华，恐怕就是在舍本逐末了。

舍近求远 shě jìn qiú yuǎn 가까이 두고 멀리에서 찾다

附近这所夜校的教学质量也非常好，你又何必舍近求远，到那么远的地方去听课(tīngkè 수업을 듣다)呢?

设身处地 shè shēn chǔ dì 입장을 바꾸어 생각하다

这件事你别勉强(miǎnqiǎng 억지로 강요하다)他，你若能设身处地想一下，就会体会(tǐhùi 느끼다)到他的苦衷。

身败名裂 shēn bài míng liè 지위도 명예도 잃게 되다

他若再一意孤行(yīyìgūxíng 남의 의견을 받아들이지 않고 자기의 고집대로만 하다)下去，势必身败名裂。

身先士卒 shēn xiān shì zú 앞장 서서 군중을 이끌다

在大桥建设过程中，总指挥身先士足，常常吃住在工地上，给大家树立了榜样(bǎngyàng 모범)。

深恶痛绝 shēn wù tòng jué 원한과 증오가 극에 달하다

李厂长对社会上的一些腐败现象深恶痛绝。

神乎其神 shén hū qí shén 아주 신기하다

你将他的本领(běnlǐng 능력)讲得神乎其神，反而没人会相信。

声泪俱下 shēng lèi jù xià 눈물을 흘리면서 하소연하다

“医生，这位解放军是为救我孩子才受伤的，你们一定要救活(jiùhuó 살리다)他呀!年轻的母亲声泪俱下，在场(zàichǎng 거기에 있다)的人无不动容(dòngróng 감동된 표정을 짓다)。

失魂落魄 shī hún luò pò 혼이 빠지다

游击队员们越战越勇，那些早已吓得失魂落魄的敌人们一个个丢枪弃刀(diūqiāngqìdāo 총과 칼을 버리다)，举手投降。

食古不化 shí gǔ bù huà 옛 것을 배우고도 현실에 적용 못하다

读古书不能食古不化，要读懂弄通(nòngtōng 정통하다)，古为今用(gǔwéijīnyòng 옛 것을 오늘의 현실에 맞게 받아들이다)。

十拿九稳 shí ná jiǔ wěn 십중팔구는 가망이 있다

这件事让小李去把办，十拿九稳。你放心好了。

十万火急 shí wàn huǒ jí 일이 매우 화급하다

中毒住院的病人必须治疗，但缺乏解毒药品，情况十万火急。部队问讯(wènxùn 소식을 듣다)后，立即动用军用飞机，很快把药物送到了医生手中。

石沉大海 shí chén dà hǎi 감감 무소식이다

老李说好三个月之内回来，可一去半年，如石沉大海，音信(yīnxìn 소식)皆无，真让人担心。

寿终正寝 shòu zhōng zhèng qǐn 사물이 소멸하다

那份刊物实在办得糟糕，根本没有销路(xiāolù 판로)，仅出了三期便寿终正寝了。

熟能生巧 shú néng shēng qiǎo 익숙해지면 교묘한 기능이 생긴다

这篇文章讲到卖油翁(màiyóuwēng 기름파는 노인)从铜钱的眼里灌进葫芦而铜钱一点不湿，由此揭示(jiēshí 드러내어 보이다)了熟能生巧的道理。

数一数二 shǔ yī shǔ èr 손꼽히다

他是班上数一数二的好学生。

双管齐下 shuāng guǎn qí xià 두 가지 방법을 병행하다

时间太紧了，我们两组应该配合行动，双管齐下，才能确保完成此项艰巨(jiānjù 어려운)的任务。

顺水推舟 shùn shuǐ tūi zhōu 추세에 맞추어 행동하다

明天的聚会(jùhùi 모임)他本没有打算请我，我也就顺水推舟地说明天有要紧事，不能参加了。

死去活来 sǐ qù huó lái 매우 슬퍼하거나 비통해 하다

听到这个不幸的消息，张大妈哭得死去活来。

耸人听闻 sǒng rén tīng wén 듣는 사람을 놀라게 하다

这件事并不十分严重，你不要添油加醋(tiānyóujiācù 화를 돋우는 말을 덧붙이다)，耸人听闻，影响正常的工作秩序。

随波逐流 súi bō zhú liú 남의 장단에 춤을 추다

他在小事情上非常随和(súihé 유순하다)，但在大事情上从不随波逐流，所以大家都很敬重(jìngzhòng 존경하다)他。

缩手缩脚 suō shǒu suō jiǎo

일을 하는데 있어 생각하는 것이 너무 많아 대담하지 못하다

小李怕得罪(dézùi 기분을 상하게 하다)人，工作起来缩手缩脚。领导找他谈了一次话，鼓励(gǔlì 격려하다)他大胆工作。

啼笑皆非 tí xiào jiē fēi 이러지도 못하고 저러지도 못하다

他不慎(bùshèn 잘못)将球踢进了己方的球门(qiúmén 골문)，队友们啼笑皆非。

天昏地暗 tiān hūn dì àn 정치가 부패거나 사회가 불안하다

一伙歹徒挨户抢劫，把整个村庄搞得天昏地暗，鸡犬不宁(jīquǎnbùníng 치안상태가 극히 어지럽다)。

天涯海角 tiān yá hǎi jiǎo 아득히 멀고 서로간에 멀리 떨어져 있는 곳

哪怕天涯海角，只要我二人意气相通也就跟厮守(sīshǒu 서로 의지하다)一样。

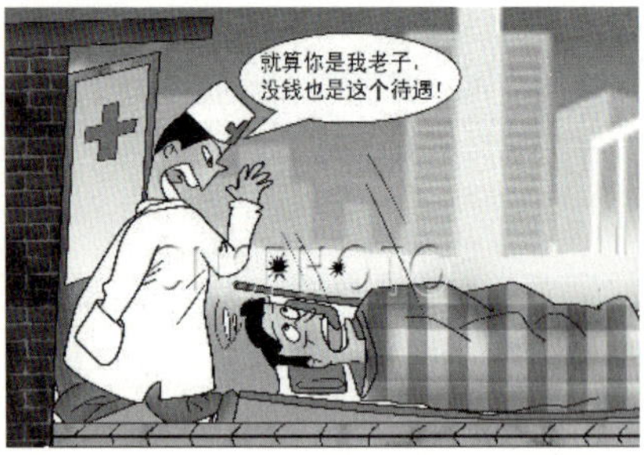

铁面无私

铁面无私 tiě miàn wú sī 인정에 구애됨이 없이 공평무사하다

传说包公办案，铁面无私，即使皇亲国戚(huángqīnguóqì 황제의 친척)犯法，也照样依法判罪。

听之任之 tīng zhī rèn zhī 방임하다

这种浪费国家财产的行为，我们怎能听之任之呢?

痛心疾首 tòng xīn jí shǒu 몹시 원망하다

工作上的失误(shīwù 실수)给单位造成了很大损失，每念及(niànjí 생각이 미치다)此，他便感到痛心疾首，无地自容(wúdìzìróng 몹시 부끄러워 몸둘바를 모르다)。

外强中干 wài qiáng zhōng gān 겉으로는 강해 보이나 속은 텅 비다

张大伯三拳两脚，就把那个外强中干的蒙面(méngmiàn 복면하다)大汉击倒在地。

望而生畏 wàng ér shēng wèi 보기만 해도 두려워하다

沙漠上的狂风裹着黄沙遮天蔽日(zhētiānbìrì 하늘을 가리다)，像黄河水决口(juékǒu 제방이 터지다)一样铺天盖地(pūtiāngàidì 천지를 뒤덮다)而来，令人望而生畏。

望眼欲穿 wàng yǎn yù chuān 매우 간절히 바라다

车站上密密麻麻(mìmimámá 빽빽하다)都是等车的人，大家望眼欲穿，可车子就是不来。

妄自菲薄 wàng zì fěi bó 함부로 자신을 낮추다

在国际交往中，不能妄自菲薄，也不能夜郎自大(yèlángzìdà 좁은 식견에 제 잘났다고 뽐내다)。

妄自尊大 wàng zì zūn dà 함부로 잘난체하다

你自车称专家，不免有些妄自尊大吧。

危言耸听 wēi yán sǒng tīng 일부러 과격한 말을 하여 남을 놀라게 하다

事态还没有像你说的那样严重，你不要危言耸听，使大家心慌意乱(xīnhuāngyìluàn 마음이 뒤숭숭하다)。

微言大义 wēi yán dà yì 깊고 정밀한 말과 심오한 도리

古代一些学者解经，特别侧重于(cèzhòngyú ...에 치중하다)字里行间(zìlǐhángjiān 행간마다)的微言大义。

温情脉脉 wēn qíng mò mò 정을 품고 그것을 표현하고 싶은 모양

他俩对面而坐，相互温情脉脉地凝视着，久久不说一句话。

文过饰非 wén guò shì fēi 과실을 덮어 감추다

怕别人看不起自己，老是文过饰非，这是自卑的表现。

问长问短 wèn cháng wèn duǎn 이것 저것 자세히 묻다

一见面就问长问短，十分关心。

问寒问暖 wèn hán wèn nuǎn 생활 형편을 살뜰히 보살피다

领导总是问寒问暖地关心我们。

无的放矢 wú dì fàng shǐ 말이나 행동이 목적이 없거나 실제와 부합되지 않다

要做别人的思想工作，就要摸清(mōqīng 실정을 잘 알다)对方在想些什么，不能无的放矢地空讲一通。

无拘无束 wú jù wú shù 아무런 구속이 없다

我喜欢无拘无束的生活。

无理取闹 wú lǐ qǔ nào 일부러 소란을 일으키다

她不是无理取闹的人。

嬉皮笑脸 xī pí xiào liǎn 히죽거리며 엄숙하지 않은 모양

他终归(zhōngguī 결국)还是是个孩子，被母亲训斥(xùnchì 훈계하다)一顿后，照样还是天真烂漫，嬉皮笑脸的。

弦外之音 xián wài zhī yīn 말 속에 다른 뜻이 들어있다

鲁迅很多作品用旁敲侧击(pángqiāocèjī 말을 에두르다)的写法，有很多弦外之音。

相反相成 xiāng fǎn xiāng chéng 상반되는 것도 서로 같은 점이 있다

失败是成功之母，这句话含有相反相成的哲理。

相形见绌 xiāng xíng jiàn chù 비교하여 부족함이 드러나다

小琴参加了诗歌兴趣小组，看了其他组员创作的诗歌，觉得自己的作品相形见绌，她暗下决心，要迎头赶上(yíngtóugǎnshàng 노력하여 선두를 따라 잡다)。

想入非非 xiǎng rù fēi fēi 비현실적인 생각을 하다

你不要想人非非了，没有人故意与你过不去(guòbuqù 괴롭히다)，大家指出(zhǐchū 지적하다)你的不足，是为了帮助你进步。

销声匿迹 xiāo shēng nì jì 종적을 감추다

他怕仇家(chóujiā 원수)追杀，在江湖上销声匿迹了二十年。

小巧玲珑 xiǎo qiǎo líng lóng 깜찍하고 정교하다

他接过生日礼物，打开一看，原来是一只小巧玲珑的风铃(fēnglíng 풍경)。

小题大做 xiǎo tí dà zuò 하찮은 일을 요란하게 처리하다

不过是小生日，何必小题大作，兴师动众(xīngshīdòngzhòng 많은 사람을 동원하다)呢?

笑逐颜开 xiào zhú yán kāi 얼굴에 웃음꽃이 활짝 피다

老奶奶见心爱的小孙子前来看望他，不禁(bùjīn 자기도 모르게)笑逐颜开。

心悦诚服 xīn yuè chéng fú 성심성의껏 복종하고 탄복하다

高超的技艺，令人心悦诚服。

胸中有数 xiōng zhōng yǒu shù 마음 속에 요량이 있다

他胸中有数，跟着他没错儿。

虚张声势 xū zhāng shēng shì 실속없이 떠벌리며 허세를 부리다

盗匪(dàofěi 비적)看见来搜捕(sōubǔ 수색 체포하다)他们的人，虽然已经胆怯(dǎnqiè 겁이 만다)，可是还虚张声势地叫喊着要抵抗。

循规蹈矩 xún guī dǎo jǔ 규율을 잘 지키다

他是循规蹈矩的人。

雅俗共赏 yá sú gòng shǎng 고상한 사람이나 속인 누구나 감상할 수 있다

这出戏雅俗共赏，很受欢迎。

言外之意 yán wài zhī yì 암시하는 말

老李一再说自己忙得连休息的时间都没有，言外之意是不想参加这次活动了。

咬文嚼字 yǎo wén jiáo zì 문구에 얽매이다

这个人就喜欢卖弄(mài nòng 과시하다)自己的才学，说起话来咬文嚼字的，酸(suān 진부하다)得要命。

衣冠楚楚 yī guān chǔ chǔ 옷차림이 단정하고 맵시 있다

你衣冠楚楚，是要去相亲(xiàngqīn 선보다)吗?

一技之长 yī jì zhī cháng 뛰어난 재주

他们是从职业高中毕业的，都有一技之长，找工作比较容易。

一盘散沙 yī pán sàn shā 산만하여 단결력이 없는 오합지졸

我们学校里对诗歌感兴趣的人不少，却没有成立学生诗社，大家像一盘散沙似地，缺乏交流与合作。

一贫如洗 yī pín rú xǐ 아무것도 없을 정도로 가난하다

解放前，李爷爷家一贫如洗，缺衣少食(quēyīshǎoshí 입을 옷과 먹을 것이 없다)，生活很艰难。

一团漆黑 yī tuán qī hēi 깜깜하다

这里的情况他一团漆黑，不知道该怎么办。

疑神疑鬼 yí shén yí guǐ 함부로 이것저것 의심하다

你不要疑神疑鬼了，他光明磊落(guāngmínglěiluò 정정당당하다)，不会算计(suànjì 남을 모해하다)你的。

意气用事 yì qì yòng shì 감정적으로 일을 처리하다

把小送到公安局就是了，不要意气用事，把他打得半死。

异军突起 yì jūn tū qǐ 새로운 세력이 돌연 나타나다

中国的游泳健儿异军突起，在世界比赛中夺取了许多金牌(jīnpái 금메달)。

义无反顾 yì wú fǎn gù 정의를 위해 뒤돌아보지 않고 용감하게 나아가다

为拯救(zhěngjiù 구하다)危难的祖国，他们放下书本，义无反顾地奔向斗争的最前线。

因材施教

因材施教 yīn cái shī jiào 구체적인 상황에 맞춰 교육하다

王老师因材施教，循循善诱(xúnxúnshànyòu 차근차근 잘 타일러 이끌어 가다)，使参加绘画班的学生各有长进(zhǎngjìn 진보)。

阴阳怪气 yīn yáng guài qì 괴상 야릇하다

他讲话时总是一副阴阳怪气的样子，说的话也常令人难以(nányǐ ...하기 어렵다)理解。

引狼入室 yǐn láng rù shì 화를 자초하다

他把杂七杂八(záqīzábā 뒤죽박죽이다)，的人带进家里赌博，还不知道这是引狼入室，直到家里被偷了，才觉得自己糊涂透顶(tòudǐng 대단히 심하다)。

莺歌燕舞 yīng gē yàn wǔ 꾀꼬리가 노래부르고 제비가 춤추다

千里里来寻故地，旧貌变新颜，到处莺歌燕舞，更有潺潺(chánchán 졸졸)流水，高路人云端。

应接不暇 yìng jiē bù xiá 접대하느라고 여가가 없다

柜台前挤满了顾客，营业员应接不暇，忙得喘不过气来。

油腔滑调 yóu qiāng huá diào 입에서 나우는 대로 경박하게 마구 지껄이다

你应该尊敬老师，老师问你话的时候，你不可以油腔滑调，知道吗?

鱼目混珠 yú mù hùn zhū 가짜를 진짜처럼 속이다

这间"精品屋"的业主，用鱼目混珠的手段，把劣质(lièzhì 저질)商品放在货架上，标以高价，欺骗消费者，真是太不应该了。

怨天尤人 yuàn tiān yóu rén 모든 것을 원망하다

他总是怨天尤人，对什么都不满意，所以弄得自己心情也不愉快。

杂七杂八 zá qī zá bā 각양각색이다

公园里杂七杂八的人都有。

贼眉鼠眼 zéi méi shǔ yǎn 남몰래 살금살금

你看那个人贼眉鼠眼，要多加小心。

张口结舌 zhāng kǒu jié shé 말문이 막히다

他在众人的责问(zéwèn 힐문하다)下，自觉理亏(lǐkūi 이치에 닿지 않다)，张口结舌，无言以对(wúyányǐdùi 대답할 말이 없다)。

掌上明珠 zhǎng shàng míng zhū 애지중지하는 딸 또는 매우 아끼는 물건

小芸是独生女，聪明伶俐(línglì 재주있다)，父母视为掌上明珠。

招摇过市 zhāo yáo guò shì 공중장소에서 일부러 남의 시선을 끌도록 과시하며 뽐내다

时髦(shímáo 유행을 따르다)女郎穿金戴银，衣着华丽，招摇过市，自以为很风光(fēngguāng 훌륭하다)。

震耳欲聋 zhèn ěr yù lóng 귀청이 떨어질 만큼 소리가 크다

土地上打桩(dǎzhuāng 말뚝을 박다)的声音震耳欲聋。

正本清源 zhèng běn qīng yuán 근본을 뜯어 고치다

许多问题牵扯(qiānchě 연관되다)纠缠(jiūchán 분쟁을 일으키다)，需要正本清源，才能真正结决。

指日可待 zhǐ rì kě dài 일, 희망등이 머지 않아 실현되다

经过紧张的抢救(qiǎngjiù 급히 구하다)，王宏终于度过(dùguò 넘기다)危险期，现在病情已渐趋好转，看来出院已指日可待。

指桑骂槐 zhǐ sāng mà huái

표면상으로는 이 사람을 욕하지만 사실은 저 사람을 욕하다

你对我有什么意见直说好了，何必指桑骂槐呢？

众目睽睽 zhòng mù kúi kúi 많은 사람들이 주시하다

这几个流氓在众目睽睽之下夺人钱财，被当场抓获(zhuāhuò 잡히다)。

众望所归 zhòng wàng suǒ gūi 뭇사람이 기대하는 바이다

这回选举工会主席，老王是众望所归，理该当选。

众志成城 zhòng zhì chéng chéng 모두가 단결하면 어려움을 극복하고 성공할 수 있다

众志成城，只要大家共同努力，就可以克服所有的困难，实现这一宏伟(hóngwéi 위대하다)的目标。

自作聪明 zì zuò cōng míng 스스로 총명하다고 여겨 경솔히 뽐내다

事情比你想象的要夏杂得多，如果你自做聪明，出面去解决的话，十有八九会弄巧成拙(nòngqiǎochéngzhuō 재주를 부리다가 일을 그르치다)。

走南闯北 zǒu nán chuǎng běi 각지를 돌아다니니다

他从小就走南闯北，见多识广。

坐享其成 zuò xiǎng qí chéng 가만히 앉아서 남이 고생해서 얻은 성과를 누리다

留着大笔钱财给孩子，让他们坐享其成，对他们的成长有害无利。

강화연습

끝말잇기

爱不释(　)→(　)到病除	理屈词(　)→(　)则思变	花言巧(　)→(　)重心长
除旧布(　)→(　)陈代谢	变本加(　)→(　)兵秣马	长篇大(　)→(　)资排辈
谢天谢(　)→(　)大物博	马到成(　)→(　)成名就	背水一(　)→(　)无不胜
博古通(　)→(　)非昔比	就事论(　)→(　)出有因	胜任愉(　)→(　)马加鞭
比比皆(　)→(　)非曲直	因材施(　)→(　)学相长	鞭辟入(　)→(　)应外合
直截了(　)→(　)机立断	长袖善(　)→(　)文弄墨	合情合(　)→(　)直气壮
断章取(　)→(　)无反顾	墨守成(　)→(　)行矩步	壮志凌(　)→(　)集响应
顾此失(　)→(　)进我退	步履维(　)→(　)苦朴素	应运而(　)→(　)离死别
退避三(　)→(　)己救人	素昧平(　)→(　)死存亡	别有用(　)→(　)灵手巧
人浮于(　)→(　)在人为	亡羊补(　)→(　)不可破	巧立名(　)→(　)不暇接
为所欲(　)→(　)富不仁	破涕为(　)→(　)逐颜开	接二连(　)→(　)五成群
仁至义(　)→(　)善尽美	开诚布(　)→(　)买公卖	群策群(　)→(　)不从心
美中不(　)→(　)智多谋	卖身投(　)→(　)山吃山	心中有(　)→(　)九寒天
谋财害(　)→(　)不该绝	山明水(　)→(　)而不实	天真无(　)→(　)门歪道
绝无仅(　)→(　)名无实	实繁有(　)→(　)劳无功	道听途(　)→(　)长道短
实事求(　)→(　)非曲直	功败垂(　)→(　)名成家	短兵相(　)→(　)踵而来
直抒己(　)→(　)仁见智	家贫如(　)→(　)耳恭听	来之不(　)→(　)如反掌
智勇双(　)→(　)心全意	听而不(　)→(　)所未闻	掌上明(　)→(　)联璧合
意气风(　)→(　)扬光大	面红耳(　)→(　)子之心	缓兵之(　)→(　)日程功
大海捞(　)→(　)锋相对	心平气(　)→(　)盘托出	功德无(　)→(　)人为出
对牛弹(　)→(　)瑟不调	出乎意(　)→(　)事如神	出人意(　)→(　)里不一
调嘴学(　)→(　)剑唇枪	神出鬼(　)→(　)齿不忘	一步登(　)→(　)下无双
枪林弹(　)→(　)过天晴	忘恩负(　)→(　)正词严	双管齐(　)→(　)不为例
励精图(　)→(　)病救人	严防死(　)→(　)望相助	例行公(　)→(　)倍功半
人定胜(　)→(　)真烂漫	助人为(　)→(　)极生悲	半斤八(　)→(　)全其美
漫不经(　)→(　)口如一	悲天悯(　)→(　)面兽心	首屈一(　)→(　)日可待
一意孤(　)→(　)云流水	心安理(　)→(　)心应手	待人接(　)→(　)极必反
水泄不(　)→(　)情达理	手无寸(　)→(　)树开花	反躬自(　)→(　)道于盲

盲人瞎(　　)→(　　)革裹尸
尸位素(　　)→(　　)风素露
鹿死谁(　　)→(　　)不释卷
卷土重(　　)→(　　)日方长
长年累(　　)→(　　)白风清
屡教不(　　)→(　　)头换面
面目一(　　)→(　　)人新事
事必躬(　　)→(　　)密无间
间不容(　　)→(　　)号施令
令人发(　　)→(　　)手画脚
脚踏实(　　)→(　　)利人和
和平共(　　)→(　　)之泰然
燃眉之(　　)→(　　)起直追
追本溯(　　)→(　　)远流长
长驱直(　　)→(　　)不敷出
出神人(　　)→(　　)整为零
零敲碎(　　)→(　　)抱不平
平易近(　　)→(　　)满为患
患得患(　　)→(　　)道寡助
怒目而(　　)→(　　)而不见
见多识(　　)→(　　)开言路
路不拾(　　)→(　　)臭万年
年富力(　　)→(　　)人所难
难解难(　　)→(　　)秒必争
争先恐(　　)→(　　)来居上
上方宝(　　)→(　　)拔弩张
张三李(　　)→(　　)舍五人
人木三(　　)→(　　)庭抗礼
礼尚往(　　)→(　　)龙去脉
买空卖(　　)→(　　)穴来风
风调雨(　　)→(　　)藤摸瓜
瓜熟蒂(　　)→(　　)井下石
石沉大(　　)→(　　)阔天空
空口无(　　)→(　　)空捏造
造谣惑(　　)→(　　)所周知
知过必(　　)→(　　)邪归正
正本清(　　)→(　　)封不动

动辄得(　　)→(　　)由自取
取之不(　　)→(　　)如人意
意气风(　　)→(　　)愤图强
强弩之(　　)→(　　)名其妙
妙趣横(　　)→(　　)龙活虎
虎头虎(　　)→(　　)大不掉
掉以轻(　　)→(　　)猿意马
马首是(　　)→(　　)前顾后
后生可(　　)→(　　)难苟安
安步当(　　)→(　　)水马龙
龙蛇混(　　)→(　　)七杂八
八面威(　　)→(　　)靡一时
时来运(　　)→(　　)危为安
安如泰(　　)→(　　)明水秀
秀外慧(　　)→(　　)流砥柱
筑室道(　　)→(　　)财害命
名满天(　　)→(　　)里巴人
人情世(　　)→(　　)弄玄虚
虚张声(　　)→(　　)不可当
当机立(　　)→(　　)章取义
义形于(　　)→(　　)厉内荏
忍气吞(　　)→(　　)势浩大
大智若(　　)→(　　)公移山
山穷水(　　)→(　　)人皆知
知人善(　　)→(　　)重道远
远走高(　　)→(　　)蛾投火
火上加(　　)→(　　)腔滑调
调兵遣(　　)→(　　)心比心
心中无(　　)→(　　)不胜数
耳聪目(　　)→(　　)辨是非
非同小(　　)→(　　)歌可泣
泣不成(　　)→(　　)嘶力竭
竭泽而(　　)→(　　)人得利
利欲熏(　　)→(　　)旷神怡
怡然自(　　)→(　　)意忘形
形单影(　　)→(　　)字不提
提心吊(　　)→(　　)大包天

天罗地(　　)→(　　)开一面
面目全(　　)→(　　)驴非马
四面楚(　　)→(　　)功颂德
德高望(　　)→(　　)温旧梦
梦寐以(　　)→(　　)之不得
得过且(　　)→(　　)街老鼠
鼠目寸(　　)→(　　)天化日
日新月(　　)→(　　)军突起
起死回(　　)→(　　)花妙笔
笔墨官(　　)→(　　)空见惯
管中窥(　　)→(　　)死留皮
战无不(　　)→(　　)友如云
云消雾(　　)→(　　)兵游勇
勇往直(　　)→(　　)所未有
有目共(　　)→(　　)心悦目
目空一(　　)→(　　)肤之痛
痛心疾(　　)→(　　)当其冲
冲锋陷(　　)→(　　)知灼见
见义勇(　　)→(　　)人作嫁
嫁祸于(　　)→(　　)山人海
海外奇(　　)→(　　)情说爱
爱憎分(　　)→(　　)哲保身
身体力(　　)→(　　)云流水
水到渠(　　)→(　　)竹在胸
胸怀坦(　　)→(　　)头偕老
老羞成(　　)→(　　)气冲天
天灾人(　　)→(　　)国殃民
民不聊(　　)→(　　)财有道
道不拾(　　)→(　　)大投艰
艰苦卓(　　)→(　　)无仅有
有言在(　　)→(　　)声夺人
人微言(　　)→(　　)而易举
举重若(　　)→(　　)举妄动
动人心(　　)→(　　)外之音
因噎废(　　)→(　　)古不化
移风易(　　)→(　　)不可耐
耐人寻(　　)→(　　)同嚼蜡

口口声(　　)→(　　)泪俱下
下车伊(　　)→(　　)终不渝
里同外(　　)→(　　)泰民安
安家落(　　)→(　　)枢不蠹
身强力(　　)→(　　)志凌云
求同存(　　)→(　　)想天开
开门见(　　)→(　　)高水长
长歌当(　　)→(　　)笑不得
得天独(　　)→(　　)古薄今
今非昔(　　)→(　　)比皆是
是非曲(　　)→(　　)抒己见
见利忘(　　)→(　　)愤填膺
应有尽(　　)→(　　)朝一日
日暮途(　　)→(　　)途末路
背信弃(　　)→(　　)不容词
词不达(　　)→(　　)在言外
肝肠寸(　　)→(　　)垣残壁
壁垒森(　　)→(　　)阵以待
待价而(　　)→(　　)名钓誉
求全责(　　)→(　　)位充数
背城借(　　)→(　　)帆风顺
顺水人(　　)→(　　)窦初开
开诚布(　　)→(　　)诸同好
好逸恶(　　)→(　　)民伤财
财大气(　　)→(　　)枝大叶
叶公好(　　)→(　　)腾虎跃
跃然纸(　　)→(　　)下其手
手疾眼(　　)→(　　)人快语
想入非(　　)→(　　)亲非故
故土难(　　)→(　　)群索居
居安思(　　)→(　　)言耸听
听之任(　　)→(　　)乎者也
叶落归(　　)→(　　)深蒂固
固执己(　　)→(　　)所未见
身外之(　　)→(　　)以类聚
聚精会(　　)→(　　)乎其神
神工鬼(　　)→(　　)首帖耳

耳闻目(　　)→(　　)物思人
人人自(　　)→(　　)机四伏
福无双(　　)→(　　)理名言
言听计(　　)→(　　)善如流
流离失(　　)→(　　)见所闻
闻风丧(　　)→(　　)战心惊
惊弓之(　　)→(　　)尽弓藏
藏龙卧(　　)→(　　)口余生
拨云见(　　)→(　　)以继夜
夜以继(　　)→(　　)薄西山
山高水(　　)→(　　)声下气
气味相(　　)→(　　)机取巧
公之于(　　)→(　　)外桃源
源源本(　　)→(　　)末倒置
置之脑(　　)→(　　)发制人
人仰马(　　)→(　　)来夏去
去伪存(　　)→(　　)才实学
学以致(　　)→(　　)兵如神
排难解(　　)→(　　)至沓来
寄人篱(　　)→(　　)笔成章
獐头鼠(　　)→(　　)瞪口呆
呆若木(　　)→(　　)犬不宁
宁死不(　　)→(　　)打成招
招灾惹(　　)→(　　)不单行
行将就(　　)→(　　)头木脑
私相授(　　)→(　　)益匪浅
浅见寡(　　)→(　　)鸡起舞
五花八(　　)→(　　)当户对
对答如(　　)→(　　)恋忘返
返老还(　　)→(　　)叟无欺
欺世盗(　　)→(　　)列前茅
茅塞顿(　　)→(　　)源节流
流芳百(　　)→(　　)态炎凉
良药苦(　　)→(　　)血未干
干柴烈(　　)→(　　)烧眉毛
正襟危(　　)→(　　)享其成
成名成(　　)→(　　)破人亡

亡羊补(　　)→(　　)不可破
破涕为(　　)→(　　)里藏刀
刀光火(　　)→(　　)底捞月
月落星(　　)→(　　)渣泛起
起早贪(　　)→(　　)更半夜
夜长梦(　　)→(　　)愁善感
感同身(　　)→(　　)宠若惊
惊涛骇(　　)→(　　)子回头
头重脚(　　)→(　　)诺寡信
信口雌(　　)→(　　)粱美梦
梦笔生(　　)→(　　)天酒地
地动山(　　)→(　　)旗呐喊
喊冤叫(　　)→(　　)指可数
吹灰之(　　)→(　　)所能及
及锋而(　　)→(　　)目以待
戴罪立(　　)→(　　)成不居
侧目而(　　)→(　　)死如归
归心似(　　)→(　　)在弦上
笑逐颜(　　)→(　　)门揖盗
诗情画(　　)→(　　)在笔先
先见之(　　)→(　　)火执仗
仗义执(　　)→(　　)人人殊
殊死同(　　)→(　　)真返璞
璞玉混(　　)→(　　)刚怒目
目中无(　　)→(　　)云亦云
云谲波(　　)→(　　)计多端
汗马功(　　)→(　　)燕分飞
打草惊(　　)→(　　)剑唇枪
枪林弹(　　)→(　　)过天晴
利令智(　　)→(　　)昏欲睡
水涨船(　　)→(　　)不可攀
攀龙附(　　)→(　　)毛麟角
矫揉造(　　)→(　　)威作福
扶老携(　　)→(　　)红又专
互通有(　　)→(　　)病呻吟
才疏学(　　)→(　　)尝辄止

끝말잇기 : 해답

爱不释手→手到病除
除旧布新→新陈代谢
谢天谢地→地大物博
博古通今→今非昔比
比比皆是→是非曲直
直截了当→当机立断
断章取义→义无反顾
顾此失彼→彼进我退
退避三舍→舍己救人
人浮于事→事在人为
为所欲为→为富不仁
仁至义尽→尽善尽美
美中不足→足智多谋
谋财害命→命不该绝
绝无仅有→有名无实
实事求是→是非曲直
直抒己见→见仁见智
智勇双全→全心全意
意气风发→发扬光大
大海捞针→针锋相对
对牛弹琴→琴瑟不调
调嘴学舌→舌剑唇枪
枪林弹雨→雨过天晴
励精图治→治病救人
人定胜天→天真烂漫
漫不经心→心口如一
一意孤行→行云流水
水泄不通→通情达理
理屈词穷→穷则思变
变本加厉→厉兵秣马
马到成功→功成名就
就事论事→事出有因
因材施教→教学相长
长袖善舞→舞文弄墨
墨守成规→规行矩步
步履维艰→艰苦朴素

素昧平生→生死存亡
亡羊补牢→牢不可破
破涕为笑→笑逐颜开
开诚布公→公买公卖
卖身投靠→靠山吃山
山明水秀→秀而不实
实繁有徒→徒劳无功
功败垂成→成名成家
家贫如洗→洗耳恭听
听而不闻→闻所未闻
面红耳赤→赤子之心
心平气和→和盘托出
出乎意料→料事如神
神出鬼没→没齿不忘
忘恩负义→义正词严
严防死守→守望相助
助人为乐→乐极生悲
悲天悯人→人面兽心
心安理得→得心应手
手无寸铁→铁树开花
花言巧语→语重心长
长篇大论→论资排辈
背水一战→战无不胜
胜任愉快→快马加鞭
鞭辟入里→里应外合
合情合理→理直气壮
壮志凌云→云集响应
应运而生→生离死别
别有用心→心灵手巧
巧立名目→目不暇接
接二连三→三五成群
群策群力→力不从心
心中有数→数九寒天
天真无邪→邪门歪道
道听途说→说长道短
短兵相接→接踵而来

来之不易→易如反掌
掌上明珠→珠联璧合
缓兵之计→计日程功
功德无量→量入为出
出人意表→表里不一
一步登天→天下无双
双管齐下→下不为例
例行公事→事倍功半
半斤八两→两全其美
首屈一指→指日可待
待人接物→物极必反
反躬自问→问道于盲
盲人瞎马→马革裹尸
尸位素餐→餐风素露
鹿死谁手→手不释卷
卷土重来→来日方长
长年累月→月白风清
屡教不改→改头换面
面目一新→新人新事
事必躬亲→亲密无间
间不容发→发号施令
令人发指→指手画脚
脚踏实地→地利人和
和平共处→处之泰然
燃眉之急→急起直追
追本溯源→源远流长
长驱直入→入不敷出
出神入化→化整为零
零敲碎打→打抱不平
平易近人→人满为患
患得患失→失道寡助
怒目而视→视而不见
见多识广→广开言路
路不拾遗→遗臭万年
年富力强→强人所难
难解难分→分秒必争

争先恐后→后来居上
上方宝剑→剑拔弩张
张三李四→四舍五入
入木三分→分庭抗礼
礼尚往来→来龙去脉
买空卖空→空穴来风
风调雨顺→顺藤摸瓜
瓜熟蒂落→落井下石
石沉大海→海阔天空
空口无凭→凭空捏造
造谣惑众→众所周知
知过必改→改邪归正
正本清源→原封不动
动辄得咎→咎由自取
取之不尽→尽如人意
意气风发→发愤图强
强弩之末→莫名其妙
妙趣横生→生龙活虎
虎头虎尾→尾大不掉
掉以轻心→心猿意马
马首是瞻→瞻前顾后
后生可畏→畏难苟安
安步当车→车水马龙
龙蛇混杂→杂七杂八
八面威风→风靡一时
时来运转→转危为安
安如泰山→山明水秀
秀外慧中→中流砥柱
筑室道谋→谋财害命
名满天下→下里巴人
人情世故→故弄玄虚
虚张声势→势不可当
当机立断→断章取义
义形于色→色厉内荏
忍气吞声→声势浩大
大智若愚→愚公移山

山穷水尽→尽人皆知
知人善任→任重道远
远走高飞→飞蛾投火
火上加油→油腔滑调
调兵遣将→将心比心
心中无数→数不胜数
耳聪目明→明辨是非
非同小可→可歌可泣
泣不成声→声嘶力竭
竭泽而渔→渔人得利
利欲熏心→心旷神怡
怡然自得→得意忘形
形单影只→只字不提
提心吊胆→胆大包天
天罗地网→网开一面
面目全非→非驴非马
四面楚歌→歌功颂德
德高望重→重温旧梦
梦寐以求→求之不得
得过且过→过街老鼠
鼠目寸光→光天化日
日新月异→异军突起
起死回生→生花妙笔
笔墨官司→司空见惯
管中窥豹→豹死留皮
战无不胜→胜友如云
云消雾散→散兵游勇
勇往直前→前所未有
有目共赏→赏心悦目
目空一切→切肤之痛
痛心疾首→首当其冲
冲锋陷阵→真知灼见
见义勇为→为人作嫁
嫁祸于人→人山人海
海外奇谈→谈情说爱
爱憎分明→明哲保身
身体力行→行云流水
水到渠成→成竹在胸
胸怀坦白→白头偕老
老羞成怒→怒气冲天
天灾人祸→祸国殃民

民不聊生→生财有道
道不拾遗→遗大投艰
艰苦卓绝→绝无仅有
有言在先→先声夺人
人微言轻→轻而易举
举重若轻→轻举妄动
动人心弦→弦外之音
因噎废食→食古不化
移风易俗→俗不可耐
耐人寻味→味同嚼蜡
口口声声→声泪俱下
下车伊始→始终不渝
里同外国→国泰民安
安家落户→户枢不蠹
身强力壮→壮志凌云
求同存异→异想天开
开门见山→山高水长
长歌当哭→哭笑不得
得天独厚→厚古薄今
今非昔比→比比皆是
是非曲直→直抒己见
见利忘义→义愤填膺
应有尽有→有朝一日
日暮途穷→穷途末路
背信弃义→义不容词
词不达意→意在言外
肝肠寸断→断垣残壁
壁垒森严→严阵以待
待价而沽→沽名钓誉
求全责备→备位充数
背城借一→一帆风顺
顺水人情→情窦初开
开诚布公→公诸同好
好逸恶劳→劳民伤财
财大气粗→粗枝大叶
叶公好龙→龙腾虎跃
跃然纸上→上下其手
手疾眼快→快人快语
想入非非→非亲非故
故土难离→离群索居
居安思危→威言耸听

听之任之→之乎者也
叶落归根→根深蒂固
固执己见→见所未见
身外之物→物以类聚
聚精会神→神乎其神
神工鬼斧→俯首帖耳
耳闻目睹→睹物思人
人人自危→危机四伏
福无双至→至理名言
言听计从→从善如流
流离失所→所见所闻
闻风丧胆→胆战心惊
惊弓之鸟→鸟尽弓藏
藏龙卧虎→虎口余生
拨云见日→日以继夜
夜以继日→日薄西山
山高水低→低声下气
气味相投→投机取巧
公之于世→世外桃源
源源本本→本末倒置
置之脑后→后发制人
人仰马翻→翻来复去
去伪存真→真才实学
学以致用→用兵如神
排难解纷→纷至沓来
寄人篱下→下笔成章
獐头鼠目→目瞪口呆
呆若木鸡→鸡犬不宁
宁死不屈→屈打成招
招灾惹祸→祸不单行
行将就木→木头木脑
私相授受→受益匪浅
浅见寡闻→闻鸡起舞
五花八门→门当户对
对答如流→流恋忘返
返老还童→童叟无欺
欺世盗名→名列前茅
茅塞顿开→开源节流
流芳百世→世态炎凉
良药苦口→口血未干
干柴烈火→火烧眉毛

正襟危坐→坐享其成
成名成家→家破人亡
亡羊补牢→牢不可破
破涕为笑→笑里藏刀
刀光火海→海底捞月
月落星沉→沉渣泛起
起早贪黑→黑更半夜
夜长梦多→多愁善感
感同身受→受宠若惊
惊涛骇浪→浪子回头
头重脚轻→轻诺寡信
信口雌黄→黄粱美梦
梦笔生花→花天酒地
地动山摇→摇旗呐喊
喊冤叫屈→屈指可数
吹灰之力→力所能及
及锋而试→拭目以待
戴罪立功→功成不居
侧目而视→视死如归
归心似箭→箭在弦上
笑逐颜开→开门揖盗
诗情画意→意在笔先
先见之明→明火执仗
仗义执言→言人人殊
殊死同归→归真返璞
璞玉混金→金刚怒目
目中无人→人云亦云
云谲波诡→诡计多端
汗马功劳→劳燕分飞
打草惊蛇→蛇剑唇枪
枪林弹雨→雨过天晴
利令智昏→昏昏欲睡
水涨船高→高不可攀
攀龙附凤→凤毛麟角
矫揉造作→作威作福
扶老携幼→又红又专
互通有无→无病呻吟
才疏学浅→浅尝辄止

저자 기화룡

중국산동대학 문학박사(현대한어전공)
현 서울사이버대학교 중국통상학과 교수

정양수

중국산동대학 중어중문학과 문학석사 · 박사
현 부산경상대학 호텔관광중국어과 교수

한중성어와 중국문화 엿보기

1판 1쇄 찍음 • 2008년 2월 20일
1판 1쇄 펴냄 • 2008년 2월 28일

저 자 • 정 일 영
발행인 • 정 현 걸
발 행 • 신 아 사
인 쇄 • 남양인쇄

출판등록 • 1956년 1월 5일 (제9-52호)
서울특별시 은평구 녹번동 28-36 2F
전화 (02)382-6411 • 팩스 (02)382-6401
홈페이지 • www.shinasa.co.kr
E-mail • shinasa@chol.com

* 저자와의 협의로 인지를 생략함 *

ISBN 978-89-8396-585-1

정가 15,000원